세상을 살아가는 힘

단숨에 한 권으로 끝내는 역량교육 전략

세상을
살아가는 힘

김정권 지음

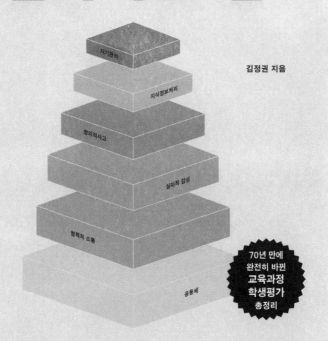

자기관리

지식정보처리

창의적사고

심미적 감성

협력적 소통

공동체

70년 만에
완전히 바뀐
교육과정
학생평가
총정리

학부모로부터 독립된 삶을 살아가는 힘

역량교육 로드맵으로 부모는 홀가분해지고
아이는 더 단단해지는 신선한 경험!

마인드
빌딩

들어가며

학교 졸업 후 성공적인 삶을 희망한다면, 학부모에게 의존하지 않고 독립된 삶을 희망한다면, 학교를 다니는 동안 세상을 살아갈 수 있는 준비를 하고 싶다면, 역량Competence을 함양해야 합니다.

〈성공한 사람들의 내적 특성〉, 〈할 수 있는 것이 많은 진짜 인재〉, 〈세상을 살아가는 힘〉 등으로 설명할 수 있는 역량을 가르치는 국가 교육과정이 2024년 3월 대한민국에서 시작되었습니다. 역량을 가르치고 배우는 교육은 국가 교육과정의 가장 핵심적인 교육목표이므로 국가 교육과정 및 교육정책이 연계되어 단계적으로 변화하고 있습니다.

영유아 시기부터 역량을 가르치기 위해 국가는 0~5세 영유아 교육과정에 역량을 교육목표로 설정했으며, 초중고 학생들에게는 역량을 가르치기 위해 2022 개정 교육과정을 2024년부터 시작했습니다. 초중고 학생들에게 역량을 가르치기 위해 교과서가 변경되었으며, 역량교육을 더욱 견고하게 지원하기 위해 AI디지털교과서와 AI튜터가 2025년 도입되었습니다. 또한 초중고 학생들의 역량을 평가하기 위해 단순 교과지식을 평가하는 오지선다형 지필평가가 고등학교 시험에서 폐지되고, 대신에 역량의 구성요소인 지식, 태도, 기능을 평가하기 위해 서·논술형 평가가 강화되었습니다.

대학의 경우 역량이 함양된 우수한 학생을 선발하기 위해 상위권 대학들은 정시에서도 학교 내신의 교과역량 점수를 반영하며, 수시(학생부교과전형·학생부종합전형)에서는 학교 내신점수에 평가된 교과역량을 바탕으로 우수한 학생을 선발합니다. 단순 교과지식을 평가하는 현재 수능을 개선하고자, 국가교육위원회는 2028학년도 수능부터는 서·논술형으로의 전환을 준비하고 있습니다. 대학들은 학생들에게 학교 졸업 후 성공적인 삶과 직업생활에 필요한 기초역량, 직업에 필요한 직무역량을 가르치기 위해 대학 교육과정을 개편하여 적용하고 있습니다.

2021년 선진국이 된 대한민국의 영유아부터 대학생들은 선진국 교육과정인 역량기반 교육과정으로 배우고 있습니다. 그러나 기성세대 학부모들은 실제 삶과 직업생활에서 활용도가 떨어지는 교과지식과 전공지식을 중심으로 배우고 어른이 된 개발도상국의 어른들입니다. 그러므로 기성세대 교육자와 학부모들이 선진국 교육과정인 2022 개정 교육과정을 정확하게 이해하고 적용하기 위해서는 일정기간 시간이 필요하며, 일시적으로 혼란과 혼동이 있을 수 있습니다.

국가 교육과정이 70년 만에 완전히 새롭게 변화되었으니 학생, 학부모, 교육관계자들의 변화에도 일정기간 시간이 필요합니다. 교육관계자(교육공무원, 교사, 출판사 집필자, 학원강사, 인터넷강사, 과외강사 등)들이 변화된 이후에 이들이 제작하는 교과서, 참고서, 온라인콘텐츠 등이 단계적으로 변화될 것이며, 선진국 학생들을 가르쳐야 하는 선생님들의 변화에도 일정기간 변화의 시간이 필요할 것입니다.

학생, 학부모, 교육관계자들이 변화하고 교육콘텐츠, 교육서비스 등이 변화되는 기간 동안은 불가피하게 다양한 혼란과 혼동이 있을 수밖에 없습니다. 예를 들어서 초중고 학교 시험에서 오지선다형 지필시험이 폐지되었는데 초중고 학생들이 사용하는 참고서는 오지선다형 평가를 진행하며, 단순 교과지식을 전달하는 인터넷 강의도 일정기간 사용될 것입니다.

또한 교육부가 학생들의 역량을 평가하기 위해 서·논술형 평가를 강화한다고 발표하자, 국어 사교육 기관들이 역량기반교육에서 부분적인 기능에 해당하는 논리적 글쓰기를 강조하는 것도 혼란과 혼동을 부추기는 잘못된 사례입니다. 산업사회에서 지능정보화사회로, 개발도상국에서 선진국으로, 지식기반 교육과정에서 역량기반 교육과정으로, 2019 누리과정에서 0~5세 영유아 교육과정으로, 2015 개정 교육과정에서 2022 개정 교육과정으로, 서책형 책자에서 서책형 책자와 AI디지털교과서로, 오지선다형 평가에서 서·논술형 평가로의 변화는 교육 대전환시기에 불가피한 혼란과 혼동을 동반할 것입니다.

그럼에도 불구하고 선진국이 된 대한민국을 살아가야 할 학생들에게는 선진국 교육이 필요합니다. 기성세대 학부모와 교육자들이 학창시절 배웠던 지식과 경험에서 벗어나, 학생들에게는 지식을 수용하는 긍정적인 태도와 가치관을 함양하고, 온오프 지식을 배우고 습득하는 과정에서 반드시 갖추어야 할 다양한 기능(대인관계능력, 자기조절능력, 문화적 상상력, 의사소통능력, 자기주도학습능력 등)을 길러주는 교육이 반드시 필요합니다.

그래야만 학생들은 학교를 졸업하고 학부모와 선생님에게 더 이상 의존하지 않고 자신의 독립된 삶을 살아갈 수 있습니다. 학생들은 학교를 다니면서 자기가 누구이고, 자기가 살고 있는 세상은 어떠한 곳인지, 자기가 세상을 살아가는 데 필요한 것은 무엇인지를 이해하고 준비해야 합니다. 학창시절이란 세상을 살아가는 힘을 키우는 기간이며, 세상을 살아가는 힘을 갖추고 학교를 졸업해야 성공적이고 행복한 삶과 직업생활을 경험할 수 있습니다.

역량교육전문가 김정권

차 례

PART 1

어른이 된 나를 되돌아보니 가짜 인재

선진국 자녀를 위한 깊이 있는 교육

깊이 있는 교육을 위한 빅맵 프로젝트

PART

1

어른이 된
나를 되돌아보니
가짜 인재

어른이 된 나를
되돌아보니
가짜 인재

2021년 7월 서른두 번째로 선진국이 된 대한민국은 개발 도상국 산업사회 교육으로 인해 대부분의 국민들이 깊은 고통을 받고 있다. 대한민국은 보유한 자원이 부족해 인적자원에 대한 교육으로 성공한 국가인데, 현재는 교육으로 인해 국민들이 사회적 고통을 받고 있다고 하니 이해가 안 갈 수도 있을 것이다.

1954년 제1차 교육과정이 시작되고 약 70년 동안은 대한민국이 선진국으로 성장할 수 있도록 우수한 인재를 양성한 것은 맞다. 여기서 우수한 인재란 산업사회에 필요한 양질의 노동력을 갖춘 인재를 말하며, 그런 인재는 확정된 지식을 정확하게 이해하고 암기하여 습득한 사람을 말한다. 국어, 영어, 수학과 같은 실생활 및 직업생활에 사용하지도 않는 교과지식에 대한 이해와 암기 여부를 평가하는 방법으로 우수한 인재를 선발함으로써 빠른 시간 내 양질의 노동력을 확보할 수는 있었지만 변화하는 사회와 기술변화에는 대응이 부족할 수밖에 없었다.

우리나라 교육이 개발도상국의 산업사회 지식기반 교육과정으로 다음세대 교육을 하는 동안 2003년 OECD 주요 선진국들은 교과지식에 대한 단순암기와 이해를 바탕으로 하는 산업사회 교육에서 벗어나, 교과지식을 도구로 활용하여 실제 삶과 직업생활에 필요한 다양한 태도 및 가치관과 기능(능력)을 가르치는 교육으로 전환했다. 2003년 우리나라는 개발도상국이기 때문에 OECD 주요 선진국들의 교육변화를 인식했어도 함께하지는 못했고, 결과적으로 사회·기술 변화에 따른 교육이 변화하지 못하여 현재 우리 사회는 다양한 사회적 고통을 받고 있다.

첫째, 국가소멸

2020년부터 출생아수가 사망자수보다 작아지면서 우리나라는 국가 소멸단계로 전환되었다. 2020년 한 해 태어난 출생아수는 272,337명(출산율 0.837명)인데 2020년 사망자수는 305,000명이다. 문제는 2020년 이후 사망자수는 매년 증가하여 2023년 352,511명까지 증가했지만, 같은 기간 출생아수는 계속 하락해 2023년은 230,028명(출산율 0.721명)이 태어나 대한민국 인구수는 계속적으로 줄어들고 있다는 것이다. 2023년 한 해 동안만 해도 122,483명이 자연 감소했다. 더욱 큰 문제는 2026년이면 한 해 출생아수가 20만명 밑으로 하락하면서 인구감소가 더욱 심화될 것으로 예상된다는 점이다.

현재와 같은 사망률과 출산율이 지속되면, 우리나라 전체 인구수는 계속 감소하여 국가 경쟁력 확보에 큰 어려움이 발생할 수 있다. 우리나라는 전 세계에서 출산율이 가장 낮으며, 세계 최초로 출산율 0명대를 기록한 국가이다. 또한 미래에도 나아질 희망이 보이지 않는다는 점에서 더욱 심각하다고 할 수 있다. 저출산의 주요 원인으로 교육영역에서는 지나친 경쟁위주의 교육문화가 지적받는 상황에서 이에 대한 개선이 필요한데, 개선방향의 하나로 상대평가 위주의 시험에서 벗어나 절대평가로의 변화가 진행 중이다.

둘째, 자살률

OECD 주요 국가들의 자살률은 11.1명(인구 10만 명당 자살자수 비율)인데 우리나라의 자살률은 27.3명(2023년 기준)으로 전 세계에서 가장 높다. 우리나라 다음으로 자살률이 높은 국가는 리투아니아(20.3명, 2020년), 슬로베니아(15.7명, 2020년)이며, 주요 선진국들 중에서는 미국(14.1명, 2020년), 일본(14.6명, 2019년), 프랑스(14.4명, 2018년), 핀란드(13.4명, 2019년) 등이 자살률이 높은 국가들이다. 반대로 자살률이 낮은 국가로는 이탈리아(5.8명, 2017년), 그리스(4.6명, 2019년), 터키(4.4명, 2019년) 등이 있다.

2017년 24.3명이었던 우리나라 자살률은 매년 높아져서 우리나라가 선진국이 된 2021년에 26.0명까지 높아졌다. 우리나라의 자살률을 상세하게 들여다보면 여성보다는 남성의 자살률이 두 배 정도 높다. 2021년 기준 여성이 16.2명 자살했다면 같은 해 남성은 35.9명이 스스로 목숨을 끊었다. 우리나라 사회에서 남성이 여성보다 사회적 스트레스와 경쟁강도가 높기 때문이라고 분석할 수 있다.

우리나라 자살률을 연령별로 살펴보는 것도 중요한데, 10대 7.1명, 20대 23.5명, 30대 27.3명, 40대 28.2명, 50대 30.1명, 60대 28.4명, 70대 41.8명, 80대 61.3명이다. 특히 20대와 70대 자살률이 급격하게 높아진다. 그중에서도 20대 자살률이 높아지는 이유는 대학진학 및 졸업 후 불안한 미래와 사회적 경쟁이 심화되면서 심리적으로 감당하지 못하기 때문이라고 분석할 수 있다. 저출산의 주요원인으로 지적받는 지나친 경쟁위주의 교육문화를 해결하기 위해 절대평가가 대안이 될 수 있는 것처럼, 자살률을 낮추는 방법으로 경쟁위주의 교육문화를 우선적으로 해결해야 한다. 무엇보다도 미래사회를 살아갈 학생들에게 세상을 살아가는 힘인 역량Competence을 가르치는 것이 필요하다. 그 이유는 역량교육이란 학교를 졸업하고 세상을 살아가는 방법을 가르치는 교육이기 때문이다.

자기관리역량의 하위요소 중 건강관리능력과 자기조절능력 및 자기통제능력을 가르침으로써, 어떠한 상황이 와도 스스로 목숨을 끊는 극단적인 생각에서 벗어날 수 있도록 가르쳐야 한다. 또한 심미적 감성역량의 하위요소 중 정서적 안정감, 행복한 삶의 추구와 향유능력을 가르쳐 한 번 태어난 인생을 가치 있게 향유하고 살아갈 수 있는 태도와 기능을 가르치는 것이 필요하다.

셋째, 가짜 인재

한국 사회의 세 번째 문제는 가짜 인재로 우리 국민 대부분이 겪고 있는 고통이다. '가짜 인재'라는 표현은 2017년 EBS 다큐멘터리 〈대학입시의 진실〉에서 처음으로 사용하였다. EBS가 정의한 가짜 인재란 대학입시를 준비하기 위해 교과지식 암기와 문제풀이 교육으로 만들어진 인재로, 교과지식에 대한 이해와 암기는 충분하지만 실제 삶과 직업생활에서는 할 수 있는 것이 부족한 인재를 말한다.

학창시절 동안 국어, 영어, 수학과 같은 교과지식에 대한 이해와 암기학습은 잘했지만, 정작 실제 삶과 직업생활에 필요한 역량은 배우지 못한 것이 가짜 인재로 평가받을 수밖에 없는 가장 큰 원인이다. 예를 들어 타인이해 및 공감능력, 논리적 사고력, 문제해결능력, 추론능력, 갈등조절능력, 프레젠테이션 능력 등의 태도와 가치관, 기능(능력)이 부족하니 할 수 있는 것이 없는 성인으로 평가받고, 그 결과 직업이나 직장생활에서도 많은 어려움을 겪는다. 상사나 동료의 시각에서는 인성도 좋고 똑똑한데 무능력한 직원 또는 동료로 평가받을 수밖에 없다.

한국고용정보원이 2024년 발표한 캥거루족 분석자료를 살펴보면 대한민국 가짜 인재의 심각성을 더욱 절실하게 느낄 수 있다. 한국고용정보원이 2024 고용패널조사 학술대회에서 발표한 바에 따르면, 캥거루족이란 학교를 졸업해 자립할 나이가 되었는데도 불구하고 취직을 하지 않거나, 취직을 해도 독립적으로 생활하지 않고 부모에게 경제적으로 의존하는 20~30대 젊은이들을 일컫는 용어이다.

또한 최근에는 신캥거루족이란 용어도 등장했는데, 자녀가 결혼 후에도 독립적인 가구를 형성하지 않고 부모와 함께 사는 세대를 말하며, 만 25세 기준으로 학교를 졸업한 이후 취업 여부와 무관하게 부모에게 의존하여 사는 세대를 총칭한다고 발표했다. 최근 2030세대를 대상으로 조사한 결과, 조사대상(1,900명) 중 77%가 "아직 부모님께 경제적으로 의존하고 있다고 응답"하였고, 경제적으로 "완전히 독립했다"라고 응답한 비중은 23%에 불과한 것으로 나타났다.

2030세대가 부모로부터 경제적 독립을 하지 못한 가장 큰 이유는 안정적 수입의 부재(56%)이며, 그 다음으로는 생활비 부담(17%), 독립 필요성을 느끼지 못함(13%) 순으로 나타났다. 결과적으로 2030세대 다수가 부모에게 경제적으로 의존하고 있으며, 독립 의지가 부족하기보다는 취업난으로 수입이 안정적이지 않아 캥거루족이 된 경우가 많다고 분석하고 있다. 여기서 자녀를 키우는 학부모는 자녀가 학교를 정상적으로 졸업하고도 성공적으로 사회에 진출하지 못하는 이유를 정확하게 이해하고 있어야 한다.

자녀는 유치원부터 초·중·고등학교 및 대학을 거치면서 교과지식과 전공지식에 대한 이해와 암기공부를 중심으로 성장했지만, 이미 변화된 사회와 기업은 교과 및 전공지식을 정확하게 이해하고 암기한 학생을 필요로 하는 것이 아니라,

실제 삶과 직업생활에서 다양하게 발생하는 문제를 해결해 성공적으로 업무를 수행할 수 있는 역량이 함양된 인재를 요구하고 있다는 것이다. 학교에서 가르친 것과 실제 삶과 직업생활에서 요구하는 것에 차이가 발생하는 문제를 교육분야에서는 탈맥락적 현상 또는 고학력인플레이션으로 정의하지만, 다른 측면에서는 가짜 인재이자 캥거루족으로도 정의할 수 있다.

국가도 가짜 인재 또는 캥거루족과 같은 사회문제를 인식하고 이를 해결하기 위해 역량이란 새로운 개념의 선진국 교육목표를 적용하려고 여러 차례 노력했지만, 2022 개정 교육과정을 통하여 초중고 학생들에게 2024년 3월부터 본격적으로 가르칠 수 있는 상황이 되었다. 2024년 3월부터 초1~2학년 학생들은 교과지식을 활용하여 태도 및 가치관과 다양한 기능을 통합적으로 배우고 평가받으며, 2025년은 초3~4학년, 중1학년, 고1학년에 적용되어 연도별로 확대될 예정이다. 영유아는 2025년 0~5세 영유아 교육과정에 역량이란 개념을 본격적으로 도입하여 2026년부터 유아교육기관 교육과정을 통하여 가르치고 평가할 수 있도록 추진하고 있다.

기성세대 중 저자와 같은 가짜 인재들은 수도 없이 많다. 아니 개발도상국의 산업사회 교육과정인 지식기반 교육과정으로 배우고 성장한 대부분의 기성세대는 가짜 인재일 가능성이 매우 높다. 현재 기성세대가 초·중·고 및 대학을 다녔던 우리나라 사회는 개발도상국이었고, 개발도상국인 우리나라에서는 학생들에게 실제 삶과 직업생활에 필요한 역량교육 대신에 교과지식 및 전공지식을 중심으로 가르쳤기 때문이다. 현재 기성세대는 학교에서 습득한 교과 및 전공지식을 기반으로 다음세대 학생들에게 지식을 중심으로 가르치면서도, 무엇이 문제인지조차 인지하지 못하는 기성세대 교육자들이 다수이다. 가짜 인재에게 교육을 받은 다음세대가 가짜 인재가 되는 것은 당연하니, 가짜 인재인 학부모라도 자녀교육만큼은 진짜 인재 기성세대(역량을 갖춘 선생님)와 자녀교육을 의논하고 함께해야 할 것이다.

아빠는
서울대 나왔는데
왜 이렇게 못 살아?

이것은 언론에 회자됐던 기사의 제목이다. 아직 철없는 8살 아이의 말을 인용한 것인데, 학부모들로 하여금 많은 고민을 하게 만드는 내용이다. 8살 아들이 아빠가 서울대를 나와 매우 자랑스럽지만, 개포동 아파트에서 월세를 사는 현실이 다른 친구들과 비교되어 싫다는 것이다. 아빠는 서울대를 나왔는데 왜 우리집은 다른 친구들과 비교해 잘살지 못하냐고 묻는다. 이 기사는 아무리 학력, 학벌이 높아도 과거와 같이 우수한 학력, 학벌이 계층이동의 사다리 역할을 못하는 사회 현상을 일깨워준다. 역량을 중심으로 교육, 입시, 취업정책이 바뀌는 것은 이러한 사회 변화 때문이다.

역량을 키우기 위한 선진국 교육과정의 본격화로 과거 산업사회 지식기반교육이 변화하고 있으며, 이에 따른 다양한 사회현상이 곳곳에서 시작되고 있다. 최근 발생하는 다양한 사회현상을 좀 더 정확하게 이해하기 위해 교육, 입시, 취업이라는 세 가지 요소로 구분하여 알아보자.

자녀교육의 다양한 변화를 파악하기 위해서는 가장 우선적으로 국가 교육과정을 이해해야 한다. 유아의 미래역량을

〈표 1〉 역량교육에 따른 교육, 입시, 취업의 변화

교육	입시	취업
■ **역량기반 교육과정** 2012 누리과정 2015 개정 교육과정 2022 개정 교육과정 ■ **역량기반 수업방법** 프로젝트수업 플립러닝(거꾸로학습) 국제바칼로레아(IB)교육 총체적 언어학습 ■ **역량기반 평가제도** CBT학업성취도평가 수행평가 서·논술형 평가(지필평가 폐지) 성취평가제 ■ **역량강화 교육정책** 수학교육 선진화 방안 과학·수학·정보·융합교육 종합계획	■ **역량기반 입시제도** 입학사정관제 자기주도학습전형 관찰추천제 AAT전형 수시전형 학생부종합(교과)전형 2028 서·논술형 평가(예정) 2028 절대평가(예정) ■ **역량기반 국제평가** OECD PISA 과학, 수학, 읽기 협력적 문제해결능력 추론능력 평가	■ **역량기반 취업제도** 역량기반지원서 (2014년 259개 공공기관 적용하며 학력, 영어점수 작성 불가) 블라인드 채용 공무원 역량평가 ■ **역량기반 채용 및 인사** 삼성그룹 채용제도 직무적합성 평가 창의성 면접 직급 대신에 님 호칭 (역량중심 인사) ■ **역량기반 취업정책** 고졸채용 확대 국가직무능력표준(NCS) 선취업 후진학

가르치기 위한 국가 교육과정인 2019 누리과정이 운영되고 있으나, 2025년 0~5세 영유아 교육과정을 통하여 유아 미래 역량교육이 더욱 구체화될 예정이다. 초·중·고 학생들의 역량을 가르치기 위한 국가 교육과정은 2015 개정 교육과정 이후 2022 개정 교육과정이 발표되고 2024년부터 본격적으로 도입되면서 역량을 가르치기 위한 초·중·고 학교들이 변화하기 시작했다.

국가 교육과정 변화에 따라 학교는 수업방법부터 변화하고 있는데, 시도교육청들이 앞다투어 도입하고 있는 국제바칼로레아IB 교육이 대표적이다. 독서-토론-글쓰기 수업형태로 진행되며, 교육목표는 미래사회를 살아갈 학생들에게 다양한 역량을 가르치기 위함이다. 또한 역량을 평가하기 위한 평가제도가 시행되고 있는데, 2014년부터 시작한 성취평가제, 2022년 CBT학업성취도평가, 2024년부터 강화되는 서·논술형 평가 등이다.

국가 교육과정이 변화되었으면 입시정책도 변해야 한다. 2008년에 학생들의 잠재력, 재능 등을 평가하여 선발하는 입학사정관제가 도입된 이후에 국가 교육과정 변화에 따라서 입시제도가 학생부종합전형과 학생부교과전형으로 변화되어 운영 중이다. 학교의 내신점수가 이미 역량을 평가하는 성취평가제로 산출되어 기록되고 있으므로 학생부종합전형과 학생부교과전형은 성취평가제로 평가되어 역량이 뛰어난 학생을 선발하는 입시제도인 것이다. 국가교육위원회는 미래사회를 살아갈 학생들에게 반드시 가르쳐야 하는 역량교육을 완성하기 위하여 입시제도에 변화를 추진하고 있다. 그 하나로 2028수능부터 서·논술형 평가 및 절대평가 도입을 검토하고 있다.

교육과 입시제도가 변화되고 마지막으로 취업정책까지 변화되면 사실상 자녀교육의 모든 것이 변화된 것이다. 자녀들이 사회에 성공적으로 진출하기 위해서는 두 개의 높은 벽을 넘어야 한다. 첫 번째가 진학이고, 두 번째가 취업이다. 자녀들에게는 두 번째 벽인 취업도 역량 중심으로 변화되었다. 대표적인 것이 이력서 대신에 도입된 역량기반지원서이다. 이미 주요 공기업은 2014년부터 역량기반지원서로 신입사원을 선발하고 있다. 2014년 공기업을 중심으로 도입된 역량기반지원서에는 학력이나 영어점수 같은 스펙을 작성할 수 없으며, 지원서의 본인 작성 여부가 불확실하므로 역량테스트와 역량면접을 함께 실시하여 기업에서 원하는 인재상에 가장 적합한 직무능력이 함양된 신입사원을 선발한다.

또한 과거 산업사회에서 중요시했던 학력, 학벌, 스펙 대신에 역량을 중요시하는 취업정책들이 다양하게 늘어나고 있다. 대표적인 것이 고졸채용 확대정책이다. 특히 8~9급 공무원 시험은 고등학교만 졸업해도 시험을 치를 수 있게 하여 매년 약 20만 명의 지원자 중 고3학년 학생이 점점 늘어나고 있다. 이렇게 역량 기반의 교육과정 시작으로 교육정책에서부터 입시정책과 취업정책에 이르기까지 모두가 역량을 중요하게 인식하고 핵심가치로 받아들이고 있다. 즉, 자녀교육에서 역량은 유아교육부터 시작하여 대학생교육과 성인교육까지 모든 교육의 핵심적인 기준이 된 것이다.

성적과 학력이
취업을 보장하는
시대는 끝났다

신입사원을 채용할 때 최종학력이나 영어점수와 같은 소위 스펙보다는 신입사원이 해당 기업에서 할 수 있는 일이 무엇인지를 궁금해하는 공공기관들과 기업들이 빠른 속도로 늘어났다. 이러한 역량 중심 취업정책의 변화는 국내 기업들이 기존 산업(조선, 반도체, 자동차 등)에서는 신흥국가들에게 경쟁우위에서 기술력으로 따라잡히고, 신사업 부문에서도 새로운 기술을 기반으로 경쟁력을 발휘하지 못하면서부터 본격화되기 시작했다.

서양의 선진국 기술을 모방하여 고속 성장하던 과거 약 70년 간의 산업사회에서는 기존 지식을 잘 습득한 유명대학

출신들이 확실히 업무수행능력도 뛰어났다. 하지만 창의적인 신기술을 바탕으로 성장해야 하는 지능정보사회 구조에서는 기존 유명대학 출신이라도 뛰어난 업무수행능력을 보여주지 못하면서 학교에서 배운 수많은 지식이 직무현장에서 적용되지 못하는 현상이 발생하게 되었다. 기업들은 신사업 발굴을 통한 경쟁력을 확보하기 위해 우선적으로 성공적인 직무수행 능력을 보유한 신인재를 선호하게 되었고, 그러한 인재상의 변화는 취업정책에도 그대로 반영되어 국가직무능력표준NCS, National Competency Standards을 설정하고 역량기반지원서와 같은 새로운 취업정책들을 내놓기 시작하였다.

취업과 관련된 국내 기업의 변화속도는 무서울 정도이다. 학교 내신과 수능성적으로는 파악할 수 없는 학생들의 잠재력, 재능 등을 중심으로 신입생을 선발하는 입학사정관제도가 2008년 국내에 처음 도입되었다. 2012년에는 고학력인플레이션 문제를 거론하면서 학력, 학벌, 스펙보다는 능력을 중심으로 하는 사회변화의 중요성이 국가차원에서 거론되었다. 또한 2014년부터는 정부가 국가직무능력표준을 본격적으로 홍보하면서 학력, 학벌, 스펙보다는 능력중심사회로의 변화가 더욱 현실화된 듯했다. 결국 정부는 2014년부터 학점, 토익점수 같은 스펙을 보지 않고 직무능력을 중심으로 130개 공공기관에서 3,000여 명을 선발하겠다고 발표했으며, 2019년까지 모든 공공기관에 전면도입할 계획임을 발표하였다.

최근 몇 년 사이에 발표된 다양한 정책들을 자세히 살펴보면 이미 국가, 사회, 기업의 인재상은 역량중심으로 변화한 것이다.

그렇다면 능력중심사회로의 변화를 더욱 앞당기고 있는 국가직무능력표준이 무엇인지 알아보고 넘어가자. 국가직무능력표준NCS, National Competency Standards은 '한 개인이 산업현장에서 자신의 업무를 성공적으로 수행하기 위해 요구되는 직무능력(지식, 기술, 태도)을 과학적이고 체계적으로 도출하여 표준화한 것'으로 정의된다. 예를 들어 교사라는 직업을 꿈꾸는 학생이 있다면, 교사라는 직무를 수행하는 데 필요한 교사로서 갖추어야 할 지식(교육학, 교육심리, 교과내용 등)과 기술(대인관계능력, 의사소통능력 등), 그리고 교사로서 갖추어야 할 태도(성격, 가치관 등)에 대해 국가가 표준화하고 이에 적합한 인재를 교사로 양성하겠다는 것이다.

국가 차원에서 검증하고 인정하는 학력, 학벌이 명확하게 존재하는 현실에서 새로운 기준이 등장한 이유는, 급변하는 국가, 사회, 기업 환경에서는 학교에서 배우는 교과지식(예를 들어 영어, 수학, 사회, 과학 등)만으로는 자녀가 사회나 회사생활에서 주어진 업무를 성공적으로 수행하는 데 많은 어려움을 겪기 때문이다. 사회나 회사생활에서 교과지식을 중심으로 업무를 수행하는 사람은 교수, 교사 같은 특정직업을 제외하고는 거의 없으며, 지식을 생산하고 가르치는 교수나 교사도 지식만을 필요로 하는 것은 아니다.

　반면에 사회나 회사생활에서 주어진 업무를 성공적으로 수행하기 위해서는 다양한 직무능력이 필요하다. 예를 들어 자녀가 '문화·예술기획자'를 미래직업으로 꿈꾼다면 국가가 운영하는 국가직무능력표준 사이트(www.ncs.go.kr)에 접속하여 다양한 정보를 활용할 수 있다. 실제로 문화·예술기획자가 되기 위해 필요한 정보, 즉 개념, 주요업무, 책임과 역할에 대해 설명하고 있으며, 관련하여 무엇을 공부해야 하고 관련학과가 무엇인지 알려준다. 또한 자격증 필요 유무와 업무를 성공적으로 수행하는 데 필요한 직무능력(지식, 기술)에 대하여 자세한 정보를 제공하고 있다. 아직은 모든 직업에 대한 정보를 제공하고 있지는 않지만, 단계적으로 관련 정보를 개발하여 제공할 것이다.

　위와 같이 국가, 사회, 기업 환경의 급격한 변화로 인하여 학력, 학벌, 스펙보다는 직무능력이 중요시되는 사회가 만들어졌고, 국가는 이러한 변화를 강력하게 주도하고 있지만 아직 자녀교육 현실에서는 과도기라는 점과 학부모들의 이해 부족 등으로 과거 학부모 세대의 기준과 방향으로 자녀교육을 실행하는 사례가 더 많다. 국가, 사회, 기업에서 요구하는 신인재상과 자녀가 학창시절 동안 배우고 습득한 내용이 일치하지 않아 자녀가 학교 졸업 이후에 사회, 기업에서 성공적인 기회를 얻지 못한다면 12년 이상의 학창시절은 모두 물거

품이 될 가능성이 높아진다. 최근 청년실업자가 증가하면서 일포세대, 가짜 인재, 캥거루족이라는 유행어가 자주 등장하는 현실을 인식한다면, 현재 학생을 둔 학부모 입장에서 정확한 자녀교육 방향을 고민해야 한다.

삼성은 2015년 하반기 신입사원 선발을 위하여 20년 만에 채용제도에 대한 전면적인 혁신을 시도하였다. 삼성이 혁신한 채용제도의 핵심은 '무엇을 알고 있는가'를 보던 과거방식이 아닌 '무엇을 할 수 있는가'를 보는 것이다. 할 수 있는 것이 많은 신인재를 선발하기 위하여 기존 시험 위주의 획일적인 채용에서 벗어나 직무별로 다양한 채용방식을 도입했다.

삼성이 혁신한 채용제도의 특징은 직무적합성 평가제도와 창의성 면접의 도입이다. 직무적합성 평가란 해당직무에 적합한 핵심역량을 보유하였는지를 평가하고 선발하기 위한 채용제도이다. 대학 수시모집이나 특목고의 자기주도학습전형과 유사하다고 이해하면 쉽다. 직무적합성 여부는 서류전형으로 평가하는데, 삼성에 지원한 명확한 동기와 본인 삶과 회사에 대한 목표설정 여부 그리고 본인이 지원한 직무에 본인이 가장 적합한 이유에 대하여 자기소개서 형태로 작성하여 제출해야 한다. 초등학생부터 명확한 목표를 가지고 관련된 다양한 경험, 예를 들어서 동아리 활동, 공모전 입상, 관련한 학습활동 경험 등을 작성한다면 매우 높게 평가될 것이다.

또한 새롭게 도입된 창의성 면접이란 제시된 과제에 대하여 지원자가 창의적인 해결방안을 발표하면 면접위원이 추가적으로 질문하면서 지원자의 역량을 확인하는 채용방식이다. 문제 해결에 필요한 관련 지식에 대한 이해를 기반으로 창의적인 사고력과 더불어 본인 생각을 면접위원에게 논리적으로 설명할 수 있는 의사소통능력 또한 중요한 평가요소가 된다.

위와 같은 삼성의 채용제도의 혁신은 공기업에서는 더욱 명확하게 나타나고 있다. 기존의 이력서를 대신하여 역량기반지원서, 역량테스트, 역량면접이라는 3종 역량평가를 통하여 신인재를 선발하고 있다. 즉, 과거 우수한 학력과 영어점수 등을 기반으로 신입사원을 선발하던 방식에서 벗어나 역량이 뛰어난 신인재를 선발하는 방식으로 대부분 변화했다.

저자가 2013년 역량Competence 도서를 집필하던 시기에는 공기업, 대기업의 채용제도가 역량 중심으로 변화될 것으로 예측하는 수준이었으나 이제는 현실이 되어버렸다. 문제는 기업들의 채용제도에는 역량이 도입되었지만, 자녀들의 학교 교육과정은 아직도 역량을 함양하는 교육과정이 구체적으로 실행되고 있지 않다는 점이다. 역량을 유아시절부터 함양하는 선진국과는 다르게 국내 유아교육은 아직도 누리과정에서 나아가지 못하고 있으며, 초·중·고 교육과정은 2022 개정 교육과정 시작을 통하여 역량함양을 위한 교육이 2024년부터 본격적으로 시작되었다. 결국 자녀가 학교생활을 마치고 사회생활을 위한 관문은 역량위주로 변화되었는데, 자녀교육을 위한 학교 교육과정은 아직 준비가 부족한 현실인 것이다.

그나마 다행인 것은 행복교육, 혁신학교, 자유학기제, 성취평가제, 고교학점제, 서·논술형 평가, 2028 대입개편안 등의 다양한 교육·입시 정책을 통해 역량함양을 위한 교육들이 시작되었다는 것이다. 70년 만에 시작되는 혁신적인 변화에 대하여 준비가 부족한 교사나 이해가 부족한 학부모가 아직도 과거교육과 미래교육을 혼동하는 상황에서 국가가 대외적인 환경변화에 대응하고자 채용제도의 혁신을 적극적으로 추진하고 있다는 것은 그만큼 국가의 사회, 경제, 교육 등의 시스템 변화가 시급하다는 것을 말해준다. 그러한 시급한 변화의 원인에 대해 모르더라도 자녀교육의 핵심적인 가치가 변화한 것에 대해서는 정확하게 이해하고 실천하는 것이 중요하다.

교과지식 암기로
시험만 잘 보는
학생은 필요 없다

EBS의 다큐프라임 6부작 〈시험〉을 본 적이 있는가? 그 다큐의 1부 제목은 '시험은 어떻게 우리를 지배하는가'이다. 제목부터 섬뜩하다. 내용을 요약하면 수많은 인류가 시험 때문에 희로애락을 겪고, 심지어 자살하기도 하며, 인생 전체가 바뀌기도 한다. 이러한 내용만 보면 시험이라는 것이 삶에서 매우 중요한 문제이고, 인생을 잘 살기 위해서는 시험 준비를 잘 해야겠다는 생각이 번쩍 든다.

그러나 2부 '시험은 기술이다'라는 방송을 보면 1부와는 완전히 다른 반전이 있다. 그 내용은 시험은 잘 보는 기술이 존재하고, 그러한 기술을 습득하면 누구나 시험을 잘 볼 수 있다는 것이다. 그러므로 시험으로 우수한 학생을 선발하는 현재 시험제도는 많은 문제를 내포하고 있다고 설명한다. 시험은 기술이 존재하므로 시험으로 우수한 학생을 선발하는 것 자체가 문제이므로 시험만 잘 보는 학생을 선발하지 않겠다는 것이 주요 선진국들의 교육정책 변화이다.

시험이 사회를 지배하는 상황에서 성공을 꿈꾸는 학생들은 시험공부에 매달릴 수밖에 없다. 그러나 좋은 학벌을 얻기 위해 공부에 매달리는 학생이 늘어나면서 고학력인플레이션은 사회문제가 되었고, 넘쳐나는 박사급 인력은 더 이상 사회에서 소화할 수 없는 지경에 이르렀다. 국가는 고학력인플레이션 문제를 해결하기 위해 역량이 뛰어난 학생들을 선호하는 방향으로 교육정책을 전환하기 시작했다.

그러한 학생들을 선발하기 위해 도입된 입시제도가 입학사정관제다. 하지만 이 제도는 입학사정관이 주관적으로 학생 개개인의 정성적인 부분을 판단하여 학생을 선발하는 제도이기 때문에 도입 초기에는 문제점이 지적되기도 했고, 학부모들의 반발을 사기도 했다. 최근 대학입시에 수시 비중이 높아지면서 정시에 익숙한 학부모의 불만이 높아지는 것과 동일하다. 또 학생들이 학창시절 교과지식 학습에만 몰두하지 않고 기업과 사회에서 필요한 다양한 역량을 함양할 수 있도록 주 5일제 수업과 창의적 체험활동이 도입되었다.

입학사정관제도와 비슷한 시기에 비슷한 목적으로 도입

된 교육정책이 특목고에서는 자기주도학습전형이고, 영재학교에서는 관찰추천제이다. 입학사정관제, 자기주도학습전형, 관찰추천제의 공통점은 단순 교과지식에 대한 점수보다는 학생의 발전가능성, 내면에 함양된 역량을 다양한 방식으로 평가하여 특목고나 영재학교 인재상에 적합한 학생들을 선발하겠다는 것이다.

입학사정관제를 계승 발전한 최근 대학입시제도가 수시전형의 학생부종합전형과 학생부교과전형이다. 학생의 학교생활기록부를 바탕으로 학업역량, 전공적합성, 인성, 창의성, 발전가능성, 잠재력 등을 종합적으로 평가하여 대학 인재상에 맞추어 학생을 선발하는 방식이다. 이에 따라서 학교 내신 성적 평가방식 자체도 변화되었는데, 그것이 바로 성취평가제이다. 성취평가제란 교과지식을 통해 달성해야 할 성취기준, 즉 내용영역에 해당하는 지식과 행동영역에 해당하는 인성과 기능을 절대평가 방식으로 평가하는 학교 내신 산출방식이다. 2014년에 중학교 1학년부터 고1학년까지 도입되어 현재 중고등학생들의 내신성적을 산출하고 있다. 성취평가제는 2025년 고교학점제에도 적용되어 지식, 태도, 기능점수로 192학점을 취득해야 고등학교를 졸업할 수 있는 제도로까지 발전했다.

수학과 영어교과 지식은 도구일 뿐이다

　　과거 산업사회 지식기반 교육과정에서 영어와 수학교과 지식은 절대권력과도 같았다. 자녀가 아무리 지능이 높아도, 아무리 친구들과 잘 어울려도, 아무리 그림을 잘 그려도 영어와 수학을 못하면 공부를 못하는 아이로 평가받았고 우수한 대학이나 유망학과 진학은 꿈도 꿀 수 없었다.

　　그러나 지능정보사회 역량기반 교육과정으로 바뀌면서 점차 그러한 분위기는 변화하기 시작했고, 현재는 정반대 분위기가 펼쳐지고 있다. 영어와 수학만 잘하는 학생보다는 친구들과 잘 어울리고 대인관계능력이 뛰어난 자녀가, 자기만의 독창적인 생각을 그림으로 잘 표현하는 자녀가, 곤충과 로봇에 푹 빠져 곤충로봇과학자를 꿈꾸는 자녀가 미래사회에서는 성공할 확률이 높아지고 있는 것이다. 이러한 자녀들에게 영어와 수학 교과지식은 역량을 강화하기 위한 도구일 뿐이지 결코 교육의 본질이 아니다.

실제로 수학 교과지식을 도구로 역량을 강화하기 위한 수학교육정책이 2012년 처음 발표되었다. 2012년 발표된 '수학교육 선진화 방안'은 지능정보사회에 필요한 창의적 인재와 합리적 시민을 위한 수학교육이 목표였다. 또 변화된 수학교육을 통해 창의·인성 중심의 학교수학을 강화하고, 수학에 대한 긍정적 태도 및 자신감을 형성하며, 수학을 대중화시키는 것이 목표였다. 이러한 교육목표를 달성하기 위하여 생각하는 힘을 키우는 수학, 쉽게 이해하고 재미있게 배우는 수학, 더불어 함께하는 수학을 주요 추진 방향으로 수립했으며, 스토리텔링을 가미한 수학교과서, 수학과 타 교과 통합교수학습, 수학클리닉 및 학부모 수학교실 개설 등 다양한 수학교육정책을 추진하고 있다.

2012년부터 2014년까지 적용된 '수학교육 선진화 방안'이 종료되자 2015년부터 2019년까지 적용될 '수학교육 종합계획'이 수립됐다. 이 계획은 수학교육을 통해 수학 기반의 핵심역량함양, 수학의 가치와 유용성 인식 확산, 선진 수학교육 기반 조성을 주요 목표로 한다. 이는 수학교육의 패러다임이 완전히 바뀌었다는 것을 의미하며, 이러한 변화는 2022

개정 교육과정의 수학교과 변화로까지 연결되어 있다.

　교육부는 수학교육의 패러다임 변화를 위하여 첫째, 쉽고 재미있는 수학교육을 추진했다. 학생들이 수학에 대한 긍정적 태도를 함양할 수 있도록 수학관련 도서를 활용한 수학독서, 독후감쓰기를 도입하며, 문제풀이식이 아닌 수학의 원리와 개념을 익히는 과정 중심의 교수·학습방법과 평가방법을 마련했다. 또한 실생활에서 수학의 유용성을 체감할 수 있는 내용 위주로 수학교과서를 개편했다.

　둘째, 체험과 탐구 중심의 수학교육을 실행했다. 수학관련 전문가를 활용한 진로프로그램을 통하여 수학관련 다양한 직업을 체험하며, 자유학기제와 연계한 수학프로그램을 운영했다. 학생 과제연구, 수학체험전, 창의체험활동, 수학동아리 등에서 활용 가능한 체험탐구 프로그램을 개발하여 지원했다. 또한 불필요한 계산에서 벗어나 수학적 개념과 원리 학습에 충실할 수 있도록 계산기, 소프트웨어sw 등 도구 활용을 적극 추진했다.

　셋째, 학생참여 중심의 수학수업이 될 수 있도록 결과보다는 과정을 중시하는 교육을 실행했다. 과정을 중시하는 교육을 위하여 평가방법에 서·논술형 평가, 관찰평가, 자기평가 등을 도입했다. 또한 '수학교육 선진화 방안'의 핵심이었던 수학교과 지식을 기반으로 수학적 핵심역량을 함양하는 교육을 실행하기 위하여 2015년부터 평가방법도 수학적 핵심역량에 해당하는 수학적 문제해결능력, 수학적 추론능력, 수학적 의사소통능력을 평가요소에 반영하고 있으며, 이를 위하여 오지선다형 지필평가는 폐지하고 서·논술형 평가와 다양한 수행평가를 강화했다.

학생들이 학창시절 동안 수학적 지식과 정보를 통하여 함양해야 할 핵심역량(문제해결능력, 추론능력, 의사소통능력 등)을 위하여 앞에서 설명한 것과 같이 교육부는 교육과정 및 교과서를 개편하고, 수업과 평가방법의 변화를 추진했다. 또한 어렵고 복잡한 수학학습에 대한 이미지를 개선하기 위하여 다양한 정책들도 추진했다.

'수학교육 종합계획'의 핵심은 '수학교육의 패러다임 변화'이며, 이러한 변화를 통해 주요 선진국들이 이미 도입한 역량기반 교육과정을 실현하는 데 주요한 목표가 존재한다. 70년 동안 수학교육은 수학교과지식을 암기, 습득하여 문제풀이 여부로 수학학습의 성취 여부를 평가했다. 그러나 사회, 기업의 환경변화로 수학교과 지식을 암기하고 문제를 잘 풀이하는 학생보다는, 수학적 핵심역량을 보유한 새로운 유형의 학생들이 신인재로 평가받으면서 '수학교육의 패러다임 변화'가 빠르게 진행되고 있다.

자녀교육의 교과정책에서 수학교육 종합계획 못지않게 중요한 변화가 영어 절대평가 도입이다. 10점 단위로 영어실력을 평가하는 것으로 점수가 아닌 등급만 평가하는 특징이 있다. 예를 들어서 100점~90점은 1등급, 89점~80점은 2등급, 79점~70점은 3등급으로 평가한다. 90점을 맞든 100점을 맞든 똑같이 1등급으로 평가받으므로 기존 평가방법 및 타 주요교과(국어, 수학 등) 대비 변별력이 매우 약화되었다.

사실 영어는 수학, 과학과 같은 고급학문은 아니지만 실용교과지식으로서 매우 중요한 가치를 지닌다. 영어실력이 부족하면 글로벌 사회를 살아갈 자녀들은 의사소통역량 자체가 부족할 것이고, 이로 인해 어떠한 직업을 갖게 되든 해당분야의 고급지식을 접할 수 있는 기회를 얻지 못할 가능성이 커진다. 그래서 영어는 학문으로서의 가치보다는 실용지식으로서의 가치가 높다고 할 수 있다.

교육부가 영어절대평가를 도입하는 이유는 학생들의 과도한 학습 부담감을 줄이고 실질적인 영어능력을 향상시키겠다는 데 있다. 그렇다면 실질적인 영어능력이란 무엇이고, 어떻게 교육시켜야 하는지가 중요할 것이다. 영어교과 지식을 통하여 학창시절 길러야 할 성취목표가 실질적인 영어능력에 해당되는데, 영어교과 지식을 통하여 길러야 할 핵심역량의 하위요소들로는 국제사회문화이해, 대인관계능력, 시민의식, 자기관리능력, 진로개발능력, 기초학습능력, 문제해결능력, 의사소통능력, 정보처리능력, 창의력 등이 있다.

이렇게 다양한 핵심역량을 키우기 위해서는 영어 교수학습방법에 대한 변화도 필수적이다. 과거 산업사회 시대 국내 영어교육은 도구적 리터러시Literacy(읽고 쓰는 능력) 교육을 중심으로 가르쳤다. 영어교육을 기계적으로 훈련하듯 가르치면서 발음, 단어, 문법 및 듣고, 읽고, 쓰고, 말하기 중심의 영어교육에 치중해왔다. 그러나 이러한 언어교육은 식민지적 언어교육 방법과 비슷하다. 지배국가 입장에서는 식민지 국민들이 자국의 언어를 알아듣고 행동해야 노동자로 활용할 수 있기 때문에 기계적, 훈련적이며 반복적인 언어교육만을 강조해왔다.

그러므로 기계적, 훈련적이며 반복적인 현재와 같은 과거 언어교육으로는 절대 실질적인 영어능력을 향상시킬 수 없다. 이러한 필요성에 의해 도입된 것이 인문교양적 리터러시 교육이다. 선생님과 학생이, 학생과 학생이, 학생과 다양한 지식과 정보들이 상호작용적인 교수학습 활동을 통해 학습하면서 자연스럽게 다양한 핵심역량이 형성되는 것이다. 영어교과지식을 활용하여 프로젝트수업을 하면서 문제해결력과 창의력을 향상하기도 하고, 영어로 연극이나 드라마 활동을 하면서 대인관계능력과 의사소통능력을 향상하기도 하며, 영어를 사용하는 나라의 문화를 직·간접적으로 체험하면서 국제사회문화이해, 시민의식, 정보처리능력, 의사소통능력 등을 향상하기도 한다. 아직도 자녀에게 기계적, 반복적, 훈련적인 영어교육을 시키고 있다면 영어교육의 본질적인 교육목표에 대하여 다시 한 번 점검할 필요가 있다.

지식이 아닌
역량을 가르치는
선진국 교육

　선진국에서도 교육목표가 자녀의 역량교육으로 변화되었다고 말한다면 대부분의 학부모가 쉽게 동의하기 어려울 것이다. 왜냐하면 인기 높은 자녀교육서 대부분은 선진국 도서를 번역한 경우가 대부분이고, 그러한 도서들은 공통적으로 점수나 학력 위주의 경쟁을 기반으로 하는 자녀교육이 아니라 자녀들의 행복한 삶을 위한 교육을 강조하기 때문이다. 또한 타인과 협동과 토론을 통하여 학습하는 능력, 자기 생각을 자유자재로 표현하는 능력, 다양한 지식과 정보를 정확하게 이해하고 자기 분야에 잘 활용하여 사용할 수 있는 능력 등을 길러내는 교육의 중요성을 강조하기도 한다. 이런 책들

어디에도 자녀의 역량을 가르쳐야 한다고 강조하는 이야기
는 없다.

또한 그러한 책을 집필한 저자들 대부분이 한 국가의 교
육과정을 전문적으로 연구개발하는 교육분야 최고 전문가는
아니다. 그러한 저자들이 집필한 자녀교육서 대부분은 자녀
교육에 필요한 현 시대의 교육과 관련된 지식, 정보, 경험, 사
례 등을 독자의 눈높이에 맞추어 잘 정리하고 소통하는 능력
이 뛰어난 것이지, 그들 자신이 국가 교육과정을 책임지고 설
계할 정도의 전문적인 지식과 능력을 보유한 것은 아니다. 그
러므로 자녀교육에 참조하면 좋은 정도이며, 대신에 앞으로
설명할 단체에 관심을 가져야 할 것이다.

인류의 미래교육을 고민하는 세계적인 단체 중 하나가 유
네스코UNESCO이다. 유네스코는 오랜 기간 동안 인류의 교육,
문화, 과학을 전 세계 집단지성들과 전문적으로 연구개발하
고 있다. 미래사회를 위하여 유네스코가 제안하는 인재상은
개인의 소득향상을 위한 교육을 말하지 않는다. 대신에 인류,
국가, 사회, 지역이 지속 가능하게 발전하기 위해 필요한 교
육을 이야기한다.

반면 경제협력기구OECD에도 교육을 전문적으로 연구개
발하는 전문가들이 있다. 이들이 제안하는 미래사회에 필요
한 인재상은 개인의 소득향상을 위한 교육을 말하고 있다. 다
르게 설명하면 노동자(근로자)로서 얼마나 경쟁력 있는 교육

46

을 받아야 하는가를 말하는 것이다.

1990년 후반 유럽 주요 국가들이 갖고 있던 사회, 경제, 교육문제가 지금의 국내 현실과 비슷했다. 학교에서 배운 교과지식으로는 사회나 기업에서 활용도가 떨어지고, 그로 인해 대학졸업자 취업률이 떨어지며, 기업들은 새로운 기술개발이 안 되면서 국가와 기업의 경쟁력 저하로 이어졌다. 이는 결국 유럽국가들의 저출산, 고령화, 저성장, 청년실업, 자살률 증가와 심지어 폭동과 국가 간 분쟁으로까지 이어졌다. 이러한 유럽 주요 국가들의 사회문제를 해결하기 위하여 OECD는 데세코 프로젝트DeSeCo Project, Definition and Selection of Key Competences Project라는 매우 거시적인 교육정책을 1997년부터 2003년까지 연구하고 발표한다. 데세코 프로젝트는 미래사회에 필요한 인재를 위해서는 역량중심의 교육을 시켜야 한다는 것이 핵심이다. 이 발표 이후에 유럽 주요 선진국들은 국가의 교육과정을 대대적으로 혁신하기 시작했다. 즉, 역량을 기반으로 하는 교육과정을 채택하고 영유아부터 대학생과 성인까지 사회를 살아가는 데 필요한 역량을 가르치는 교육과정을 2004년 전후로 시도하기 시작했고, 현재 대부분의 국가들은 정착단계에 있다.

2000년 이후 주요 경제학자, 진보교육자, 헌법학자들이 핵심역량을 기반으로 하는 교육에 매우 큰 관심을 보이며 많은 연구결과를 발표하고 있다. 대표적인 학자로 예일대 교수인 제임스 헤크먼 교수가 있다. 2000년 노벨경제학상을 받을 정도로 학문적 권위가 높은 경제학자가 주장하는 것은 바로 자녀의 소득수준을 향상하기 위한 교육이다. 그는 위대한 개츠비 곡선을 발표한 프린스턴대학교 앨런 크루거 교수의 학설을 자주 인용하면서, 현대사회에서는 소득불평등이 심할수록 계층상승이 어려워지고 사회와 경제구조의 고착화로 부모세대 소득수준이 자녀의 소득수준과 비슷하다는 학설을 발표했다. 그러므로 자녀가 계층이동을 할 수 있도록 하기 위

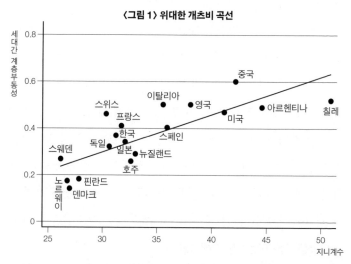

〈그림 1〉 위대한 개츠비 곡선

가로축의 오른쪽에 위치할수록 소득불평등이 심한 국가(예: 칠레, 아르헨티나 등)이다. 세로축은 계층간 이동가능성을 나타내는데 기준선의 위쪽에 위치할수록 계층이동이 어려운 국가를 의미한다. 영국, 이탈리아, 중국 등은 부모세대의 소득불평등이 자녀세대의 계층이동에 큰 영향을 준다는 의미이다. 우리나라는 소득불평등은 심하지 않지만 계층간 이동은 뉴질랜드, 호주 등보다 어렵다.

해서는 자녀가 초등학교에 입학하기 전 양질의 교육에 투자하는 것이 효율적이라는 결론을 내린다.

자녀가 학부모세대의 소득수준을 넘어설 수 있도록 우수한 대학에 보내려고 그토록 노력하고 있지만, 아무리 우수한 대학에 진학해도 학부모세대 소득수준과 비슷하다는 학설은 대한민국 학부모 입장에서 매우 힘이 빠지는 이야기다. 하지만 부모세대 소득수준을 뛰어넘을 수 있는 방법으로 지식, 학력, 학벌 대신에 역량을 강화하는 것을 제안하기도 하며, 이러한 학설은 미국 오바마정부의 교육자문위원으로 활동하게 되는 중요한 밑바탕이 되었다.

위와 같이 OECD 주요 선진국들과 경제학자들은 동일한 이유에서 학생 개인이 소득수준을 향상하기 위해 역량기반의 교육을 받아야 한다고 주장하고 있다. 국내의 역량기반 교육과정인 2012 누리과정, 2019 누리과정, 2015 개정 교육과정, 2022 개정 교육과정은 역량교육을 위한 국가차원의 교육과정이다. 교육자 입장에서는 학생 개인의 발전을 위하여, 경제단체나 경제학자들 입장에서는 국가나 기업 경쟁력에 필요한 인재를 확보하기 위하여 새로운 교육을 진행하고 있는데 공통점은 바로 역량기반의 교육인 것이다.

선진국 대한민국의
새로운 교육과정

    우리나라의 교육과정은 크게 두 가지로 구분할 수 있다. 하나는 해방 이후 산업화 시대를 거치며 약 70년간 유지된 지식기반 교육과정이며, 다른 하나는 선진국과 지능정보화사회로 진입하면서 2015년 최초로 발표된 초·중·고등학생을 가르치기 위한 역량기반 교육과정인 2015 개정 교육과정이다.

    1945년부터 2015년까지 약 70년간 대한민국 교육과정의 근간이었던 것이 지식기반 교육과정이다. 교과지식을 기반으로 하는 교육과정에서는 자녀들이 태어나 학교에 보내면 누구나 동일하게 국가가 선정한 교과지식들을 학년에 맞추어 동일하게 배워야 했다. 국내에서도 다음세대를 위해 가르칠 교과지식으로 선정한 것이 국어, 영어, 수학, 과학, 사회 및 예체능 교과였다.

지식을 기반으로 하는 교육과정에서는 국어, 영어, 수학과 같은 교과지식을 잘 암기하고 습득하여 선다형 지필고사에서 좋은 점수를 받는 것이 중요했다. 또한 지식을 기반으로 하는 교육과정에서는 지능Intelligence이 높은 것이 유리한데, 지능이 높으면 장기기억장치(해마)에 수많은 지식과 정보를 차곡차곡 저장했다가 필요할 때 잘 활용함으로써 선다형 지필고사를 볼 때 좋은 점수를 받을 수 있기 때문이다.

그러한 까닭에 모든 학생들은 초등학교에 진학하면 누구나 지능검사를 받았다. 지능검사 결과는 생활기록부에 기재되며, 검사결과는 해당학생의 학업능력은 물론 진학 여부와 사회진출 시 성공 여부까지도 예측하는 중요한 근거로 삼았다. 이렇게 지능을 근간으로 하는 지식기반 교육과정이 제1차 교육과정부터 시작하여 약 70년간 국내교육의 핵심가치가 되어왔다. 그리고 그렇게 긴 시간 동안 우리나라 교육과정을 지배하다 보니 현재 대부분의 교사, 학부모들은 지능을 기반으로 하는 지식기반교육에 매우 익숙하여 현재 급속도로 변화하는 교육현실에 제대로 대처하지 못하고 있는 것이 현실이다.

최근 10년 동안 한국 사회는 개발도상국에서 선진국으로, 산업사회에서 지능정보사회로 빠르게 변화했다. 그런 까닭에 2009년 서울대학교 교육학과에서는 미래사회에 필요한 인재를 길러내기 위해서는 과거의 지식기반교육에서 벗어나 역량기반의 새로운 교육이 필요하다는 연구결과를 발표했고, 같은 해 정부에서도 2009 개정 교육과정을 발표하기에 이르렀다.

국가, 사회, 경제구조는 개발도상국에서 선진국으로, 산업사회에서 지능정보사회로 개혁수준으로 변화하고 있지만, 자녀교육은 아직도 개발도상국 산업사회교육에 머물러 있는 것이 현실이다. 개발도상국의 산업사회에서 태어나고 학창시절을 보냈으니 그러한 시대에 익숙한 대다수의 학부모들은 인공지능시대의 알파고세대 자녀에게 지능정보사회가 필요로 하는 교육이 아닌 과거 학부모 세대의 교육을 강요하고 있다. 이러한 까닭에 대학졸업자는 넘쳐나는데 그냥 쉬고 있는 가짜 인재들은 늘어나고, 박사학위까지 취득한 인재가 사회에 적응하지 못하는 고학력인플레이션이 발생하는 것이다.

대표적인 사회문제가 대학생들의 취업문제이다. 대학생들은 학창시절 동안 전공지식을 기반으로 학습하여 학점과 그 외에 스펙(영어점수)을 준비하고 대학을 졸업하지만, 대학생들이 취업하고 싶어하는 공공기관과 대기업에서는 핵심역량을 기반으로 하는 지원서를 받고, 동시에 핵심역량함양 여부를 파악하기 위한 면접과 테스트를 실시하여 신입사원을 선발하고 있다.

〈표 2〉 1945~2015 국내 교육과정의 변화

지식기반 교육과정	역량기반 교육과정
제1차 교육과정(1955년~)	2009 개정 교육과정(2013~2017년)
제2차 교육과정	2012 누리과정
제3차 교육과정	2015 개정 교육과정
제4차 교육과정	2019 개정 누리과정
제5차 교육과정	2022 개정 교육과정
제6차 교육과정	2025 0~5세 영유아 교육과정(예정)
제7차 교육과정(~2012년)	

　국내에서 역량을 기반으로 하는 교육과정은 누리과정
(2012년, 영유아 대상)과 2009 개정 교육과정(2011년, 초·중·고 대
상)부터라고 할 수 있다. 누리과정 해설서에는 "유아들에게는
실생활주제를 통하여 지식과 기능 그리고 바람직한 태도와
가치관을 가르치고 평가해야 한다."고 설명하고 있다. 역량의
구성요소인 지식, 기능, 인성(태도, 가치관, 자아개념 등)을 기반
으로 하는 교육을 강조하는 있는 것이다. 또한 2009 개정 교
육과정 총론에서는 비록 역량이나 역량의 하위요소인 지식,
기능, 인성을 직접적으로 거론하지는 않았지만, 역량개념을
기반으로 한 성취평가제라는 것이 2014년부터 도입되어 운
영 중이다. 성취평가제는 학생들이 학습을 통해 성취해야 할
지식, 기능, 인성(태도 및 가치관 등)을 절대평가 방식으로 평가
하는 것으로 현재 점차 확대되는 평가방식이다.

성취평가제는 2009 개정 교육과정의 취지에 맞게 만든 평가방식으로 학생중심의 수준별 맞춤형 교육과정이 운영되도록 하는 것이다. 학생이 무엇을 얼마만큼 알고 있는지에 대한 정확한 정보를 제공하여 학교교육의 책무성을 강화하기 위해 도입되었다. 또한 성취평가제는 기존의 상대평가가 가진 한계를 극복하여 학생의 성취정도에 대한 구체적인 정보를 제공함으로써 성취수준에 적합한 다양한 학습이 가능하도록 하여 학생의 학습능력을 향상시키고, 학생들 간 무한경쟁을 탈피하여 중·고교 교육력을 제고하기 위하여 도입된 평가방식이다.

교육과정이 지식중심에서 역량중심으로 변화하면서 각 과목별 교과정책에도 변화가 시작되었는데, 대표적인 것이 수학교육 선진화 방안과 과학교육 선진화 방안이라 불리는 융합인재교육STEAM의 시작이었다. 또한 학교에서도 변화가 시작되었는데 혁신학교, 유네스코학교 등이 대표적이며, 혁신유치원과 후마니타스 칼리지(경희대)까지 등장하였다. 최근에는 역량교육을 위하여 시도교육청별로 독서-토론-글쓰기를 중심으로 실천하는 국제바칼로레아IB: International Baccalaureate 교육이 초·중·고 학교교육에 도입되는 추세이다.

〈표 3〉을 보면 산업사회 지식기반 교육과정과 지능정보사회 역량기반 교육과정은 큰 차이가 존재함을 알 수 있다. 가장 큰 변화는 성공을 위한 핵심요소의 변화일 것이다. 산업

〈표 3〉 지식기반 교육과정과 역량기반 교육과정의 비교

구 분	지식기반 교육과정	역량기반 교육과정
사회 구조	산업사회	지능정보화사회
성공 핵심요소	대학, 학력, 학벌, 교과지식	역량(지식, 태도, 기능)
지식 선정주체	정부(교육부)	정부 및 분야별 전문가
교수-학습 철학	경쟁	협동
교수-학습방법	교사중심 강의식 전달	학생중심 개인맞춤학습 학생중심의 팀제협동학습 등
교수-학습평가	상대평가 오지선다형 지필평가	절대평가 수행평가 및 서·논술형 평가
평가목적	교과지식에 대한 정확한 이해 및 습득 여부	교과지식을 기반으로 함양된 태도 및 기능까지 평가
학습방법	지식의 이해 및 암기를 위한 강의수강, 반복 및 선행학습	지식을 이해하고 활용하기 위한 자기주도학습, 팀제협동학습, 프로젝트학습방법 등 다양
자기주도학습방법	시간관리, 노트필기법 시험대비법, 암기방법 등	자기조절능력, 기초학습능력 등의 자기관리역량함양을 통한 자기주도학습능력 발현
교육 본질	교과지식을 빠르고 정확하게 이해하고 습득	교과지식과 체험활동을 기반으로 핵심역량 및 하위요소를 함양

사회에서 자녀의 성공을 위한 핵심가치는 우수한 지능이었다. 우수한 지능은 학교 내신점수를 보장하며, 학교 내신점수는 우수한 대학과 학벌, 학력을 보장받게 했다. 그러나 사회 구조의 변화로 지능이나 학교 내신점수가 자녀의 성공을 보장하지 못하면서 역량이라는 새로운 개념이 교육에 도입되기 시작했다.

교육의 가치가 지능에서 역량으로 변화하면서 무엇보다도 학습방법에서도 많은 변화가 초래되었다. 산업사회 교수학습방법에서는 교과지식을 정확하게 전달하고 암기, 습득하는 것이 가장 중요하므로 교사중심의 강의식 학습이 중요했다면, 지능정보사회 교수학습방법에서는 학생중심의 다양한 학습활동이 권장되고 있다. 팀제협동수업, 대화토론수업, 프로젝트수업, 모둠수업, 거꾸로수업(플립러닝), 아이비수업 IB 등의 다양한 교수학습 활동이 존재하며, 학생들의 역량 강화를 위해 교육현장에 적용되고 있다. 또한 과거 산업사회 교과지식 중심의 교육에서는 교과지식의 내용에 집중하여 영어단어, 수학공식, 화학개념 등을 정확하게 암기하고 습득하는 것이 중요했다면, 지능정보사회 역량중심의 교육에서는 학생들이 교과수업(영어, 수학, 화학수업 등)을 통하여 학교졸업 이후 사회 및 직업생활에 필요한 인성과 기능(능력, 기술 등)을 강화하는 방향으로 교육방향이 개편되었다.

유아부터
초중고 학생까지
역량교육

　학생들에게 삶과 직업생활에서 활용도가 떨어지는 교과 지식을 주입하는 교육 대신에 주요 선진국들처럼 역량을 기반으로 하는 유아교육을 실천하기 위해 국내에서 시작된 국가 교육과정이 있다. 국어, 영어, 수학과 같은 교과지식 중심의 교육을 과감하게 버리고 통합된 주제 중심으로만 가르치는 '누리과정'으로, 만 3~5세 유아에게 공통 적용된다. 또한 누리과정처럼 주제통합 수업을 위한 교육과정으로까지 발전하지는 못했지만 문과와 이과를 통합하는 2015 개정 교육과정이 등장했다. 그래서 2015 개정 교육과정을 문·이과 통합형 교육과정이라고 표현하기도 한다.

누리과정이 영유아들의 핵심역량을 함양하도록 도입된 선진국형 교육과정임을 정확하게 이해하기 위해서는 누리과정의 교수학습 방법을 살펴보면 된다. 누리과정 해설서에는 "유아로 하여금 생활 속 경험을 소재로 하여 지식, 태도 및 가치, 기능을 습득하도록 한다."라고 정의하고, "유아는 일상생활 속에서 여러 가지 경험을 하게 되며, 이를 통해 지식, 태도 및 가치, 기능을 형성하므로 이를 중심으로 가르치고 평가하는 것이 중요하다."고 설명하고 있다.

누리과정에서 정의하는 지식이란 "유아가 습득하게 되는 사실, 개념, 정보 등"을 말하며, 태도 및 가치란 "가치판단, 감정적인 성향, 학습과정에서 나타나는 태도, 흥미와 관련된 것이며, 어떤 일을 행할 때 나타나는 특별한 양식으로 호기심, 자세, 느낌 등이 포함"되는데 학자들은 총괄하여 '인성'이라고 정의한다. 또한 기능이란 "지식을 습득하고 적용하는 방법을 강구하는 능력으로, 필요한 절차나 과정을 시작하고 진행하는 유능성"을 의미한다. 앞에서도 여러 번 설명했지만 모든 역량은 지식, 인성, 기능으로 구성되어 있다.

이렇게 유아교육의 질을 보편화하기 위해 누리과정이 도입되어 오랜 기간이 지났다. 하지만 70년간 유지되어온 기존 유아교육의 틀에서 벗어나지 못한 유아교육기관들이 아직도 많은 듯하다. 프레벨, 몬테소리 등으로 100년 전 유아교육의 틀을 만들었던 독일과 이탈리아는 물론, 프랑스와 영국도

2005~2006년을 전후로 하여 유아교육의 틀을 역량기반으로 바꾼 지 오래인데 우리 유아교육의 현실은 그 변화를 따라잡지 못하고 아직도 지능을 기반으로 하는 지식기반교육에 머물고 있다. 그 대표적인 증거는 유아기 때 대부분의 학부모가 과도하게 투자하는 지능개발교육이다. 학습효과가 명확하지 않은데도 많은 학부모들이 과도하게 지능개발과 영재교육에 투자하고 있다.

지능기반 지식교육에서 역량기반 교육으로 변화되었다고 하지만 역량기반 교육에서도 여전히 지능기반 지식교육은 중요하며 필요하다. 그러나 현재의 지능기반 지식위주의 교육은 너무 과한 것이 사실이다. 유아기에는 지능개발 외에도 인성교육이 중요하게 개발되어야 한다. 인성교육이 역량

〈표 4〉 주요 선진국의 역량기반 유아교육

프랑스	프랑스 유아학교 교육목표는 유아에게 학습에 필요한 지식과 능력을 습득하도록 하는 것이며, 핵심역량을 개인별 역량평가 기록지로 평가하고 체계적으로 관리
독일	유아 핵심역량은 4가지(자아역량, 사회적역량, 지식역량, 학습방법역량)이며, 학습방법역량은 7가지 선택교육을 활용하는데 신체, 문화, 의사소통 등
영국	유아 핵심역량 6개 영역 학습목표와 교육 프로그램은 ① 개인·사회 및 정서발달, ② 의사소통·언어와 문해력, ③ 문제해결능력·추론능력·수리력, ④ 세계에 대한 이해와 지식(국제사회문화이해능력), ⑤ 신체발달, ⑥ 창의성

기반 교육과정에서 얼마나 핵심적인 가치를 지니고 있는지에 대해서는 Part 2~3에서 자세히 소개하도록 하겠다.

2013년부터 유아교육 발전을 위한 5개년 계획이 시작되었다. 유아교육의 보편성을 달성하였으니 다음에는 유아교육의 수월성 향상을 위한 새로운 교육과정이 필요했기 때문이다. 정부에서는 국내 유아교육의 수월성 교육을 위하여 2017년에 핵심역량 누리과정을 발표할 예정이었으나 정치적인 문제로 인하여 발표하지 못했다. 2019년 개정 누리과정이 발표되었지만, 유아교육의 수월성을 위한 국가 교육과정이라 평가하기에는 기존 교육과정과 큰 차이가 없다.

2025년에 발표예정인 0~5세 영유아 교육과정에서는 유아교육의 질을 향상하기 위하여 2022 개정 교육과정(초·중·고 교육과정)에 도입된 핵심역량Core Competence을 교육목표로 설정하겠다고 발표했다. 유아의 미래역량교육은 유아교육의 질을 향상하기 위하여 유보통합(시설과 교사 자격의 통합 등)과 함께 추진 중인데 유보통합의 경우는 해결해야 할 과제가 많다.

2017년 초등학교 1, 2학년을 시작으로 도입된 2015 개정 교육과정이 2015년 9월에 발표되었다. 그런데 2015년 9월에 발표된 개정 교육과정은 과거 교육과정과는 사뭇 다른 점이 있다. 과거 교육과정이 지향하는 추상적인 인간상 외에, 인간상을 구체화하기 위한 교육목표로 핵심역량을 명시하고 있기 때문이다. 이러한 국가 교육과정의 변화를 이해하기 위해서는 2007 개정 교육과정, 2009 개정 교육과정, 2015 개정 교육과정을 비교해봐야 한다. 2007 개정 교육과정은 '홍익인간'이라는 인간상에 맞추어 개성을 추구하고, 창의적인 능력을 발휘하며, 진로를 개척하고, 새로운 가치를 창조하며, 공동체의 발전에 공헌하는 사람으로 키우는 것이 교육목표였다. 2009 개정 교육과정의 인간상에서도 '홍익인간'에 맞추어 진로를 개척하며, 창의성을 발휘하고, 품격 있는 삶을 영위하며, 공동체 발전에 참여하는 사람을 교육목표로 하고 있다.

그러나 2007, 2009 개정 교육과정이 공통적으로 지향하는 인간상과는 별도로 학교 내신성적이나 수능성적이 부족하면 명문대 진학도, 선호도 높은 유망기업 취업도 어려웠다. 이는 교육과정이 지향하는 인간상과 대학 및 기업, 사회에서 요구하는 인재상이 동떨어져 있다는 증거이다.

2017년 시작된 2015 개정 교육과정은 과거의 교육과정과는 확실한 차이가 존재한다. 2015 개정 교육과정의 인간상도 '홍익인간'에 맞추어 자주적인 사람, 창의적인 사람, 교양 있는 사람, 더불어 사는 사람으로 설정돼 있다. 그런데 2015 개정 교육과정에서는 과거 교육과정에서 한 걸음 더 나아가 홍익인간의 인간상을 구체화한 핵심역량을 명시하고 있다는 점이 큰 변화이다. 홍익인간의 인간상을 구체화한 6대 핵심역량으로는 자기관리역량, 지식정보처리역량, 창의적 사고역량, 심미적 감성역량, 의사소통역량, 공동체역량을 제시하고 있는데, 이러한 핵심역량을 갖춘 인재를 대학과 기업에서도 신인재로 인식하고 선발하는 것이 현실이 된 것이다.

우리나라에서 역량이란 교육목표가 국가 교육과정에 도입된 것은 2015 개정 교육과정이 최초이다. 그러나 역량을 가르치고 평가할 수 있는 구체적인 수업평가 방향과 방법이 제시되지는 않아서 선진국과 동일한 역량기반교육이 본격화되었다고 평가할 수는 없다. 그러나 2022 개정 교육과정이 발표되고 2024년부터 초등학교 1~2학년에 본격적으로 도입되면서 선진국과 동일한 역량기반 교육과정이 본격화되었다.

2015 개정 교육과정과 2022 개정 교육과정의 가장 큰 차이는 6대 핵심역량을 구체적으로 가르치기 위한 수업과 평가 방향과 방법을 국가 교육과정에서 구체적으로 제시하였다는 점이다. 또한 6대 핵심역량(또한 의사소통역량이 협력적 소통역량으로 변경)을 가르치고 평가하기 위하여 학교 내신 평가방법에서도 수행평가와 서·논술형 평가를 강화하고 있으며, 전국 단위 모의고사도 역량을 평가하기 위해서 컴퓨터를 기반CBT으로 평가하고 있다. 학교 수업과 평가방법의 변화를 역량기반교육으로 촉진하기 위하여 AI디지털교과서와 AI튜터가 도입되고, 교사 직무능력 검사와 교육이 도입되며, 대입제도가 서·논술형 평가 및 절대평가 방향으로 개편되고 있다.

위와 같이 사회변화에 발맞춘 국가 교육과정의 변화에 따라 과거의 교육과정에서 벗어나야 한다. 그리고 개정 교육과정에서 제시하는 인간상과 인간상이 갖추어야 할 핵심역량에 대한 준비는 유아기부터 체계적으로 준비하는 것이 필요해졌다. 선진국에서는 유아교육부터 핵심역량을 함양하고 관리하고 있는데, 이제 우리나라도 선진국이 된 만큼 이러한 교육방법이 현실이 된 것이다.

유아기 때부터 체계적으로 함양되고 관리돼야 할 핵심역량 가운데 인지역량(언어능력, 수리능력, 문제해결능력, 정보처리능력 등)보다 비인지역량(긍정적인 태도, 올바른 가치관, 공감능력, 도덕성, 진로목적의식, 정신건강 등)은 초등학교를 거치면서 많은 부분이 형성된다. 특히 인성에 해당하는 공감능력 등은 생후 18개월 무렵부터 발달해 만 4세가 되면 이미 성인 수준에 이른다는 것이 많은 학자들의 연구결과이기도 하다.

초등학교 때까지 함양된 핵심역량을 기반으로 중학교 자유학기제 기간 동안 진로를 선택한다. 그리고 어느 정도 방향이 설정된 진로를 바탕으로 고등학교 때는 대학진학 여부 및 진학 방향을 설정해야 하며, 대학진학 이후에는 대학이 사회진출을 위한 마지막 교육기관이라는 점을 고려하여 직업에 따라서 필요한 직무능력을 함양하는 것이 가장 중요하다. 이유는 이미 기업들은 직무에 따른 핵심역량 여부를 판단하여 신입사원을 선발하고 있기 때문이다.

2021년 7월 서른두 번째로 선진국이 된 우리나라는 2022년 12월 선진국 교육과정인 2022 개정 교육과정을 발표했다.

그리고 2024년 3월부터는 초등학교 1~2학년을 시작으로 학생들이 학교를 졸업하고 실제 삶과 직업생활에 필요한 역량을 본격적으로 가르치고 평가하기 시작했다. 2025년은 초등학교 1~4학년, 중1학년, 고1학년까지 역량을 가르치고 평가하는 국가 교육과정이 진행된다. 특히 고등학생들의 역량을 평가하기 위하여 오지선다형 지필평가를 단계적으로 폐지하는 대신에 서·논술형 평가를 강화한다. 그렇다면 2022 개정 교육과정에서 교육목표로 하는 6대 핵심역량이 무엇이며 어떻게 함양하고 평가받는지 알아보자. 그 구체적인 내용은 다음과 같다.

첫째, 자기관리역량은 자아정체성과 자신감을 가지고 자신의 삶과 진로를 스스로 설계하며 이에 필요한 기초능력과 자질을 갖추어 자기주도적으로 살아갈 수 있는 역량을 말한다. 성공적이고 행복한 삶을 살아가는 데 가장 기초적인 핵심역량이다.

둘째, 지식정보처리역량은 문제를 합리적으로 해결하기 위하여 다양한 영역의 지식과 정보를 깊이 있게 이해하고 비판적으로 탐구하며 활용할 수 있는 역량을 말한다. 지식과 정보가 넘쳐나는 지능정보사회에서 어떠한 지식과 정보를 선택하여 활용할 것인가는 매우 중요한 역량이다.

셋째, 창의적 사고역량은 폭넓은 기초 지식을 다양한 전문분야의 지식, 기술, 경험을 융합적으로 활용하여 새로운 것

<표 5> 2022 개정 교육과정의 6대 핵심역량

자기관리역량	지식정보처리역량	창의적 사고역량
심미적 감성역량	협력적 소통역량	공동체역량

을 창출하는 역량을 말한다. 예측 불가능하고 복잡한 미래사회에서 성공적인 삶을 살아가는 데 매우 중요한 역량이다.

넷째, 심미적 감성역량은 인간에 대한 공감적 이해와 문화적 감수성을 바탕으로 삶의 의미와 가치를 성찰하고 향유하는 역량을 말한다. 자살률이 높은 우리나라 학생들에게 반드시 가르쳐야 하는 역량이다.

다섯째, 협력적 소통역량은 다른 사람의 관점을 존중하고 경청하는 가운데 자신의 생각과 감정을 효과적으로 표현하며 상호협력적인 관계에서 공동의 목적을 구현하는 역량을 말한다.

여섯째, 공동체역량은 지역·국가·세계 공동체의 구성원에게 요구되는 개방적·포용적 가치와 태도로 지속 가능한 인류 공동체 발전에 적극적이고 책임감 있게 참여하는 역량을 말한다. 글로벌 시민교육GCED, Global Citizenship Education에 대한 관심으로 더욱더 관심을 갖게 되는 역량이다.

그렇다면 2022 개정 교육과정에서 정의하는 핵심역량은 어떻게 해야 하는지 알아보자. 과거 지식을 가장 효과적으로 습득하는 방법은 독서나 강의청취였다. 그러나 핵심역량은 학생 혼자서 독서나 강의청취로만 함양할 수 있는 것이 아니다. 핵심역량은 지식을 학습하는 동시에 다양한 체험활동과 경험을 통하여 길러진다. 그러한 이유로 창의적 체험활동이라는 교육정책이 도입되었다. 또한 학생이 학습에 주도적으로 참여하는 학습습관을 길러야 하기 때문에 이 과정에서 자기주도학습능력이 더욱더 필요하다.

　　자녀에게 부족하다고 생각하는 특정 핵심역량을 함양하기 위한 부분적인 학습방법은 올바른 자녀교육이 아니다. 대신에 자녀가 흥미를 가질 수 있는 주제나 영역에 대하여 전체적인 학습방법을 실천하면 핵심역량은 자연스럽게 함양될 것이다. 예를 들어 자녀가 영어를 활용한 의사소통능력이 부족할 경우 영어학원에 보내 4대 영역(읽기, 쓰기, 말하기, 듣기)에 대하여 반복적으로 수업을 받게 함으로써 일시적으로 또는 빠르게 영어 의사소통능력을 함양시킬 수도 있다. 하지만 그럴 경우 자녀가 영어학습에 대한 재미를 느끼지 못하고 학습 자체에 흥미가 떨어져 영어 의사소통능력이 오히려 쇠퇴할 수 있다. 자녀학습에서 중요한 것은 자기주도적인 학습능력이기 때문이다.

　　그래서 최근에는 자녀가 흥미를 느끼는 주제나 사물, 그리고 평상시 좋아하거나 자주 하는 놀이나 활동을 기준으로 핵심역량을 함양시키는데, 이러한 교육방법이 훨씬 더 효과적이며 좋은 학습결과를 만들어낼 수 있다. 이러한 차원에서 도입된 것 중에 하나가 스토리텔링형 수학교육이다. 딱딱하고 재미없는 수학의 공식과 개념에 이야깃거리와 친근한 삽화를 넣어서 자녀들이 쉽게 이해하고 지속적으로 학습할 수 있게 한 것이다.

이러한 수업방법의 변화로 2015 개정 교육과정부터 학생들의 핵심역량을 함양하기 위하여 전체 학습량을 20% 감축하고 해당 시간에 토론식 수업, 프로젝트수업, 팀제협동수업, 체험수업 등을 도입했다. 자녀들이 친구들과 특정 주제에 대한 프로젝트를 해결하기 위하여 토론, 발표, 연구하는 과정에서 다양한 핵심역량이 함양될 수 있기 때문이다. 2022 개정 교육과정이 도입되면서부터는 독서-토론-글쓰기를 중심으로 하는 국제바칼로레아교육, 지식은 온라인으로 학생 스스로 학습하고 학교에서는 친구와 선생님들과 다양한 모둠수업으로 역량을 함양하는 플립러닝Flipped learning과 액티브러닝Active learning 등이 활발하게 도입되고 있다.

평가방식도 교과지식에 대한 이해와 암기 여부를 평가하는 선다형 지필고사 위주에서, 학생이 수업과정에서 보여주는 지식, 태도 및 가치관, 기능을 평가하는 수행평가와 서·논술형 평가로 변화되었다. 2024년부터 고등학교 학교시험에

서 서·논술형 평가가 강화됨에 따라서 최근에는 초등학교 1
학년 1학기부터 서답형, 서술형, 논술형 등의 서·논술형 평가
가 대폭 강화되었다.

내용을 요약하면, 2017년 초등학교 1, 2학년부터 도입
된 2015 개정 교육과정은 누리과정과 마찬가지로 교과지식
을 통하여 핵심역량을 함양하고 평가하는 것을 교육목표로
설정하고 있다. 누리과정은 교육목표에 지식, 인성, 기능으
로 정의하면서 구체적인 핵심역량을 거론하지 않는 반면에,
2015 개정 교육과정은 구체적으로 6대 핵심역량을 교육과정
에 명시하고 있었으며, 2022 개정교육에서는 더욱 구체화되
어서 6대 핵심역량을 가르치고 평가하는 방향과 방법을 국가
교육과정에서 명시하고 있다.

국가에서는 학생들이 학창시절 동안 함양해야 하는 핵심
역량 6가지를 교육목표로 설정하였는데, 핵심역량의 함양 여
부를 평가하는 것이 성취평가제이다. 학교 내신성적에서 교
과역량을 평가하여 대학을 진학하는 현재 입시제도가 수시
전형의 학생부종합전형과 학생부교과전형이다. 이제 선진국
의 자녀들은 유아~초·중·고등학교 교육과정에서 핵심역량을
배우고 평가받으며, 핵심역량으로 대학진학과 취업을 하는
시대인 것이다.

지식, 태도, 기능을
평가하는
서·논술형 평가

2016년 초에 교육부는 중간·기말고사를 폐지하겠다고 발표했다. 이에 대해 대다수 학부모들은 다음처럼 해석하고 있는 듯하다. "출산율이 떨어져 계속 학생들이 줄어들면서 이제는 누구나 대학을 갈 수 있다. 그러니 자녀들이 좀 더 행복한 교육을 받을 수 있도록 경쟁을 기반으로 하는 상대평가 방식이 없어지는 것이다."

이런 생각을 하게 된 이유는 비슷한 시기에 시작한 혁신유치원과 혁신학교 때문일지도 모른다. 혁신학교에서는 학생들끼리 경쟁하기보다는 함께 협동하면서 수업을 하고, 영어와 수학교과지식에 대한 반복적, 기계적, 훈련적인 학습보다는 다양한 체험학습을 통한 자유로운 학습을 진행하기 때문이다.

그런데 과연 중간·기말고사가 학부모들이 생각하는 그런 이유 때문에 폐지되었을까? 안타깝게도 전혀 그렇지 않다. 중간·기말고사의 폐지와 동시에 학생과 학부모 입장에서는 더 까다롭고 무서운 평가가 시작되었다.

과거 산업사회에서 중간·기말고사는 학생들의 교과지식에 대한 이해와 암기, 습득 여부 중심으로 평가하기 위해 선다형 지필시험 방식으로 진행했다. 약 70년 동안 과거 산업사회 교육과정에서 바꾼 것은 교과지식에 대한 이해와 암기, 습득 여부를 중심으로 평가하기 위해 사지선다형에서 오지선다형 평가로 변화한 것이 전부다. 평가방법이 단순하니 공정할 수는 있겠지만, 미래사회를 살아갈 학생들에게 반드시 가르쳐야 할 고등사고능력을 가르치고 평가하는 것은 불가능했다. 이미 수행평가와 서·논술형 평가가 대세인 현실에서 과거를 돌이켜보면 지식에 대한 암기, 습득 여부만을 평가하는 것은 매우 쉬운 평가였다. 하지만 이제 국내외 사회경제 환경의 변화로 국가는 새로운 인재상에 맞춰 교육과정을 혁신적으로 바꾸었으며, 이에 따라서 평가방식도 바뀌었다. 그리고 새로운 평가방식은 과거 평가방법보다 더 복잡하고 까다롭다. 이렇게 등장한 새로운 평가방법이 바로 수행평가이다.

1. 수행평가performance assessment란

수행평가란 "교사가 학생이 학습과제를 수행하는 과정이나 그 결과를 보고, 그 학생의 지식이나 기능이나 태도 등에 대해 전문적으로 판단하는 평가방식, 즉 학생 스스로가 자신의 지식이나 기능을 나타낼 수 있도록 산출물을 만들거나, 행동으로 나타내거나, 답을 작성(서술 혹은 구성)하도록 요구하는 평가"이다. 여기서 말하는 행동이란 "단순히 신체를 움직이는 것만을 의미하는 것이 아니라 자신의 지식이나 기능, 태도 등을 드러내기 위해 말하거나, 듣거나, 읽거나, 쓰거나, 그리거나, 만들거나, 더 나아가서 그것을 계획하고 준비하는 과정까지도 포함하는 인간의 모든 활동을 의미"한다.*

자녀들의 핵심역량을 평가하는 수행평가는 이미 1999년부터 초·중·고 교육과정에 도입되어 운영되고 있다. 공교육이 선다형 지필고사를 폐지하고 수행평가 및 서·논술형 평가를 강화하고 있는데도 사교육 및 학부모들은 정보부족과 이해부족으로 수행평가의 중요성을 잘 모르는 듯하다.

수행평가 도입 취지는 교과지식의 이해와 암기, 습득 여부를 평가하는 과거 평가방식에서 벗어나 지식을 통하여 형성된 태도, 기능까지 평가하는 선진화된 평가방식이다. 수행

---

*   백순근, 『교육평가용어사전』, 학지사, 2004.

평가가 공교육에서는 안착되어 잘 운영되고 있는 반면, 공교육의 보충교육을 맡고 있는 사교육에서는 아직도 교과지식을 중심으로 가르치고 평가하면서 학교 내신을 준비해준다고 한다. 현재 판매되는 참고서나 인터넷 강의를 살펴보면 대부분 교과지식을 설명하고 교과지식에 대한 이해와 암기, 습득 여부를 평가하는 오지선다형 지필시험 형태로 학생들을 평가하고 있다.

그러나 교사가 수행평가의 취지를 정확하게 이해하고 특정 주제에 대한 지식, 태도, 기능을 평가하고자 한다면 평가방식을 다양하게 할 수 있다. 특정 주제를 조사하고 현상을 분석해 오는 과제를 제시할 수도 있으며, 팀을 짜서 특정 주제에 대하여 공동으로 문제를 해결하고 발표하게 할 수도 있다. 교과지식에 대한 단순 암기와 습득 여부를 평가하는 지필평가가 아닌 경우는 자녀 스스로 수행평가를 준비하면서 관련된 핵심역량이 함양될 수 있는 매우 중요한 평가방법이다.

그럼에도 불구하고 수행평가를 학부모가 대신해주거나, 학원강사가 도와주는 것은 자녀의 핵심역량 함양의 기회를 빼앗거나 왜곡하는 매우 잘못된 교육방법이라는 것을 정확하게 인식해야 한다. 현재 대부분의 학부모들은 교과지식을 묻는 지필고사에 대한 중요성은 인식하면서, 정말로 중요한 수행평가에 대해서는 상대적으로 소홀하게 생각한다. 그렇게 생각하는 이유는 오랫동안 교육과 입시정책이 교과지식을 중심으로만 평가한 탓도 있다.

그러나 이제 세상은 급격하게 변화해 입시나 취업에서 역량의 비중을 높게 평가하고 있다. 과거 방법으로 자녀교육을 실행한다면 교과지식에 대한 점수는 좋을지 몰라도 대학진학, 성공적인 취업, 사회와 직업생활에서의 성공은 뒤처질 수밖에 없다. 이미 2014년 초등학교에서는 교과지식의 암기, 습득 여부를 평가하는 중간·기말고사를 폐지하고 과정중심의 수시평가 제도를 도입했다. 이는 기존의 수행평가보다 더욱 발전된 평가방법이다. 자녀의 수시평가를 올바르게 도와주고 싶다면, 더불어 자녀가 성공적이고 행복한 삶을 누리기를 원한다면, 학창시절 다양한 지식과 정보에 대한 체험과 학습을 통해 핵심역량이 형성될 시간과 기회를 만들어주어야 한다.

이제 수행평가나 과정중심 수시평가제도를 신인재상의 기준인 핵심역량과 연계하여 준비하는 자녀교육의 구체적인 방법에 대하여 알아보자. 현재 학생들이 갖고 있는 수행평가에 대한 인식은 대부분 다음과 같다.

"전교에서 1등을 한 중학교 1학년 학생입니다. 다른 교과목 수행평가도 괜찮게 잘 본 편인데 미술 수행평가 점수가 낮아요. 20점 만점에 12점밖에 못 받았어요! 솔직히 중요한 교과목도 아닌데, 그림 못 그린다고 내신도 안 나오게 생겼고,

왜 이런 것을 평가하는지 모르겠어요!"

  이와 같이 학생들은 수행평가를 불필요한 평가 정도로 인식하고 있다. 그러나 이에 대해 학생과 학부모를 탓할 문제가 아니다. 오랫동안 대학입시 및 취업시험에서는 지필성적과 학력위주로 평가했기 때문에 당연히 학생과 학부모에게 수행평가는 낯선 평가이다. 그러나 2014년부터 상황은 크게 달라지기 시작했다. 자녀교육의 최종목적지라고도 할 수 있는 취업과 사회진출에서 교과지식을 기반으로 하는 학력, 학벌, 영어점수보다 핵심역량을 기준으로 선발하는 능력중심사회가 만들어지고 있으며, 이와 관련하여 다양한 교육정책들이 도입되었기 때문이다. 그렇다면 자녀가 성공적으로 수행평가나 과정중심 수시평가를 대비하는 방법은 구체적으로 무엇인지 알아보자.

  수행평가나 과정중심 수시평가는 특정 교과지식을 통해 길러야 할 핵심역량을 평가하는 시험이다. 여기서 핵심역량이란 교과지식과, 교과지식을 통하여 형성되어야 할 태도 및 가치관, 그리고 다양한 기능으로 구성된다. 수학교과 지식을 통해 핵심역량을 함양하는 자녀교육 방법을 예로 들자면 다음과 같다.

  첫 번째로 수학교과지식을 이해하고 습득하는 것이다. 이때 과거처럼 수학지식을 단순하게 암기시키는 것이 아니라,

디지털과 융합된 지식 콘텐츠를 이용하여 자기주도학습, 팀제협동학습, 프로젝트학습, 발표학습 등의 다양한 학습방법을 활용하는 것이 중요하다. 이와 관련하여 2016년부터 모든 중학교에 도입된 자유학기제라는 것이 직업체험을 통한 진로선택의 기간임과 동시에, 다양한 학습방법을 통하여 진로를 결정하는 데 중요한 학생 개인의 핵심역량을 함양시키는 기간이기도 하다는 사실을 염두에 둘 필요가 있다.

두 번째는 수학교과 지식을 통하여 수학적 태도나 가치관을 함양시키는 것이다. 이는 수학교과가 지니고 있는 특성을 이해하고 관련된 태도, 가치관을 형성시켜주는 것을 뜻한다. 이와 관련하여 좋은 방법으로는 수학교과와 관련된 도서를 읽는 것인데, 스토리텔링형으로 구성된 수학도서들이 많이 나와 있어서 도서 선택의 어려움은 없을 것이다.

세 번째는 수학교과 지식을 통하여 수학적 기능(능력)을 길러주는 것이다. 수학교육 선진화 방안에서는 수학으로 "읽고, 쓰고, 말하고, 듣고"와 같은 4대 영역을 제시하여 수학적 의사소통능력을 강화시키려 한다. 그러한 이유로 수학 읽기 영역에서 스토리텔링형 수학교과서가 등장하였고, 수학쓰기 영역에서는 수학일기가 등장하게 되었다. 기존의 학습과는 다른 다양한 활동을 통하여 비판적 사고력, 문제해결력 등의 기능(능력)을 함양시키는 것이 핵심이다. 수학교과지식의 암기와 습득은 상대적으로 쉽고 단기간에 해결할 수 있다. 반면 태도 및 가치관이나 기능의 함양은 단기간에 학습효과를 기대하기가 어려우며, 지속적인 체험과 학습을 통해서만 함양될 수 있음을 이해해야 한다.

2. 성취평가제

수행평가와 함께 학생과 학부모가 반드시 알아야 할 평가제도가 성취평가제이다. 2009 개정 교육과정이 도입되면서 학생중심의 수준별, 맞춤형교육과 동시에 각 교과에 대해 학생들이 '반드시 알아야 하는 것'과 '할 수 있어야 하는 것'에 대한 정확한 평가를 위해 성취평가제가 도입되었다. 성취평가제는 평가방법의 질적 향상을 도모하고 서술형평가와 수행평가를 내실화하기 위해 도입된 것이다. 국가는 성취평가제를 통해 중·고등학교 학사관리 선진화를 추진하고 있다.

성취평가제는 기존의 상대평가가 가진 한계를 극복하고, 학생의 성취 정도에 대한 구체적인 정보를 제공하여, 성취수준에 적합한 다양한 학습이 가능하도록 함으로써 학생의 학습능력 향상, 학생들 간의 무한경쟁 탈피, 중·고교 교육력 제고를 위해 도입되었다. 성취평가제 도입은 학생들 간 상대적 서열 중심의 평가에서, 학생들이 성취해야 할 목표 중심의 평가로의 전환을 의미한다.

성취평가제의 도입은 사실상 절대평가 개념의 도입이라 할 수 있으며, 성취평가제를 통해 학생들 간의 불필요한 경쟁이 상당부분 해소될 수 있을 것으로 보고 있다. 핀란드 교육이 높이 평가받는 것도 이와 관련된다. 핀란드 교육은 "학생들 간의 경쟁에서 벗어나게 하고 대신 단 한 명의 낙오자도 발생하지 않게 하며, 학생마다 가지고 태어난 잠재력, 소질의 계발을 도와주는 것이 교육"이라 정의하고 실천한다. 이러한 핀란드식의 선진화된 교육과정이 2009 개정 교육과정을 통하여 국내에 도입되었다고 이해하면 된다.

2012년부터 중학교, 고등학교(일반고는 2014년 도입)에서 성취평가제가 도입됨으로써 교과와 과목의 특성에 따라 성취수준을 A-B-C-D-E로 구분하여 학교생활기록부의 성취도란에 입력한다. 또한 석차 등급 또는 석차 등 서열 정보는 중·고등학교에서 모두 삭제되고, 원점수/과목평균(표준편차)을 성취도(수강자수)와 함께 입력한다.

예를 들어서 성취수준이 A라는 것은 "한 학기 동안 학생들이 충실한 교수·학습 과정을 통해 성취하기를 기대하는 전체 성취기준에 대한 이해와 수행이 매우 우수한 수준"이라 정의하고 있다. 성취수준은 5가지로 구분되는데 매우 우수한(90% 이상), 우수한(80% 이상~90% 미만), 보통(70% 이상~80% 미만), 다소 미흡한(60% 이상~70% 미만), 미흡한(60% 미만)으로 표현된다.

국가는 중·고등학교에 성취평가제를 도입함으로써 다음과 같이 학교교육 선진화를 위한 3가지 기반을 구축하려고 했다.

첫째는 교육과정의 선진화이다. 교육과정의 선진화를 통하여 핵심역량 중심교육과 교과목간 통합교육을 수행하며, 이를 통해 획일적인 공급자 중심의 교육에서 벗어나고, 단순한 교과지식을 전달하는 교과목간 단절된 교육을 혁신하려고 한다.

둘째는 학사관리 선진화이다. 과거 70년간 유지했던 학습결과 중심, 상대평가, 지필평가 중심이라는 형태에서 벗어나 서술형 평가, 수행평가, 성취평가 중심으로 전환함으로써 평가의 질적 향상 및 선진화를 도모하고자 한다.

셋째는 학생선발의 선진화이다. 시험점수 위주의 학생선발 방식에서 벗어나 다양한 전형자료를 통해 학생을 선발하는 방식으로 전환하기 위하여 입학사정관제, 자기주도학습전형, 관찰추천제를 도입했고, 또한 취업정책에서도 국가직무능력표준NCS을 기준으로 한 역량기반지원서, 역량면접, 역량테스트를 도입했다. 자녀들의 핵심역량은 이미 수행평가와 성취평가제 등으로 평가받고 있는 것이다. 성취평가제 도입을 통하여 단순한 교과지식 암기, 습득 여부에 대한 비중은 축소하고, 수행평가 비중을 확대하여 핵심역량 중심의 교육과 평가방식으로 전환되었다는 것을 이해해야 한다.

성취평가제에는 성취기준과 성취수준이라는 용어가 등장하는데 우선 성취기준이란 다음과 같다. "각 교과목에서 학생들이 학습을 통해 성취해야 할 지식, 기능, 태도의 특성을 진술한 것으로, 교사가 무엇을 가르치고 평가해야 하는지에 관한 실질적인 지침이다." 그리고 성취수준이란 "학생들이 교과목별 성취기준에 도달한 수준을 나타내는 것으로, 성취기준에 도달한 정도를 몇 개(보통 4점 척도: 매우 잘함, 잘함, 보통, 노력 요함)의 수준으로 구분하고 각 수준에 있는 학생들의 지식, 기능, 태도의 특성을 설명한 것이다."

앞서 성취평가제의 성취기준과 성취수준에 대하여 알아보았는데 두 가지 용어에 대한 정확한 이해가 자녀교육에서 매우 중요하다. 성취기준과 성취수준을 설명하기 위하여 공통적으로 등장하는 것은 "교과목에서 학생들이 학습을 통해 성취해야 할 지식, 기능, 태도"라는 문장이다. 여기서 지식, 기능, 태도를 역량Competence이라고 많은 학자들은 정의한다. 2009 개정 교육과정을 미래형 교육과정이라고 하는데, 미래형 교육과정이라고 불리는 이유는 주요 선진국들이 현재 운영 중인 역량기반 교육과정이기 때문이다. 즉, 국내에서도 2009 개정 교육과정을 도입하면서부터 학생들이 교과학습을 통해 함양해야 하는 핵심역량을 교육하고 평가하기 시작한 것이다. 그러나 무려 70년 동안 교과지식에 대한 암기, 습득 여부를 중시했던 기존의 자녀교육방법에 익숙한 학부모들은 아직도 교과지식 중심의 자녀교육을 진행하고 있다. 그러나 현재 중·고등학교에서 자녀들은 핵심역량의 함양 여부를 평가받고 있으며, 평가결과는 대학진학과 취업 그리고 사회적 성공 여부를 결정하고 예측하는 매우 중요한 자녀교육의 기준이 되고 있다.

이제 성취평가제를 올바르게 대비하는 방법은 무엇인지 알아보자. 성취평가제에서 교과지식을 단순하게 암기, 습득하는 교육방법은 의미가 없다. 예를 들어서 학교나 학원에서 교사나 강사로부터 교과지식의 개념에 대해 설명을 듣고, 학생 스스로 자기주도학습이라는 방법으로 교과지식을 암기, 습득하는 학습방법으로는 성취평가제를 대비하지 못한다. 성취평가제를 대비하고 자녀의 핵심역량을 함양하기 위한 방법으로는 다음과 같은 것이 있다.

첫째, 지식의 의미, 관계, 구조를 이해하면 지식은 손쉽게 습득될 수 있다. 이미 습득된 지식은 자녀의 정의적 능력(긍정적인 태도, 학업의지, 자신감 등)과 결합하여 기능으로 발현되어 그 지식을 다양하게 활용하거나 융합할 수 있게 됨으로써 무엇인가를 창조하는 데 활용가치가 높아진다.

둘째, 지식의 의미, 관계, 구조를 이해하는 학습을 지속적으로 하면 지식을 단지 이해하는 것으로 끝나지 않고 자녀의 정의적 능력(긍정적인 태도, 학업의지, 자신감 등)의 변화에도 영향을 줄 수 있다. 한 가지 사례로 자녀가 창의성과 관련된 독서활동을 지속적으로 하면 창의성과 관련된 지식의 습득과 더불어 창의적인 태도 및 가치관 또한 형성될 수 있다. 독서활동은 지식습득과 태도 및 가치관의 변화를 일으킬 수 있기 때문에 역량함양을 위한 간접적인 경험이라고 표현할 수 있다.

셋째, 지식이 이해, 습득되고 태도 및 가치관 형성에 영향을 주면 본인이 실제 해보려고 하는 경향이 생길 수 있으며, 본인이 실제로 할 수 있게 되면서 기능(능력)으로 발현된다. 결국 지식은 자녀의 태도 및 가치관과 결합하여 기능(능력)으로의 발현을 돕는 도구이지, 지식 자체로 교육의 본질이 될 수는 없는 것이다.

실제 사례를 통해 중학교 과학교과지식을 기반으로 핵심 역량을 함양하고 성취평가제에 대비하는 방법에 대하여 알아보자. 성취기준은 각 교과목에서 학생들이 학습을 통해 성취해야 할 지식, 기능, 태도의 능력과 특성을 진술한 것으로 학생이 무엇을 공부하고 성취해야 하는지, 교사가 무엇을 가르치고 평가해야 하는지에 관한 실질적인 지침을 제공한다. 성취평가제는 성취기준에서 강조하는 내용 및 행동 특성에 부합하는 문항을 출제하며, 단순한 암기위주의 문항출제는 지양하도록 돼 있다. 이는 성취평가제의 목적이 학생들이 무엇을 알고, 무엇을 할 수 있는지에 대한 구체적인 분석을 통해 학생의 학습능력 신장에 필요한 정보를 제공하는 것이기

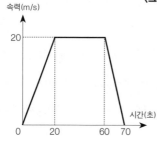

〈그림 2〉

속력(m/s)

20

시간(초)

0   20   60   70

그림은 지하철이 어떤 역을 출발하여 다음 역까지 가는 동안 시간에 따른 속력의 변화를 나타낸 것이다.

두 지하철 역 사이의 거리는 몇 m인지 구하시오.

〈표 6〉

문항 번호	내용 영역	성취 기준	행동영역						난이도		
			지식	기능	이해	적용	평가	분석	어려움	보통	쉬움
1	물체의 운동을 나타낸 그래프	과9034, 거리-시간, 속력-시간 그래프를 해석하여 물체의 운동을 설명할 수 있다.			☐					☐	

〈표 7〉

성취수준 (*문항적용 성취수준)	상	거리-시간 그래프에서 속력을 구할 수 있고, 속력-시간 그래프에서 이동거리를 구할 수 있으며, 그래프에 나타난 운동을 설명할 수 있다.
	중*	거리-시간 그래프에서 속력을 구할 수 있거나 또는 속력-시간 그래프에서 이동거리를 구할 수 있다.
	하	거리-시간 그래프에서 시간에 따른 물체의 거리를 찾을 수 있고, 속력-시간 그래프에서 시간에 따른 물체의 속력을 찾을 수 있다.

때문이다. 〈그림 2〉와 〈표 6〉은 각각 중학교 과학의 에너지영역 출제문항과 문항출제기준표이다.

〈그림 2〉 문항을 출제한 교사는 〈표 6〉과 같이 학생이 에너지영역의 교과지식을 통해 핵심역량이 함양되었는가를 평가한다. 에너지영역의 내용(교과지식)을 기반으로 행동영역(기능, 태도)에서 학생의 역량이 발현되고 있는지 측정하려는 것이다. 다시 말해 교사는 거리-시간, 속력-시간 그래프를 해석하여 물체의 운동을 설명할 수 있는지 여부를 통해 학생의 행동영역(기능, 태도) 중 이해에 대한 성취수준을 측정하려 하는 것이다. 그리고 학생의 성취수준은 〈표 7〉과 같이 3단계로 구분하여 평가될 수 있다.

〈표 7〉에서 알 수 있듯이 성취수준 '하'에서는 물체의 거리와 물체의 속력을 찾는 정도에 불과하며, 성취수준 '중'은 속력을 구할 수 있거나 또는 이동거리를 구할 수 있는 정도를 뜻한다. 그리고 성취수준 '상'에서는 속력을 구할 수 있고, 이동거리를 구할 수 있으며, 그래프에 나타난 운동을 설명할 수 있는 수준을 뜻한다. 이렇게 성취수준에 대한 평가는 단순히 무엇을 알고 있는가를 측정했던 과거 지필평가 위주의 평가방식에서 벗어나 학생들이 지식을 활용하여 무엇을 할 수 있는지를 평가하는 선진국형 평가방식이라 할 수 있으며, 현재 학교 학습현장에서 이미 도입 적용되고 있다.

핵심역량을 함양하고 평가하기 위한 교육정책은 이미 입

시와 취업정책에까지 반영되고 있다. 대학에서는 핵심역량(입학사정관들은 잠재력, 재능, 소질 등으로 표현)이 우수한 학생들을 선발하기 위해 핵심역량을 성취평가제로 평가한 학생부를 기반으로 수시전형을 통해 신입생을 선발하고 있으며, 기업에서는 핵심역량(기업에서는 기업 인재상, 국가직무능력표준NCS 등으로 표현)이 우수한 신입사원을 역량기반지원서, 역량면접, 역량테스트로 선발하고 있다.

핵심역량이라는 자녀교육의 핵심적인 키워드는 먼 미래 적용될 자녀교육의 기준이 아니라, 현재 유아부터 초중고 학생들과 대학생 그리고 취업을 준비하는 취준생과 사회성공을 꿈꾸는 모든 사람들에게 적용되는 가장 상위개념의 핵심 가치이다. 성인이 되어 사회생활 및 직장생활에 활용할 기회가 적은 수많은 교과지식에 대한 무조건적이고 단순한 암기, 습득이 공부라 생각했던 시대가 분명히 존재했고, 아직도 그러한 자녀교육을 추구하는 학부모들이 많다. 하지만 학교에서 배우는 수많은 교과지식들이 사회 및 직장생활에서 그다지 쓸모가 없으며, 변화하는 사회, 경제 구조에 필요한 신인재를 길러내지 못하는 한계에 봉착하면서 교육에 급진적인 변화가 필요하게 되었고, 이미 그 변화의 물결은 우리 사회에 널리 퍼져 있다.

수많은 교과지식, 그리고 교과지식을 암기, 습득하는 데 유리한 지능IQ이 70년간 국내 자녀교육의 핵심적인 기준이었지만, 교과지식과 지능 위주의 자녀교육은 이미 저물었고, 핵심역량의 하위요소인 지식, 태도, 기능이 자녀교육의 새로운 기준으로 떠올랐다. 어떠한 교육기관에서 어떠한 내용을 가르치고 체험하든, 이제 자녀교육에서는 핵심역량과의 관계성을 면밀하게 따져보는 것이 중요해졌다. 어떠한 학습, 체험, 놀이나 활동 등이 자녀가 지녀야 할 '지식'의 폭을 넓히고, 자녀의 '인성(태도, 가치관)'을 함양하며, 자녀의 다양한 기능(능력)들을 발휘할 수 있도록 키워주는지 비교분석하고 시간과 노력을 투자해야 할 것이다.

자녀교육과 관련해 핵심역량과 연계된 관점과 인식이 부족하거나 부재할 경우, 구시대적인 교육방법을 고수하는 학교나 학원에 자녀교육을 위임해버리는 불상사가 일어날 것이다. 어떠한 나라든 새로운 교육과정 및 정책을 도입하려 할 때 가장 어려운 부분이 각 교육기관에서 가르치는 전문 인력들의 인식변화와 직무능력의 변화이다. 즉, 자녀들의 핵심역량을 함양시켜줄 주체인 교사나 강사가 새로운 교육방법에 대한 인식을 공유하고 실제적인 직무능력을 보유하고 있어야 그들에게 자녀교육을 믿고 맡길 수 있는 것이다.

향후 10년 정도가 지나면 이와 같은 우려가 필요 없게 될지도 모른다. 그 정도 기간이면 국내 교육기관의 교사나 심지어 사교육 강사들의 인식과 직무능력이 상당한 수준으로 변화되어 있을 것이라 기대한다. 그러나 지금부터 약 10년 후까지 자녀교육을 해야 하는 학부모들 입장에서는 자녀교육에 대한 명확한 방향성을 인식하고, 그 방향성에 도움을 줄 수 있는 교육기관과 교육콘텐츠의 선택이 매우 중요하다.

유행처럼 퍼져가면서 미사여구가 넘쳐나는 수많은 자녀교육 관련 용어들에 현혹되지 말아야 한다. 현재 대한민국 교육에 도입되고 있는 역량기반의 교육방법은 이미 선진국에서 도입되어 그 유효성이 검증된 것으로, 이와 관련해 올바르고 정확한 이해가 절실히 필요한 때이다.

인공지능AI을
활용하는
지능정보사회 교육

정보통신기술ICT: Information and Communications Technologies 의 급격한 발전은 80억 인류의 삶에 엄청난 영향을 미치고 있다. 그러나 인공지능AI, 3D프린터, 빅데이터, 웨어러블 디바이스, 증강현실, 사물인터넷 등은 한번쯤 들어본 말인 듯하면서도 실제 현실에서는 실감하기가 쉽지 않다. 그러니 학부모 입장에서도 아직은 먼 미래의 일인 듯 여겨질 것이다.

하지만 정보통신기술ICT은 자녀교육에도 이미 많은 영향을 주고 있다. 가장 쉽게 이해할 수 있는 사례를 들자면 흔히 접할 수 있는 디지털 교육콘텐츠가 있다. 특히 유아와 초등학생 대상의 영어교육 프로그램들이 많은데, 콘텐츠의 질만 놓고 평가하면 선생님 한 개인이 교실에서 가르치는 것과 비교하기 어려울 정도로 콘텐츠의 질이나 양이 방대하다. 학생들의 발달 정도를 고려해 다양한 흥미 요소들을 교육콘텐츠 안에 모두 넣어두었기 때문에, 학생들은 학습을 하는 것인지 게임을 하는 것인지조차 구분이 안 될 정도의 상태에서 자연스럽게 수준 높은 영어교육을 받는다.

교육에 근원적인 변화가 발생하게 되는 가장 큰 이유는, 학생들이 학창시절 동안 학교에서 배운 수많은 교과지식들이 각종 시험을 통과하는 데는 도움이 되었을지 몰라도 성인이 되어 사회생활을 해야 할 때 그다지 도움이 되지 못했기 때문이다. 즉, 영어와 수학 같은 주요교과목을 효과적으로 암기하고 습득하여 높은 점수를 획득하면 진학이나 취업을 할 때는 효과적일 수 있었으나 성공적인 직업생활과 사회생활을 하는 데는 별로 도움이 되지 않았던 것이다.

기업 입장에서는 끊임없이 변화하는 기업 간 기술경쟁에서 뒤처지지 않기 위해 창의적이고 융합적인 기술을 발휘하는 새로운 인재가 필요하다. 그러나 현실에서는 영어나 수학 교과 지식만을 효과적으로 암기하고 습득한 학생들이 높은 학력만을 내세우다 보니 기업의 경쟁력을 높일 수 있는 인재가 눈에 보이지 않는다. 반대로 학생 입장에서는 고학력을 갖추어도 취업이 안 되는 문제가 발생하면서 고학력인플레이션이라는 사회문제가 대두되는 것이 현실이다.

헬조선, 일포세대, 금수저와 흙수저, 개천에서 용 나기 어려운 세상, 대학 안 가고 성공하기, 가짜 인재, 캥거루족 등의 신조어들은 고학력을 구비하여 사회에 진출했지만, 대학졸업자의 절반 이상이 취업조차 하기 어려워 방황할 수밖에 없는 현실을 반영한 단어들이다. 국내 기업이라고 해서 입장이 다르지 않다. 산업사회 기술을 기반으로 세계 14위(2024년 GDP 기준) 규모의 경제성장을 이루었지만, 미래혁신에 실패하면서 기존의 산업 부분에서는 물론이고 새로운 사업영역에서도 경쟁력이 뒤처지는 문제를 겪고 있다.

국내 GDP를 2만 달러까지 끌어올린 전자, 자동차, 조선, 섬유, 화학 등의 기존 산업들은 이미 경쟁력을 빠른 속도로 잃어가고 있다. 반면, 지능정보사회 신사업인 바이오, 로봇, 플랫폼, 문화산업, 서비스산업, ICT산업(미래자동차, 웨어러블 디바이스, 사물인터넷 등) 등은 아직 경쟁력을 확보하지 못한 상태에서 경제성장률이 급격하게 떨어지고 있다. 이러한 국가 주요 산업의 경쟁력 하락은 저성장 경제구조를 만들어 청년실업, 저출산, 인구감소, 내수경기 침체라는 악순환을 연출하고 있다.

정보통신기술의 급격한 발전으로 어떠한 고급지식과 정보도 누구나 손쉽게 찾아보고 활용할 수 있는 시대를 열었다. 과거 산업사회에서 지식과 정보는 누구나 쉽게 찾을 수 있는 것이 아니었으며 특정 권력자들의 전유물이었다. 권력자들은 지식과 정보에 대한 독점적 권한을 무기로 권력과 부를 쌓았고, 아직도 일부 후진적 사회에서는 그 방식이 유효하게 활용된다.

그러나 정보통신기술의 발전으로 인해 (교과)지식과 정보는 더 이상 암기나 습득의 대상이 아니게 되었다. 이제 열려있는 수많은 지식과 정보는 창의적인 무엇인가를 만들어내는 데 활용할 수 있는 도구일 뿐이다. 따라서 이제는 온라인에 공개된 수많은 지식과 정보를 검색하여 찾아내고 이해한 다음, 문제를 해결하는 데 도움이 될 수 있도록 재가공하고 활용하는 능력이 매우 중요해졌다.

2022년 교육부가 발표한 2022 개정 교육과정에서 미래인재상에 필요한 6대 핵심역량 중 지식정보처리역량을 명시한 것도 그만큼 지식정보를 활용해 창의적인 무엇인가를 재창조하는 능력이 중요한 핵심역량이 되었기 때문이다.

학부모들이 학창시절을 보낸 개발도상국 산업사회에서는 기존 교과지식(국어, 영어, 수학 등)에 대한 이해와 암기, 습득 여부가 사회진출 시 삶의 성공 여부를 결정하였기에 학생의 지능은 매우 중요한 요소로 인식되어왔다. 이런 이유로 아직도 지능은 자녀교육에서 매우 중요한 핵심가치로 인식되고 있고, 자녀 세대의 지능개발에 많은 관심과 투자를 아끼지 않는 것이 현재 국내 자녀교육의 현실이기도 하다.

그러나 지능이 우수하다고, 교과지식 점수가 우수하다고,

〈표 8〉 산업사회와 지능정보사회의 핵심가치

구분	산업사회	지능정보사회(인공지능시대)
개요	기계화로 인한 공업사회	ICT로 인한 지능정보사회
특징	대량생산, 과학기술, 소비문화	지식·정보 융합과 창의, 글로벌
인재	기존 지식에 대한 암기·습득 여부	지식·정보를 활용한 문제해결 여부
교육	교과지식 중심교육	역량(지식, 인성, 기능) 중심 교육
핵심가치	지능Intelligence	역량Competence

유명대학을 졸업했다고 사회진출 시 성공적인 삶을 살아갈수 있는 시대는 이미 끝났다. 이제는 사회구조가 빠르게 변화되어 교과지식을 암기하거나 습득하는 것보다 지식을 활용하는 능력이 중요해졌다.

지식과 정보를 활용하는 지식정보처리역량이나 지식과 정보를 활용하여 새로운 무엇인가를 창조할 수 있는 창의적 사고역량 등을 함양하는 역량기반의 새로운 교육이 필요한 것은 이런 이유 때문이다. 이러한 현실의 변화를 인지하지 못하고 과거 개발도상국 산업사회의 자녀교육 방법에 의존하거나 집착할 경우 내 아이의 미래는 어두울 수밖에 없을 것이다.

82억 인류 중
선진국의 교육목표

    지금까지 핵심역량교육의 중요성과 국내의 다양한 정책들에 대해 살펴보았다. 그렇지만 여기서 의구심이 하나 존재한다. 역량기반 교육에 대한 지속성 여부이다. 즉, 정권이 바뀌면 교육정책 또한 바뀌는 것이 아닌가 하는 의구심이다.

    이는 과거 수시로 뒤바뀌는 교육정책에 시달렸던 학부모라면 당연히 품게 될 의심이다. 그러나 현재 세계 각국, 그리고 특히 선진국에서 전개되고 있는 글로벌 교육 트렌드를 들여다보면 지금 우리나라 교육계에서 벌어지고 있는 변화가 일시적인 것이 아니며, 상당 기간 지속될 것임을 알 수 있다.

    역량교육의 지속성 여부를 이해하기 위해 먼저 세계 주요 국가들이 추구하는 교육의 미래에 대하여 살펴보자. 최근 글로벌 지구촌에서 가장 주목받는 자녀교육의 주제는 글로벌 시민교육GCED: Global Citizenship Education이다. 글로벌 지구촌의 다양한 문제를 해결할 수 있는 신인재를 양성하기 위해 글로벌 시민교육이라는 주제가 새롭게 포함되어 2015 세계교육포럼이 인천송도에서 2015년 5월 개최되었다. 유네스코 아시아태평양 국제이해교육원APCEIU에서 정의한 글로벌 시민교육에 대한 정의는 다음과 같다. 글로벌 시민교육이란 "교육이 어떻게 하면 더 정의롭고, 평화로우며, 관용적이고, 포용적이며, 안전하고, 지속 가능한 세상을 만드는 데 필요한 학습자의 지식과 기술, 가치와 태도를 계발할 수 있는지를 요약한 패러다임"이다. 즉, 글로벌 시민교육은 글로벌 지구촌의 다양한 문제를 해결하는 데 교육이 역할을 하기 위하여 학생들에게 문제를 해결할 수 있는 지식이나 정보를 전달하는 교육에서 나아가, 학생 개인들의 가치관이나 태도 등을 변화시키고 다양한 기능을 함양시키는 것으로 그 목표를 설정해야 한다는 것이다. 글로벌 시민교육이 우리의 삶과 자녀교육과의 연계성에 대해 설명한 내용은 다음과 같이 3가지로 요약할 수 있다.

첫째, 세계화로 인한 우리 삶의 변화이다. 여기서 세계화란 정보통신기술ICT의 급속한 발전으로 인하여 만들어진 지능정보사회를 의미한다. 지능정보사회에서는 인터넷 사용자

수가 엄청난 속도로 증가하여 거의 모든 지식과 정보를 실시간으로 전 세계에 있는 사람들과 공유할 수 있고 서로 매우 밀접한 관계를 맺을 수 있게 됐다. 그러한 이유로 지식과 정보를 모든 사람들과 공유하면서 활용할 수 있는 기능(능력)인 지식정보활용능력이 매우 중요해졌다.

둘째, 현재 세계는 끊임없는 국가 간, 민족 간 갈등과 분쟁 때문에 수많은 피해자가 지속적으로 발생한다는 것이다. 2012년에만 갈등과 분쟁으로 4,500만 명의 난민이 발생했으며, 1995년부터 2005년 동안 200만 명의 어린이가 사망했고, 600만 명의 어린이가 장애 또는 부상을 당했다. 한반도 또한 북한과 휴전상태이며, 주변 국가들과 크고 작은 분쟁으로 늘 긴장감이 존재한다. 그러므로 자녀들에게 타인과의 갈등을 해결하는 능력 등을 키워주는 것 자체가 중요한 교육이 된다.

셋째, 우리와 미래 자녀의 삶을 위협하는 요소들이 지속적으로 증가하고 있다는 것이다. 환경오염과 파괴로 인해 물이 부족해지고, 희귀 동식물이 멸종하는 상황에서 자연재해는 더욱 심각해지고 있다. 이러한 현상들을 정확하게 이해하고 문제들을 해결하기 위해서는 글로벌 시민의식이 필요하며, 글로벌 시민교육을 통해 핵심역량을 함양한 자녀들이야말로 미래사회가 필요로 하는 신인류로 성장할 수 있을 것이다.

정리하면, 유네스코 아시아태평양 국제이해교육원에서 정의한 글로벌 시민교육이란 "평화롭고, 안전하며, 지속발전

가능한 글로벌 지구촌을 만드는 데 요구되는 자녀들의 역량을 함양하는 교육"이라고 정의할 수 있다.

그렇다면 글로벌 시민교육이 자녀들에게 함양하려고 하는 목표란 구체적으로 무엇인지 알아보자. 유네스코 아시아태평양 국제이해교육원이 발표한 글로벌 시민교육의 교육목표를 국내의 역량기반교육과 연계하여 설명함으로써, 글로벌 시민교육이 현실적이지 못한 이상론적인 교육철학이나 교육목표가 아닌 우리의 삶과 자녀교육의 방향으로써 중요하다는 것을 설명하고 있다. 또한 국내에서 시작된 역량기반의 교육철학과 교육목표가 21세기 글로벌과 정보화의 맥락과 같다는 것을 의미한다.

첫째, 글로벌 시민교육에서는 개인의 문화, 종교, 인종 및 그 밖의 차이점을 초월하는 태도의 함양을 목표로 하는데, 이는 핵심역량 중 공동체역량의 하위요소인 국제사회문화이해능력과 맥락을 같이한다. 국제사회문화이해능력이란 우리나라의 문화를 계승, 발전시키고 다양한 문화의 차이를 이해·존중하는 태도를 말하며, 국제사회 소통에 필요한 외국어 능력을 보유하고 국제사회 문제에 대한 이해와 관심을 토대로 적극적으로 행동하는 능력을 말한다. 이는 글로벌화와 정보화가 가속화되는 지능정보사회에서 자녀가 반드시 갖추어야 할 가장 기본적인 교육목표라 할 수 있다.

둘째, 글로벌 시민교육에서는 지구촌의 문제들과 정의, 평등, 존엄, 존중 같은 보편적 가치에 대한 깊은 이해능력 함양을 목표로 하는데, 이는 핵심역량 중 공동체역량의 하위 요소인 시민의식과 맥락을 같이한다. 시민의식능력이란 준법정신과 환경의식, 도덕의식, 질서의식을 포함하며 봉사정신과 공동체의식을 포함하기도 한다. 고위공무원이나 기업인들이 인생의 정점에서 실패하는 것은 시민의식 및 도덕적 사고와 관련된 핵심역량이 함양되지 못한 것이 주된 원인이다. 그러므로 자녀교육에서 시민의식과 관련된 교육이 형식적인 이론교육으로 끝나서는 안 되며, 시민의식 교육을 통해 자녀의 삶에 대한 태도 및 가치관 형성에 도움이 될 수 있도록 해야 한다.

셋째, 글로벌 시민교육에서는 비판적이고 체계적이며 창의적으로 생각하는 인지기술 함양을 목표로 하는데, 이는 6대 핵심역량 중 창의적 사고역량과 맥락을 같이한다.

넷째, 글로벌 시민교육에서는 공감이나 갈등해결 같은 사회적 기술과 의사소통 기술 그리고 다양한 배경과 출신, 문화, 관점을 가진 사람들과 교류하고 소통하는 소질에 대한 함양을 목표로 하는데, 이는 핵심역량 중 공동체역량의 대인관계능력과 협력적 소통역량과 맥락을 같이한다.

다섯째, 글로벌 시민교육에서는 지구촌 문제들의 해결방법을 찾기 위해 협력하고 책임감 있게 행동하며, 공동의 이익을 위해 행동하는 능력의 함양을 목표로 하는데, 이는 6대 핵심역량 중 지식정보처리역량의 문제해결능력과 맥락을 같이한다.

글로벌 시민교육은 정규교육에서 기존 교과목(시민교육, 사회, 환경, 지리 또는 문화)의 주요부분 또는 독립교과목으로 다루어질 수 있으며, 정보통신기술과 소셜미디어, 스포츠, 미술, 음악을 활용한 체험활동과 연계하여 교수학습 활동을 진행할 수 있도록 돼 있다. 글로벌 지구촌에서 최근 가장 주목받고 있는 자녀교육 목표는 이와 같은 학습과 체험을 통해 학생 개인이 세계 공통적으로 당면한 문제들을 이해하고, 해결방법을 찾기 위하여 노력하고 참여해 신인재가 되는 것이다. 이와 관련해 글로벌 시민교육의 가치에 대해 역설한 반기문 전 UN사무총장의 연설문을 인용하면 다음과 같다.

"우리는 글로벌 시민의식을 함양해야 한다. 교육은 글을 읽고 쓰는 능력과 산술능력 이상의 것이다. 시민에 관한 것이기도 하다. 교육은 사람들이 더 정의롭고 평화로우며 관용적인 사회를 만들도록 돕는 본연의 역할을 온전히 떠맡아야 한다."*

* 반기문, '글로벌교육우선구상'의 출범을 선언하며, 2012년 9월 26일.

특히 2015 세계교육포럼에서 한국교육개발원이 "창의성, 역량, 혁신을 중심으로"라는 주제 하에 주최한 글로벌 인재육성 정책포럼은 참석자들로부터 가장 큰 관심을 끈 주제였다. 한국과학창의재단은 포럼발표에서 제3의 물결로 인해 산업사회에서 지능정보사회로 바뀌었고, 현재는 지능정보사회에서 다시 창조사회로 변화되는 시점이라는 것을 강조하면서, 창조사회에 필요한 인재모형은 창의융합인재라는 점을 역설하였다. 즉, 글로벌화·정보화되어가는 미래사회에서 창의융합인재가 사회를 견인하는 주도세력으로 성장할 것이라는 주장이다.

창의시대의 교육정책이라는 주제로 발표한 한국교육개발원은 강연에서 미래사회 신인재는 "인성, 지식, 핵심역량을 겸비하여 새롭고 가치 있는 아이디어나 산출물을 만들어내는 능력을 가진 자"라고 설명하면서 창의인재 및 창의인재교육에 대한 중요성을 강조하였다.

특히 창의인재 양성을 위한 국내의 주요한 교육정책으로 창체활동(창의적 체험활동) 및 수행평가 도입을 사례로 제시하였는데, 창체활동 도입은 학생의 핵심역량 배양 및 강화라는 측면을 강조하는 동시에 학생 개인의 필요, 능력, 적성, 흥미를 고려하고 학생의 성장잠재력과 교육의 효율성을 극대화하기 위한 정책임을 설명하였다. 또한 수행평가 도입으로 교과지식 평가위주에서 교육평가의 다양화를 추구하고 학생의 핵심역량 및 정의적인 영역 등이 평가요소에 포함되었음을 설명했다.

고등교육 분야에서 창의인재양성을 위한 국내의 주요한 교육정책으로는 역량기반 교육과정의 강화와 대학입학 자율화 도입이 거론되었다. 대학생들의 핵심역량 강화를 위해 교양교육을 개편하고 교양교육 전담학사 조직을 신설·운영하며, 인문사회와 같은 기초학문의 육성과 융합형 교육과정을 강조하고 있다고 발표했다. 또한 대학입학 자율화 도입을 통하여 대입전형의 다양화·특성화를 추구하고, 점수위주의 선발방식에서 탈피한 다양한 전형요소를 통해 핵심역량이 함양된 잠재력이 있는 학생을 선발하고 있다고 발표했다. 국내 사례로는 창의융합인재교육에 대하여 설명했는데, 이에 대해서는 해외의 교육전문가들과 언론들도 많은 관심을 나타냈다.

교육 분야의 세계 최대 행사인 2015 세계교육포럼에서 향후 15년간의 세계교육에 대한 목표 및 방향성을 정한 '인천선언문'을 채택한 것도 눈여겨봐야 할 내용이다. 2015 세계교육포럼 인천선언문을 보면 회원국 교육장관들과 시민사회가 합의한 전 세계의 새로운 교육비전을 알 수 있다. 여기서 채택된 새로운 교육비전이란 "2030년까지 모두를 위한 양질의 교육을 보장하고 평생학습기회를 진흥"하는 것이다.

이 선언문을 통해 앞으로 2030년까지 회원국 정부에 대한 교육정책의 방향이 설정되고, 교육관련 국제기구들의 임무 또한 정의하게 된다. 특히 유네스코가 줄곧 교육의 방향으로 제시하였던 지속 가능발전교육ESD과 함께 글로벌 시민교육GCED이 선언문을 통해 언급된 것은 기존의 교육기회 보장에 관한 논의를 넘어, 범지구적인 도전에 대응하기 위한 교육의 역할을 처음 명시했다는 점에서 매우 큰 의미가 있었다.

창의융합인재교육은 국내에서 제안한 주제여서 국내 교육정책과도 연계성이 매우 높다. 한국교육개발원이 포럼 부대행사에서 창의인재 양성을 위한 주요 정책을 발표했는데 초등교육 사례로 창의·인성 모델학교를 발표했다. 창의·인성 모델학교가 설정한 THEMA는 영역별 주제중심의 교과융합 프로그램으로 창의성을 높이고 인성을 함양하기 위한 교육 프로그램이다. 여기서 THEMA란 Technic, Health, Effort, Mind, Art의 약자로 과학탐구 경진대회, 수영교실, 토요 스포츠클럽, 인성교육을 위한 체험학습, 전통 예절교육, 에코-드래곤Eco-Dragon 생태체험 활동 등이 구체적인 사례로 제시되었다.

중등교육 사례로 소개된 것이 자유학기제이다. 이는 학생 개인의 꿈과 끼를 살려주는 교육, 창의력과 인성을 길러주는 교육, 적성과 소질에 맞는 진로탐색 계기를 제공하는 교육이라는 것이다. 참고로 자유학기제는 2016년부터 모든 중학교에서 전면 도입한 교육정책이다. 대학교육 사례로는 대학입학 자율화 정책과 대학 특성화 사업CK이다. 대학입학 자율화 정책은 학생의 잠재력, 대학의 설립 이념과 인재상, 모집단위 특성을 고려한 다면적 선발을 위하여 도입된 정책으로, 2008년에 입학사정관제로 처음 도입되었다. 그리고 대학 특성화 사업은 창조경제를 이끌어갈 창의융합인재 양성과 구조개혁을 통한 대학체질 개선이 목표이며, 개별 대학이 지역 여건과 특성 등을 고려하여 자율적으로 추진 중인 사업이다. 이를 통해 학문간 균형 있는 특성화를 유도하고, 학문간 융복합을 통한 대학 교육과정의 변화를 유도하고 있으며, 대학 내 학문간 융복합과 교육과정의 변화를 통해 문제해결 능력을 갖춘 창의융합 인재양성을 목표하고 있다. 이와 같이 국내 교육관계자들이 제안한 창의융합인재교육은 세계에서 가장 주목받는 자녀교육으로 부족함이 없을 정도로 행사기간 동안 국내외 교육관계자들 및 언론들로부터 많은 관심과 격려를 받았다.

결론적으로 큰 틀에서 살펴보면 글로벌 시민교육과 창의융합인재교육 모두가 결국은 핵심역량이라는 공통된 요소를 포함하고 있다. 결국 국내외를 막론하고 최근 세계에서 가장 주목받는 자녀교육의 주제는 역량기반 교육과정임에 틀림없으며, 이러한 교육정책의 변화는 주요 선진국들을 중심으로 상당 기간 지속될 것임이 명백하다.

2

선진국 자녀를 위한
깊이 있는 교육

주요 선진국OECD의
역량교육

역량기반 교육과정을 정확하게 이해하기 위해 가장 먼저 OECD의 데세코 프로젝트DeSeCo Project가 정의하는 핵심역량에 대해 알아보는 것이 중요하다. 그 이유는 국내뿐만 아니라 OECD 주요 선진국들이 선택한 역량기반 교육과정들이 데세코 프로젝트에서 정의한 내용을 근간으로 국가별 교육과정을 구성했기 때문이다. 1997년부터 연구를 시작해 2003년에 발표한 데세코 프로젝트 연구자료를 보면 학생들이 미래 사회를 살아가기 위해 함양해야 할 핵심역량은 다음과 같다.

〈표 9〉 OECD 데세코 프로젝트의 핵심역량

하위요소	하위역량
1. 도구를 상호작용적으로 활용하는 능력	언어, 상징, 문자를 상호적으로 사용하기 지식과 정보를 상호적으로 사용하기 기술을 상호적으로 사용하기
2. 이질적인 집단에서의 문제해결능력	타인과 좋은 관계 맺기 팀 내에서 협력하며 일하기 갈등을 관리하고 해결하기
3. 자율적으로 행동하는 능력	큰 맥락에서 행동하기 인생의 목표와 과제를 수립하고 실천하기 권리와 이익의 한계를 알고 요구하기

첫째, 도구를 상호작용적으로 활용하는 능력

도구란 언어, 상징, 문자, 지식, 정보, 기술 등을 말하며, 이러한 요소들을 상호작용적으로 사용할 수 있는 능력을 말한다. 그리고 상호작용적이란 서로가 원활하게 소통, 영향을 준다는 의미로 의사소통이라고도 해석할 수 있다. 즉, 언어, 지식 등을 활용하여 타인과 의사소통을 할 수 있는 능력을 미래사회에 살아갈 학생들이 보유할 핵심역량으로 결정한 것이다. 국내 2022 개정 교육과정에서도 영어교육목표를 영어 의사소통역량으로 설정하고 있다. 더불어 수학, 과학 등의 교과에서도 수학 의사소통역량이나 과학 의사소통역량을 교육의 목표로 설정하고 있다. 이는 미래교육에서 지식, 정보를 기반으로 한 의사소통역량 강화의 중요성이 점점 커지고 있고, 지식, 정보, 기술을 활용하여 창의적으로 재생산할 수 있는 능력도 강조되고 있기 때문이다. 이러한 변화는 단순히 지식, 정보, 기술 등을 이해·습득하는 것뿐만 아니라 활용할 수 있는 능력의 중요성이 커졌다는 것을 의미한다.

둘째, 이질적인 집단에서의 문제해결능력

미래사회에서는 타인과 원만한 관계를 유지하는 것이 매우 중요한 능력으로 평가받을 것이다. 이를 전문용어로 대인관계능력이라고 한다. 모든 조직은 각자 태도와 가치관이 다른 사람으로 구성되기 마련이다. 조직 안의 사람들, 또 조직관 관련된 사람들 사이에 생길 수 있는 대립과 반목을 원만히 해결하지 못하면 조직은 어떠한 성과도 이룰 수 없을 뿐만 아니라, 거기에 속한 개인의 삶 또한 성공적일 수 없다. 카리스마적 리더십이 강조되던 산업사회와 달리 수평적 리더십이 강조되는 현대사회에서 갈등과 대립을 조정하는 대인관계능력은 그 중요성이 더욱 커질 것이다.

현재 국내외 주변의 현실을 봐도 이 능력은 매우 중요한 핵심역량이다. 우리는 일본과는 독도 문제로, 중국과는 이어도 문제로 분쟁 중이다. 또한 일본은 전범국가이면서도 반성하는 태도를 보이지 않고 한국, 중국, 러시아 등과 영토문제로 분쟁 중이며 대응하는 방법도 매우 호전적이다. 국가 간의 끊임없는 대립과 분쟁, 갈등은 인류 역사에서 반복되어온 것이 사실이다. 그러나 미래에도 이와 같은 대립과 분쟁, 갈등이 존재하는 것은 인류 역사를 위해 바람직한 일이 아니다. 지구촌이라는 불리며 점점 가까워지는 국제관계 속에서 갈등해결능력만큼 자녀에게 필요한 역량은 없다.

셋째, 자율적으로 행동하는 능력

다양한 가능성과 잠재력을 보유한 학생들이 미래사회에서 성공하기 위한 가장 중요한 능력은 삶 전체에 대한 꿈과 비전을 수립하는 일이다. 인생에 대한 꿈과 비전이 없다는 것은 삶에 대한 목표, 계획, 전략이 없다는 것을 의미한다. 꿈과 비전이 없는 학생들은 성공할 가능성이 낮다는 연구결과는 여러 곳에서 찾아볼 수 있다. 학생들의 꿈과 비전을 찾는 데 도움을 주는 캠프, 교육, 세미나 등이 매우 많은 것으로 알고 있다. 이러한 수단들을 이용한다면 학생들 본인의 꿈과 비전을 설정하는 방법을 익히는 것은 어렵지 않다. 그러나 그보다 중요한 것은 꿈과 비전이 학생 개인의 역량과 어울려야 한다는 것이다. 꿈과 비전은 존재하는데 그것을 달성할 수 있는 계획, 전략이 부족하다면 많은 어려움에 직면하게 될 것이다.

주요 선진국OECD들은 2003년 데세코 프로젝트 발표 후

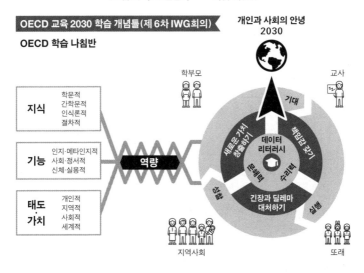

〈그림 3〉 주요 선진국OECD 학습 개념틀

이를 더욱 발전시켜서 2015년 세계교육포럼에서 2030 학습 개념틀을 발표했다. 주요 선진국의 2030 학습 개념틀이 중요한데, 이유는 2021년 서른두 번째로 선진국이 된 우리나라의 국가 교육과정 수립에 기초가 되기 때문이다. 교육부는 이를 기초하여 선진국 교육과정인 2022 개정 교육과정을 수립하여 2024년부터 적용하고 있으며, 2025년 0~5세 영유아 교육과정을 수립하는 데 기초로 사용하고 있다.

OECD 교육 2030 프로젝트에서는 2030년을 염두에 두고 이 시기에 성인이 될 학생들이 직면하게 될 환경적, 경제적, 사회적 위기를 전망했다. 첨단기술의 발달, 사회·문화적 다양화의 가속화와 불평등 확대, 전쟁과 테러의 위협 등 기존 데세코 프로젝트에서 상정한 사회보다 더욱 복잡하고 새로운 도전을 맞이할 것이라 전망했다. 2003년 발표한 데세코 프로젝트가 복잡한 사회에서 성공적으로 살아가기 위한 미래사회의 핵심역량에 초점을 맞추었다면, 교육 2030 프로젝트에서는 개인적·사회적 웰빙well-being을 위한 변혁적 역량transformative과 이를 함양할 교육목표를 구체화했다. 기존 데세코 프로젝트가 성공을 위한 역량교육을 강조한 반면, 교육 2030 프로젝트에서는 웰빙이라는 개념을 도입해 건강, 시민으로서의 참여, 사회적 연계, 교육, 안전, 삶의 만족도, 환경 등 삶의 질과 관련된 측면에 더욱 중점을 두었다.

OECD 교육 2030 프로젝트에서는 역량을 "복잡한 요구를 충족시키기 위해 지식, 기능, 태도와 가치를 동원하는 능력"이라고 정의하면서 학생의 변혁적 역량을 강조했다. 특히 학생들이 삶의 모든 영역에서 적극적으로 참여하면서 보다 나은 방향으로 영향을 미치려는 책임의식을 의미하는 학생 행위 주체성student agency을 강조했다.

유네스코UNESCO의 역량교육

지속 가능한 발전교육을 위하여 역량기반의 교육을 진행

하는 것이 유네스코 교육의 가장 중요한 목표이다. 유네스코가 정의하는 지속 가능한 발전교육이란 "인류, 국가, 사회의 지속가능발전을 추구할 수 있는 새로운 인재를 양성하는 것"이다. 그러한 인재를 육성하는 방법은 단순히 지식이나 정보를 이해시키고 암기, 습득시키는 교육에서 벗어나, 살아가는 데 반드시 필요한 다양한 사고능력이나 태도 및 가치관 등을 학생들이 학습할 수 있도록 도와주는 것이다. 지속가능발육교육을 위하여 유네스코는 ① 간학문적이고 총체적인 접근방법을 사용하며, ② 비판적 사고 및 문제해결력을 함양하고, ③ 다양한 교육방법을 활용하게 하며, ④ 참여적 의사결정을 중요시하고, ⑤ 지역적 연관성 등을 강조한다.

첫째, 간학문적이고 총체적인 접근

특정 학문 영역에서 벗어나 더욱 통합적으로 학습하고 접근하는 방법을 말한다. 예를 들어서 환경오염 문제를 해결하기 위해 과학적인 접근뿐만 아니라 도덕적인 접근방법을 사용하는 것이다. 지구온난화를 막기 위해 온실가스의 원인과 종류, 배출 규제방안을 아는 것도 중요하지만, 미래세대의 행복을 지켜야 할 의무와 책임이 우리에게 있다는 도덕공동체적 자각도 필요한 것이다. 이를 통해 환경오염 문제를 정확하게 인식하고 환경오염을 예방하기 위한 도덕적인 활동을 할 수 있도록 권장할 수 있다.

둘째, 비판적 사고 및 문제해결력

지속 가능발전과 관련된 여러 문제를 해결하기 위해 필요한 자질이다. 자녀들은 비판적인 사고능력 및 다양한 지식과 정보를 활용하여 문제해결능력을 향상시켜 인류에게 던져진 다양한 문제들을 해결해 나가야 한다.

셋째, 다양한 교육방법

유네스코는 위의 능력을 향상시키기 위해 대화하고 토론하기, 다양한 체험활동 하기, 친구들과 연극활동 하기, 자신의 생각을 말하고 글로 작성해보기, 심미적인 감성능력 강화를 위한 예술활동하기 등의 다양한 교육방법 활용을 제안하고 있다.

넷째, 참여적 의사결정

학습해야 할 내용이나 방법 등에 대하여 학습자나 학부모가 참여하여 모두 함께 결정하는 방법을 말한다. 과거 산업사회와 같이 국가, 학교, 교사 위주로 교과지식을 결정해 일방적으로 전달하는 방법에서 탈피할 것을 제안하고 있다.

다섯째, 지역적 연관성

지속 가능한 발전교육에서는 인류의 모든 사람이 이해 당사자이다. 그러므로 전 지구적, 국가적 사안뿐만 아니라 지방, 지역사회 발전을 위해 필요한 주제나 문제 등도 중심적으로 다루고 해결하려고 한다. 예를 들어서 특정도시 청소년 폭력문제 등을 해결하기 위해 다양한 방법 등을 찾고 실천하는 것도 지속 가능한 발전교육이다.

그렇다면 유네스코가 정의하는 핵심역량은 무엇인지부터 알아보자. 유네스코는 지식, 감성, 행동과 실천, 윤리와 가치, 시스템적 사고 등을 핵심역량으로 정의하고 있다. 먼저 '지식'이란 지속 가능한 발전과 관련된 개념, 사실 등을 말하는데 다학문적, 간학문적, 초학문적인 특성을 지닌다. '감성'이란 가치관, 반성적 사고능력, 의사결정능력, 행동조절능력 등을 말한다. '시스템적 사고'는 복잡하게 서로 연결되어 있는 초연결사회에서 반드시 필요한 요소이다. 점차 복잡해지는 관계 속에서 나타나는 다양한 국가, 사회간 문제들을 정확하게 이해하고 문제해결 방안을 찾기 위해서 중요하다. 이는 문제를 단독적으로 다루지 않고 전체 시스템의 일부로 생각해 연관된 문제들을 찾아 함께 처리하는 문제해결방법이다. '윤리와 가치'는 국가, 사회, 인종, 성별 등의 형평성을 위한 가치, 태도, 신념, 규범 등을 말한다. 현재 글로벌 인류의 가장 큰 문제 중 하나가 국가, 사회, 인종, 성별 간의 차별과 양극화가 심화되고 있다는 것이다. 이러한 문제로 인하여 수많은 분쟁과 갈등이 끊임없이 발생한다. 이러한 분쟁과 갈등의 해결

없이 지속 가능한 발전은 있을 수 없다. 지속 가능한 발전이란 인간의 지속 가능성, 사회의 지속 가능성, 경제의 지속 가능성, 또 생태계의 지속 가능성까지 아우르는 것이기 때문이다. 상호 밀접하게 관련되어 있는 다양한 차원의 문제를 해결하기 위해서 윤리와 가치의 강화는 필수적이다.

마지막으로 '행동과 실천'이다. 이는 지식, 감성, 시스템적 사고, 윤리와 가치 등이 융합되면서 나타나는 결과적인 역량요소를 말한다. 앞서 거론한 4가지 역량요소들이 제대로 융합되어 개인에게 발현되지 않으면 행동과 실천은 올바르게 발휘되지 못할 가능성이 높다. 유네스코가 정의하는 핵심역량은 OECD가 말하는 핵심역량과 상당히 다른 개념으로 이해할 수 있다. OECD가 말하는 핵심역량은 개인의 발전과 성장을 위하여 필요한 핵심역량을 강조하는 반면, 유네스코가 정의하는 핵심역량은 개인보다는 인류, 국가, 지역사회의 지속 가능한 발전을 위하여 개인에게 필요한 핵심역량이다.

2022년 유네스코가 한국어 번역본으로 발간한 〈함께 그려보는 우리의 미래: 교육을 위한 새로운 사회계약〉은 포르 보고서(1972), 들로르 보고서(1996)에 이은 세 번째 보고서이다. 19세기 산업혁명 시대에 개발되어 이어져온 학교모델, 교과과정, 교수법 등의 현 교육체계를 기후위기, 사회불평등 심화 등 오늘날의 도전과제에 맞추어 변혁함으로써 인류와 자연의 지속 가능한 미래를 위한 교육의 역할을 강조하고 있다.

우리나라에서 2024년 12월 개최된 유네스코 포럼을 맞이하여 세 번째 보고서의 주요내용은 "정의롭지 못한 부분을 바로잡고 미래를 바꿔놓을 교육을 위한 새로운 사회계약이 필요하다."는 것을 강조하고 있다.

"우리 인류와 지구는 위기에 처해 있다."고 보고서는 진단하고 있다. 코로나 19 팬데믹은 우리의 취약성과 상호연결성을 동시에 증명해 보였으며, 이 경로를 바꾸고 우리의 미래를 다시 구상하기 위해서는 모두 함께 긴급한 행동에 나서야 함을 강조하고 있다. 보고서는 사회계약은 인권에 근간을 두고 차별금지와 사회정의, 생명존중, 인간 존중 및 문화다양성에 기초해야 하며, 돌봄의 윤리, 호혜주의, 연대를 포괄해야 하고, 공동의 사회적 노력이자 공동재로서 교육을 강화해야 한다고 발표하였다. 보고서는 2년에 걸쳐 약 백만 명이 참여하는 세계적 협의과정을 통해 작성되었으며, 전 세계의 정부, 교육기관, 단체, 시민들에게 모두를 위한 평화롭고 정의로우며 지속 가능한 미래를 건설할 수 있도록 교육을 위한 새로운 사회계약을 맺는 데 참여할 것을 요청하고 있다.

보고서의 핵심내용에서 인류는 성장과 발전을 추구하는 과정에서 자연환경에 큰 부담을 주었고, 결국 우리 자신의 존재를 위협하는 지경에까지 이르렀다고 분석하고 있다. 오늘날 세계는 높은 생활수준과 엄청난 불평등이 공존하고 있으며, 세계 곳곳에서 시민사회와 민주주의의 기본구조가 흔들

리는 상황이라고 분석하고 있다. 급속한 기술변화는 우리 삶의 여러 측면을 변모시키고 있지만, 이러한 혁신의 방향은 적절하게 형평성과 포용, 그리고 민주적인 참여로 향하지는 못하고 있다는 것이다.

그 결과로 현재와 미래 세대 모두 무거운 책임을 져야 하는데, 여기서 우리가 책임져야 할 것은 우리 세계가 결핍이 아닌 풍요의 세계, 모두가 동일한 인권을 최대한 누릴 수 있는 세계가 되도록 보장하는 것이라고 말한다. 보고서는 2050년과 그 이후를 예측하면서 교육이 세계와 우리가 공유하는 미래형성에 어떤 역할을 할 수 있는지에 대한 질문을 던지고 있다.

(1) 교육을 위한 새로운 사회계약

교육은 사회계약, 즉 공동의 이익을 위해 협력하려는 사회 일원들의 암묵적 합의라는 측면에서 파악할 수 있다. 사회계약은 공식적으로 법제화되고 문화적으로 내재된 규범과 책임, 원칙을 반영하기 때문에 단순한 거래 이상의 의미를 가진다고 보고서는 분석하고 있다. 20세기 공교육은 기본적으로 아동과 청소년 대상 의무교육을 통해 국가의 시민권과 발전 노력을 뒷받침하는 것을 목표로 했지만, 오늘날 인류와 지구의 미래가 위험에 처한 상황에서는 공동의 도전과제에 대응하기 위해 교육을 시급히 재구성해야만 한다고 주장하고 있다.

보고서는 2050년을 바라보면서 교육에 대해 던져야 할 세 가지 핵심질문을 다음과 같이 정리하였다.

- 우리가 계속해야 할 것은 무엇인가?
- 우리가 중단해야 할 것은 무엇인가?
- 창조적으로 새롭게 만들어내야 할 것은 무엇인가?

(2) 과거의 약속과 불확실한 미래 사이에서

사회경제적 불평등의 증가, 기후변화, 생물다양성 손실, 지구가 감당할 수 있는 범위를 넘어서는 자원남용, 민주주의의 후퇴, 혼란스러운 기술자동화 등이 현재 우리가 놓여 있는 역사적 시점의 대표적 특징들이라고 분석하고 있다. 이러한 문제들은 개인적, 집단적 인권을 제한하고 지구상의 많은 생명에 손상을 입히고 있으며, 교육시스템 확대로 새로운 기회도 얻었지만 수많은 사람들은 양질의 학습을 누리지 못하고 있다고 진단하고 있다.

현재 세계 각지에서 우리가 교육을 조직하는 방식들은 정의롭고 평화로운 사회, 건강한 지구, 모두를 이롭게 하는 공동의 발전을 보장하기에는 크게 부족하며, 실제로 우리가 겪는 문제의 일부는 현재의 교육방식 때문에 일어나고 있다고 분석하고 있다. 그러므로 교육을 위한 새로운 사회계약은 학습에 대해, 또 학생, 교사, 지식, 세계 사이의 관계에 대해 우리가 지금까지와는 다르게 생각하도록 만들어야 함을 강조하고 있다.

(3) 교육 혁신을 위한 제안

첫째, 교육학은 협력, 협동, 연대의 원칙을 기반으로 조직되어야 한다.

둘째, 교육과정은 생태적, 상호문화적, 학제적 학습에 중점을 두어 학생들이 지식에 접근하고 이를 생산하면서 동시에 이를 비판하고 적용하는 역량을 기르도록 지원해야 한다.

셋째, 교수활동은 협력적 행위로 좀더 전문화되어야 하며, 거기서 교사들의 역할은 지식생산자이자 교육과 사회 변혁의 핵심 주체로 인식되어야 한다.

넷째, 학교는 포용, 형평성, 개인과 집단의 웰빙을 지원하는 교육장소로서 보호되어야 하며, 보다 정의롭고 형평성 있고 지속 가능한 미래를 향한 세상의 변혁을 더욱 잘 촉진하도록 다시 그려보아야 한다.

다섯째, 우리는 평생에 걸쳐서 그리고 다양한 문화적, 사회적 공간에서 펼쳐지는 교육기회를 향유하고 확대해야 한다.

(4) 교육의 미래를 위한 교육과정 우선과제

보고서는 교육에 대한 협소한 관점에서 벗어나 더 큰 목

적을 위한 진지한 참여로 이동해야 함을 강조하고 있다. 교육
과정의 접근방식은 인지적 영역을 문제해결력과 혁신, 창조
성과 연결해주어야 하며, 사회정서학습과 자기 자신에 대한
학습 및 감정학습도 포괄해야 함을 설명하고 있다. 보고서가
우선과제로 선정한 9가지를 정리하면 다음과 같다.

첫째, 손상된 지구를 위한 교육과정
모든 교과영역이 손상된 지구를 존중하며 책임감 있게 살
아가는 기술을 가르쳐야 함을 설명하고 있다.

둘째, 아는 것과 느끼는 것의 통합
공감하고 협력하고 편견과 편협성을 지적하고 갈등해결
을 탐색하는 학습은 모든 사회에서 가치가 있으며, 오래된 분
열과 씨름하는 사회에서 특히 그렇다고 한다.

셋째, 문해의 확장과 복수언어적 미래 만들기
문해력은 미래의 학습 및 사회참여의 가능성과 직결되며,
복수언어주의 교육은 글로벌한 대화와 활동, 문화에 참여할
수 있는 더 많은 기회를 만들어줄 수 있다고 한다.

넷째, 수리력 강화
수학적 지식과 기술을 광범위한 상황에서 사용하게 되면

서 수리력은 미래교육의 필수 이상의 가치를 가지게 되었고, 실제 맥락 속에서 이해될 때 수리력은 인간 능력의 제한을 풀어주어 시간 경과에 따른 변화를 이해하고, 미래에 대한 예측과 계획을 수립하고, 관계성을 이해하고, 의미 있는 관점에서 흐름을 읽어내게 해준다고 한다.

다섯째, 인문학의 활용

직면한 문제에 대해 다양한 접근방식을 배우려면 인간 사회와 문화에 대한 지식과 공부가 필수적이며, 교육을 인문학과 연결하고 재연결하기 위한 새로운 길을 찾는 것은 민주주의의 미래를 위해 매우 중요하다고 설명하고 있다.

여섯째, 과학적 탐구와 이해

과학교육은 과학적 진술을 옹호하는 책임의식과, 복잡하고 미묘한 진술을 분별력 있고 진지하게 탐구하는 능력을 길러 주어야 함을 설명하고 있다.

일곱째, 디지털 세상을 위한 기술

디지털교육은 기능적 기술과 기술적 노하우와 비판적 디지털 문해(디지털 사회의 정치학과 디지털 경제에 대한 이해)교육도 포함되어야 함을 설명하고 있다.

여덟째, 예술교육을 통한 상상력, 판단력, 가능성 함양

음악, 드라마, 춤, 디자인, 시각예술, 문학, 시 등의 예술교육은 학생들의 복잡한 기술습득 능력을 대단히 확장시킬 수 있으며, 교육과정 전체에 걸쳐 사회정서학습을 지원할 수 있다고 설명하고 있다.

아홉째, 인권, 시민의식, 민주적 참여를 위한 교육

인권교육은 비판적이고 창의적인 정치적 사고와 이를 옹호하는 활동에 필요한 기술과 역량을 배양하는 것을 목표로 해야 하며, 성별·인종·선주민·언어·종교·연령·장애·성적 지향성·시민의 지위 등의 이유로 특정 집단을 차별하는 권력구조와 관계들에 대해 질문하고, 폭로하고, 맞설 수 있게 해야 한다고 설명하고 있다.

한국교육과정평가원의 핵심역량

2009년 한국교육과정평가원은 초중고 학생들이 학교 정규교육과정을 통해 함양해야 할 핵심역량을 〈표 10〉과 같이 정의했다. 한국교육과정평가원은 학생들이 미래사회에 필요한 인재가 되기 위해 초중고 학창시절 동안 교과지식을 통하여 3가지 핵심역량을 육성해야 할 것을 강조하고 있다. 이 3대

핵심역량의 영역(대영역)	핵심역량의 요소(중영역)
개인적 역량Personal Competence	자기관리능력 기초학습능력 진로개발능력
사회적 역량Social Competence	의사소통능력 시민의식 국제사회문화이해 대인관계능력
학습역량Intellectual Competence	창의력 문제해결능력 정보처리능력

핵심역량은 개인적 역량, 사회적 역량, 학습역량으로 구분되는데, 이후 2015 개정 교육과정과 2022 개정 교육과정에서 6대 핵심역량과 하위요소들로 재정리되었다.

첫째, 개인적 역량

학생이 개인적으로 보유해야 할 역량을 말한다. 자기관리능력, 기초학습능력, 진로개발능력 등으로 구성된다. 자기관리능력이란 다양한 요소들을 포함하는데, 꿈과 목표를 달성하기 위해 본인에 대하여 끊임없이 반성적 사고를 하는 것도 자기관리능력이다. 이 능력이 학창시절부터 몸에 익숙해지면 성인이 되어 사회생활에서도 경쟁력이 생긴다. 또한 지능정보사회의 중요한 특징 중에 하나가 평생학습이므로 학창시절 기초학습능력을 갖추는 것 역시 중요하다. 앞서 언급한 것처럼 학력, 학벌 중심의 사회가 약화되고 있으므로 진학보다는 진로에 대한 고민과 개발이 중요하다. 진로를 결정하는 가장 효과적인 방법은 자녀가 흥미를 보이거나 잘하는 것과 관련하여 독서를 많이 하고 관련된 경험을 쌓게 해주는 것이다. 2015 개정 교육과정과 2022 개정 교육과정에서 개인적 역량은 자기관리역량으로 명칭이 변경되었고, 하위요소 3가지는 자기관리역량의 하위요소에 포함되었다.

둘째, 사회적 역량

성공적인 사회생활을 위하여 필요한 역량을 말한다. 의사소통능력, 시민의식, 국제사회문화이해, 대인관계능력 등으로 구성된다. 타인과 좋은 대인관계를 위해서도 의사소통능력은 중요하며, 개인이 지닌 지식, 정보 등을 타인에게 효과적으로 전달하기 위해서도 의사소통능력이 절대적이다. 참고로 의사소통능력은 사회성, 리더십 등과 함께 원만한 대인관계를 위해 필요한 요소이기도 하다.

사회의 한 구성원으로서 올바르게 살아가기 위해서는 타인과 원만한 관계를 유지하는 능력, 소통하는 능력 그리고 남에 대한 이해능력(시민의식, 국제사회문화이해) 등이 중요하다.

과거 산업사회에서는 타인과의 경쟁을 교육의 기본으로 삼았다. 이 시기에 교육을 받고 성장한 학생들은 역시 성인이 되어서도 타인을 경쟁상대로만 인식한다. 현재 국내의 사회, 문화, 정치, 기업 등 모든 분야에 경쟁이라는 요소가 뿌리 깊이 자리 잡고 있는 것이 현실이며 이것들은 지금 각종 사회문제 및 갈등으로 표출되고 있다.

우리나라와 비슷하게 강대국으로부터 해방된 이후 교육에 경쟁이 아닌 협동이라는 교육철학을 도입한 핀란드와 비교해보면 경쟁이 어떤 문제를 야기하는지 알 수 있다. 핀란드는 한국과 비슷하게 OECD 국제학업성취도평가PISA에서 1~2위를 겨루고 있지만, 핀란드 학생들은 교육에 대한 행복감이나 동기부여가 높고 학습시간이 적으면서도 우수한 학업능력을 보인다. 그러나 한국 학생들은 높은 학업성취를 보이지만 교육에 대한 행복감은 최하위이다. 또한 동기부여가 부족한 상태에서 지속적인 학습으로 인해 학업스트레스가 상당하다. 이는 경쟁을 지나치게 강조한 국내교육의 한계이자 문제점이다.

사회적 역량과 하위요소 4가지는 2015 개정 교육과정과 2022 개정 교육과정에서 협력적 소통역량(2015 개정 교육과정에서는 의사소통역량)과 공동체역량으로 재정의되었고, 공동체역량의 하위요소로 시민의식, 국제사회문화이해, 대인관계능력이 포함됐다.

셋째, 학습역량

지능정보사회는 평생학습사회이므로 학습역량은 학창 시절에만 필요한 역량이 아닌 삶 전체에 필요한 필수역량이다. 학습역량은 창의력, 문제해결능력, 정보처리능력으로 구성되는데 미래사회에 모두 중요한 역량들이다. 창의력은 지식, 정보를 기반으로 새로운 것을 기획, 고안해내는 능력을 말한다. 창의력은 다양한 학문을 통해서 형성될 수 있지만 국내 전문가들은 다소 생소한 디자인과목을 가장 효과적인 것으로 주목하고 있다. 그러나 아쉽게도 국내 교육에서 디자인 교육은 미술교육으로 인식되어왔고 기타 과목들이 창의력을 위한 과목인 것처럼 인식됐다. 이 문제점을 바로잡기 위해 서울시교육청은 2010년에 디자인교과서를 개발해 2011년부터 초등학교 5~6학년 대상으로 창의재량 활동시간에 활용할 수 있도록 하고 있다.

지식과 정보가 핵심경쟁력이 되는 지능정보사회에서 다양한 지식, 정보를 활용하여 새로운 것을 기획하고 고안해내는 능력은 매우 중요하다. 미국에서 세계적인 기업으로 성장한 구글과 애플 모두 전통적인 굴뚝산업이 아닌 새로운 분야를 창의적으로 도출해낸 기업이라는 사실은 미래사회가 어떤 비즈니스와 인재를 필요로 하는지를 보여준다.

학습역량의 문제해결능력은 문제에 직면했을 때 다양한 지식, 정보를 활용하여 해결할 수 있는 능력을 말한다. 이 능

력이 제대로 발현되기 위해서는 융합능력과 창의력이 필요
하다. 어떠한 문제를 해결하는 데 한 가지 방법이 아닌 다양
한 방법을 고려하고 전혀 새로운 방식을 고안해내는 능력은
수학, 과학과 같은 학문을 통해 개발하는 것이 일반적이다.

정보처리능력이란 현재 존재하거나 저장된 정보를 조작
하거나 혹은 새로운 정보를 창조하는 능력이다. 지식과 정보
를 중심으로 하는 지능정보사회에서 매우 중요한 능력이다.
여기에는 지각, 부호화, 해독, 기억으로부터의 인출, 시연, 추
론 등의 인지적 과정이 포함된다.* 정보통신기술과 인터넷
환경이 발달한 우리나라 학생들의 정보처리능력은 다른나라
학생들에 비해 뛰어나다 할 수 있다.

학습역량과 하위요소 3가지를 보면, 2015 개정 교육과정
과 2022 개정 교육과정에서 학습역량은 자기관리역량의 하
위요소로 변경되었으며, 하위요소 중에서 창의력은 창의적
사고역량으로, 문제해결능력과 정보처리능력은 지식정보처
리역량의 하위요소로 재정의되었다.

---

* 특수교육학 용어사전, 국립특수교육원, 2009.

2015 개정 교육과정의 핵심역량

앞에서 살펴본 다양한 핵심역량들은 모두 국가 교육과정인 2015 개정 교육과정의 핵심역량을 이해하는 데 도움이 되기 때문에 먼저 설명하였다. 2015 개정 교육과정에서 "핵심역량Core Competence은 초중고의 학창시절에 성공적인 사회진출을 위하여 반드시 길러야 하는 교육목표"라고 정의하면서 학창시절 학생들이 길러야 하는 핵심역량으로 자기관리역량, 의사소통역량, 창의적 사고역량, 공동체역량, 지식정보처리역량, 심미적 감성역량 등 6가지를 제시했다. 이 6가지 핵심역량은 성공적이고 행복한 삶을 위해 누구나 학창시절 반드시 길러야 하는 가장 기초적이며 공통적인 역량이다.

초중고 학생들은 교과학습과 다양한 체험활동을 통해 6가지 핵심역량의 하위요소를 구체적으로 함양해야 한다. 교육부는 6가지 핵심역량의 하위요소를 아래와 같이 정의하고 있으며 이러한 하위요소는 성취평가제(수행평가)의 기준이기도 하다.

〈표 11〉은 초등학생이 모든 교과지식을 활용하여 초등학생 기간에 함양해야 하는 핵심역량의 하위요소들을 말하는데 인성(정의적 능력)에 해당하는 내용들도 포함되어 있다. 여기서 소통, 소통과 협력, 공감 등은 모두 인성의 7가지 가치덕목에 해당된다.

〈표 11〉 초등학생 핵심역량 하위요소

□ 개념·원리·법칙 이해	□ 고차적 사고와 도덕적 판단 역량	□ 공감	□ 국제사회문화이해
□ 대인-관계 윤리적 역량	□ 대인관계능력	□ 문제해결능력	□ 문화예술향유능력
□ 소통	□ 소통과 협력	□ 수학적 문제해결	□ 수학적 의사소통
□ 수학적 창의인성	□ 수학적 추론	□ 시민 윤리적 역량	□ 시민성
□ 시민의식	□ 의사결정능력	□ 의사소통능력	□ 자기관리능력
□ 자연 친화 초월적 역량	□ 정보처리능력	□ 창의력	□ 창의성

〈표 12〉 중학생 핵심역량 하위요소

□ 개념·원리 이해	□ 개인 윤리적 역량	□ 건강관리능력	□ 고차적 사고와 도덕적 판단역량
□ 공감	□ 국제사회문화이해	□ 긍정적 자기이해	□ 기초학습능력
□ 대인-관계 윤리적 역량	□ 대인관계능력	□ 도전정신	□ 문제해결능력
□ 문화예술향유능력	□ 분석적 사고력	□ 비판적 사고력	□ 비판적·창의적 사고력
□ 소통	□ 소통과 협력	□ 수학적 문제해결	□ 수학적 사고
□ 수학적 의사소통	□ 수학적 추론	□ 시민 윤리적 역량	□ 시민성
□ 시민의식	□ 의사결정능력	□ 의사소통능력	□ 자기관리능력
□ 자기주도능력	□ 정보처리능력	□ 존중	□ 진로개발능력
□ 창의력	□ 창의성	□ 창의적 표현능력	□ 타문화 이해
□ 표현	□ 협동능력	□ 협동학습능력	

〈표 13〉 고등학생 핵심역량 하위요소

□ 개념·원리·법칙 이해	□ 개인 윤리적 역량	□ 건강관리능력	□ 고차적 사고와 도덕적 판단역량
□ 공감	□ 과학 글쓰기	□ 국제사회문화이해	□ 긍정적 자기이해
□ 기초학습능력	□ 대인관계능력	□ 도전정신	□ 문제해결능력
□ 문화예술향유능력	□ 비판적·창의적 사고력	□ 소통	□ 수학적 문제해결
□ 수학적 의사소통	□ 수학적 창의인성	□ 수학적 추론	□ 시민 윤리적 역량
□ 시민성	□ 시민의식	□ 의사소통능력	□ 정보처리능력
□ 존중	□ 창의력	□ 창의성	□ 창의적 표현능력
□ 협동학습능력			

국가직무능력표준NCS

국가직무능력표준NCS, National Competence Standards은 직무나 직업별로 필요한 지식, 태도, 기술을 말한다. 모든 직무능력의 수준체계를 8수준으로 구분하여 정의하고 있다. 예를 들어서 A라는 학생이 교사가 되려고 진로를 결정할 때는 반드시 교사에게 필요한 직무능력을 확인해야 한다. 그런 이후 교사에게 필요한 직무능력과 학생이 보유한 핵심역량과 비교해 비슷하다면 대학진학에서 성공할 확률은 높아진다. 국가직무능력표준 홈페이지에서도 2015 개정 교육과정의 핵심역량과 유사한 개념의 직업기초능력이라는 것을 10가지 정의하고 있는데 그 내용은 〈표 14〉과 같다.

예를 들어 직무능력 가운데 의사소통능력은 "업무를 수행함에 있어 글과 말을 읽고 들음으로써 다른 사람이 뜻한 바를 파악하고, 자기가 뜻한 바를 글과 말을 통해 정확하게 쓰거나 말하는 능력이다."라고 정의되고, 의사소통능력의 하위요소는 문서이해능력, 문서작성능력, 경청능력, 의사표현능력, 기초외국어능력 등으로 구성되어 있다.

〈표 15〉는 국가직무능력표준NCS에서 정의한 10가지 직무능력의 하위요소들을 설명한 표인데, 이를 보면 학교에서 함양해야 할 핵심역량과 상당 부분 겹쳐 있다는 사실을 알 수 있다.

〈표 14〉 직무능력 10가지

의사소통능력	수리능력	문제해결능력	자기개발능력	자원관리능력
대인관계능력	정보능력	기술능력	조직이해능력	직업윤리

〈표 15〉 직업기초능력

개발영역	하위단위
의사소통능력	문서이해능력, 문서작성능력, 경청능력, 언어구사력, 기초외국어능력
자원관리능력	시간자원관리능력, 예산관리능력, 물적자원관리능력, 인적자원관리능력
문제해결능력	사고력, 문제처리능력
정보능력	컴퓨터 활용능력, 정보처리능력
조직이해능력	국제감각능력, 조직체제이해능력, 경영이해능력, 업무이해능력
수리능력	기초연산능력, 기초통계능력, 도표분석능력, 도표작성능력
자기개발능력	자아인식능력, 자기관리능력, 경력개발능력
대인관계능력	팀웍능력, 리더십능력, 갈등관리능력, 협상능력, 고객서비스능력
기술능력	기술이해능력, 기술선택능력, 기술적용능력
직업윤리	근로윤리, 공동체윤리

이제까지 핵심역량이 무엇인지 이해하기 위해서 국가직무능력표준 외에도 OECD와 유네스코의 핵심역량 개념, 그리고 한국교육과정평가원과 2015 개정 교육과정에서 설명하고 있는 핵심역량의 개념을 알아보았다. 학생이 구체적으로 진로가 결정되지 않은 시기에는 '6대 핵심역량'을 함양하기 위해 노력하면 될 것이고, 진로가 구체적으로 정해져서 직무나 직업에 필요한 직무능력이 결정되면 요구되는 '직무능력'을 함양하는 데 집중하면 될 것이다.

2022 개정 교육과정의
역량교육

2022 개정 교육과정은 2015 개정 교육과정의 역량교육을 구체화한 교육과정이라고 분석하는 것이 타당하다. 2015 개정 교육과정에서 교육목표로 설정한 6대 핵심역량을 동일하게 계승(다만 2015 개정 교육과정의 의사소통역량이 2022 개정 교육과정에서는 협력적 소통역량으로 변경)하면서, 6대 핵심역량과 하위요소 교육을 위해 구체적인 수업과 평가 방향 및 방법을 제시하고 있다. 또한 역량기반 교육과정을 더욱 견고하게 운영하기 위해 AI디지털교과서와 AI튜터를 도입하고, 교사의 직무능력을 강화하며, 학교 평가방법을 서·논술형으로 바꾸고, 서·논술 및 절대평가 대입제도까지 연계하여 변경함으로

써 역량기반 교육과정을 더욱더 견고하게 완성했다.

2024년 3월 초등학교 1~2학년부터 지식, 태도, 기능을 통합적으로 배우고 평가받는 깊이 있는 교육이 시작되었다. 초등학교 1~2학년은 기존 서책형 책자를 기반으로 지식, 태도, 기능을 통합적으로 배우고 평가받겠지만, 2025년 초3~4학년, 중1학년, 고1학년에 2022 개정 교육과정 도입 시 AI디지털교과서와 AI튜터가 서책형 책자와 함께 도입되어 수업과 평가에 반영된다. 2025년 영어, 수학, 정보교과부터 AI디지털교과서와 AI튜터가 도입되는데, 그 이유는 학생들에게 깊이 있는 교육을 통해 지식, 태도, 기능을 통합적으로 가르치는 역량기반교육을 실현하기 위함이다.

산업사회에서는 지능을 기반으로 교과지식을 가르치고 평가하는 것이 주요한 교육방향이었다면, 지능정보사회는 역량을 기반으로 가르치고 평가하기 위해 교과지식을 도구로 활용한다는 것이 가장 큰 변화이며, 교과지식을 도구로 잘 활용하기 위해 AI디지털교과서. AI튜터를 도입할 수밖에 없다. 최근 도입되는 다양한 에듀테크(생성형AI, 지능형튜터링시스템ITS, 블록체인, 가상·증강·혼합현실 등)는 교과지식을 도구로 학생 개인의 역량을 함양하기 위한 기술적인 변화라는 것을 교육관계자들은 정확하게 이해해야 한다.

선진국이 된 우리나라 교육은 주요 선진국들과 동일하게 선진국 교육과정을 본격적으로 시작했다. 2015년 세계교육포럼에서 발표한 2030년까지 80억 인류가 지향해야 할 글로벌 교육목표는 역량이다. 예측 불가능한 인류의 미래를 위하여 기성세대가 다음세대에게 가르쳐야 할 것은 "새로운 가치를 창출하는 능력, 긴장과 딜레마에 대처하는 능력, 책임감" 등으로 설정하고 있으며, 이러한 교육목표를 달성하기 위하여 지식, 태도, 기능으로 구성된 역량Competence을 가르쳐야 함을 설명하고 있다.

교육부는 OECD 교육 2030 학습 개념틀을 기반으로 국가 교육과정인 2022 개정 교육과정을 개발하여 2024년 3월부터 학교 교육과정에 적용하기 시작했다. 2022 개정 교육과정 핵심을 가장 정확하게 이해하는데 도움이 되는 자료는 〈그림 4〉인데 교육부는 역량함양을 위하여 교과(국어, 영어, 수학 등) 교육의 강조점을 3가지로 설명하고 있다.

첫째는 학생 스스로 자신이 어떻게 배우고 문제를 해결하는지 학습의 과정을 되돌아보고 성찰할 수 있는 교육을 지향한다. 이유는 대부분의 지식은 AI교과서와 AI튜터를 통하여 학생개별맞춤으로 제공되므로 학생 스스로 문제해결을 위한 학습목표를 설정하고 필요한 교과지식을 조사 분석하여 문제를 해결할 수 있어야 하기 때문이다. 학생 스스로 문제를 해결할 수 있도록 하기 위해 학생이 반드시 갖추어야 할 역량은 자기관리역량이며, 더욱 구체적으로 자기주도학습능력이다.

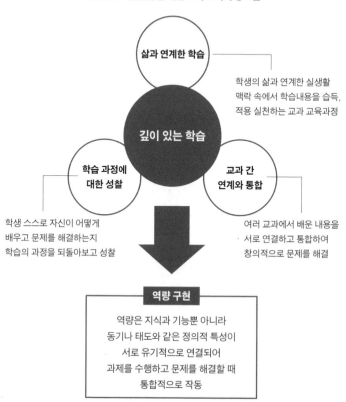

〈그림 4〉 역량함양을 위한 교과 교육의 강조점

삶과 연계한 학습

학생의 삶과 연계한 실생활 맥락 속에서 학습내용을 습득, 적용 실천하는 교과 교육과정

깊이 있는 학습

학습 과정에 대한 성찰

교과 간 연계와 통합

학생 스스로 자신이 어떻게 배우고 문제를 해결하는지 학습의 과정을 되돌아보고 성찰

여러 교과에서 배운 내용을 서로 연결하고 통합하여 창의적으로 문제를 해결

역량 구현

역량은 지식과 기능뿐 아니라 동기나 태도와 같은 정의적 특성이 서로 유기적으로 연결되어 과제를 수행하고 문제를 해결할 때 통합적으로 작동

둘째는 여러 교과에서 배운 내용을 서로 연결하고 통합하여 창의적으로 문제를 해결할 수 있는 교육을 지향한다. 이유는 교과지식은 역량을 함양하고 발현하기 위한 도구이지 교육의 본질이 아니기 때문이다. 과거 산업사회 교육과정에서는 실생활 및 직업생활에서 활용도가 낮은 교과지식을 습득

하는 것이 교육의 본질에 가까웠다면, 지능정보사회의 선진국 교육과정은 실생활 및 직업생활에서 필요한 역량을 배우고 발현하기 위해 교과 및 전공지식을 활용한다.

셋째는 학생의 삶과 연계한 실생활 맥락 속에서 학습내용을 습득·적용 실천하는 교과 교육과정을 지향한다. 지능정보사회 선진국교육은 실제 삶과 직업생활에 유용하며 가치가 있어야 한다. 실제 삶과 직업생활에서 유용하며 가치가 있는 것은 세상을 살아가는 데 필요한 힘이라고 정의할 수 있는 역량Competence이며 역량의 구성요소는 지식, 태도, 기능으로 세분화되므로, 교과지식(국어, 영어, 수학 등)을 이해하고 습득하는 과정을 통해 태도와 기능까지 함양해야 한다. 지식을 도구로 태도와 기능까지 배우는 교육을 지향하기 때문에 깊이 있는 교육이라 정의한다.

국가 교육과정을 통해 학생들이 역량의 구성요소인 지식, 태도, 기능을 통합적으로 배우기 시작했으니 역량을 평가하는 방법도 변화가 진행되었다. 학생들의 역량을 평가하기 위해 교육부는 2028 대입개편에서 고등학교 내신평가 시 단순지식을 평가하는 오지선다형 평가를 지양하고, 학생 개인에게 함양된 역량을 평가하기 위해 서·논술형 평가를 단계적으로 강화하여 미래에는 100% 서·논술형 평가로만 학교평가를 진행하겠다고 발표했다. 〈표 16〉은 2024학년도 경기도교육

〈표 16〉 중학교 영어과 논술평가

학년	3학년	과목	영어	단원	Don't Worry, My Friend
교과역량	□ 영어 의사소통역량 □ 자기관리역량 □ 공동체역량 □ 지식정보처리역량				
문항 제작 의도	• 자신의 생각을 영어문장으로 표현할 수 있도록 하여 지식정보처리역량과 영어 의사소통역량을 함양하도록 함. • 교수·학습과 연계된 단계적인 평가 과정에서 학생들이 주도적으로 배움과 성장을 이루어가는 자기관리역량을 함양하도록 함. • 친구의 고민에 대해 조언하는 글쓰기 문항으로 다른 이와 공감하고 배려하는 공동체역량을 함양하도록 함.				

성취기준		평가기준
[9영03-06] 일상생활이나 친숙한 일반적 주제의 글을 읽고 필자의 의도나 목적을 추론할 수 있다.	상	일상생활이나 친숙한 일반적 주제의 길고 복잡한 글을 읽고, 사실 정보와 맥락 정보를 바탕으로 필자의 생각과 감정을 이해하여 의도나 목적을 정확하게 추론할 수 있다.
	중	일상생활이나 친숙한 일반적 주제의 글을 읽고, 사실 정보를 바탕으로 필자의 생각과 감정을 이해하여 의도나 목적을 대략적으로 추론할 수 있다.
	하	일상생활이나 친숙한 일반적 주제의 짧고 단순한 글을 반복하여 읽고, 단순한 사실 정보를 바탕으로 필자의 생각과 감정을 이해하여 의도나 목적을 부분적으로 추론할 수 있다.
[9영04-02] 일상생활에 관한 자신의 의견이나 감정을 표현하는 문장을 쓸 수 있다.	상	일상생활에 관한 자신의 의견이나 감정을 표현하는 문장을 다양하고 적절한 어휘와 정확한 언어형식을 활용하여 자세하게 쓸 수 있다.
	중	일상생활에 관한 자신의 의견이나 감정을 표현하는 문장을 적절한 어휘와 언어형식을 활용하여 대략적으로 쓸 수 있다.
	하	일상생활에 관한 자신의 의견이나 감정을 표현하는 문장을 주어진 어휘와 예시문을 참고하여 부분적으로 쓸 수 있다.
[9영04-04] 개인생활의 경험이나 계획에 대해 문장을 쓸 수 있다.	상	개인생활의 다양한 경험이나 계획에 대한 문장을 다양하고 적절한 어휘와 정확한 언어형식을 활용하여 주어진 상황에 맞도록 구체적으로 쓸 수 있다.
	중	개인생활의 경험이나 계획에 대한 문장을 적절한 어휘와 언어형식을 활용하여 주어진 상황에 맞도록 대략적으로 쓸 수 있다.
	하	개인생활의 경험이나 계획에 대한 문장을 어휘와 예시문을 참고하여 주어진 상황에 맞도록 부분적으로 쓸 수 있다.

	차시	1	2	3	4	5
수업-평가 연계성	주요 교수·학습 활동	듣기/말하기 ·문제점에 대해 묻고 답하기 ·조언하기	토의하기 ·청소년들의 고민에 관한 설문지에 답하고 모둠별 토의하기	읽기 ·청소년들의 고민에 대해 조언하는 인터뷰를 읽고 내용 이해하기	쓰기 1 ·다른 사람의 고민과 자신의 경험 연관 짓기 ·조언하기	쓰기 2 ·편지글의 목적 이해하기 ·조언하는 편지글 쓰기
	평가	–	동료평가	자기평가	수행평가 (논술형)	수행평가 (논술형)
	피드백	수행결과에 따라 각 학생에게 서면 피드백을 제공하고 이에 대해 구두로 구체적으로 설명				

청의 중학교 영어과 논술평가 예시자료인데 성취기준에 수업을 통해 학생이 배워야 하는 지식, 태도 및 가치관, 기능을 포함시켜 설명하고 있으며, 수업을 통해 가르치고 있음을 알 수 있다.

또한 학생 개인의 역량을 평가하기 위해 컴퓨터를 기반으로 하는 전국단위 평가도 강화되고 있는데 맞춤형 학업성취도평가가 학생 개인의 역량평가이다. 교육부는 실제적 맥락에서 학생 개인의 역량을 평가하기 위해 컴퓨터 기반(CBT, 2025년부터는 CAT)으로 학생들을 평가하기 시작했으며, 학생 개인의 역량평가 결과는 교사와 학부모가 공유하고 학생 개인의 역량함양에 따른 학생개별 맞춤교육을 위한 자료로 활용된다.

〈표 17〉은 맞춤형 학업성취도평가에서 교과별 세부 평가요소를 설명하고 있는데, 영어교과를 통하여 길러야 할 교육목표(성취기준)를 영어 의사소통역량, 지식정보처리역량, 공동체역량으로 설정하고 있다.

2025년부터 시작되는 고교학점제는 학생 개인의 역량에 따라서 진로를 결정하고, 진로에 따라서 결정한 교과목을 선택하고 학점을 이수해야 고등학교를 졸업하는 제도이다. 고교학점제에서 고등학교 시험은 성취평가제가 적용되는데 학생이 성취한 지식, 태도, 기능을 평가하는 시험방법이다. 또한 성취평가제에서 역량의 구성요소인 지식, 태도, 기능을 평

〈표 17〉 평가틀에 따른 교과별 세부 평가요소, 교육부

교과	영역	역량	맥락
국어	듣기·말하기, 읽기, 쓰기, 문법, 문학	비판적·창의적 사고역량, 자료·정보활용역량, 의사소통역량, 공동체·대인관계역량, 문화향유역량, 자기성찰·계발역량	담화 텍스트, 문학 텍스트, 비문학 텍스트
수학	(초)수와 연산, 도형, 측정, 규칙성, 자료와 가능성 (중·고)수와 연산, 문자와 식, 함수, 기하, 확률과 통계	계산·이해, 추론, 문제해결, 의사소통, 정보처리	실생활 중심, 학문 중심
영어	듣기, 말하기, 읽기, 쓰기	영어 의사소통역량, 지식정보처리역량, 공동체역량	개인적, 사회적
사회	지리, 역사, 일반사회	사실과 개념 이해력, 정보활용능력, 비판적 사고력, 문제해결력 및 의사결정력	개인적, 지역·국가적, 전 세계적
과학	운동과 에너지, 물질, 생명, 지구와 우주	과학 원리의 이해 및 적용능력, 과학적 탐구 및 문제해결력, 과학적 의사소통능력	실생활, 순수과학

가하기 위해 서·논술형 평가가 강화되며, 총 192학점을 이수해야 고등학교를 졸업할 수 있다.

2028 대입개편안은 학생 개인의 역량함양 여부를 평가하고 선발하기 위하여 서·논술형 평가 및 절대평가 도입을 국가교육위원회에서 검토하고 있으며, 이러한 변화에 대한 진행 상황 및 당위성에 대하여 국가교육위원회는 언론을 통해 여

러 차례 발표한 바 있다. 현재 수능시험이 학생이 이해하고 습득한 교과지식에 대한 이해 및 암기 여부를 평가하기 위해 선다형 평가(오지선다형)를 채택하고 있는데, 2028 대입부터는 교과지식과 함께 학생 개인이 함양한 태도와 기능까지 평가하기 위해 서·논술형 평가가 도입될 예정이며, 절대평가로 전환될 예정이어서 과도한 학생간 경쟁이 완화될 것으로 예측된다.

지식수용성과
삶의 방향을
결정하는 인성교육

6가지 핵심역량들은 모두 지식과 인성 그리고 다양한 기능(능력)으로 구성된다. 그런데 여기서 가장 중요한 것은 핵심역량의 구성요소인 지식, 인성, 기능(능력)은 매우 유기적인 상관관계로 연결되어 있다는 사실이다. 그러한 이유로 역량교육은 다음과 같은 학습의 특징을 보인다.

학생이 지식과 정보를 학습한다는 것은 강의를 듣거나, 독서를 하거나, 인터넷으로 검색을 하는 등의 활동을 통해 외부로부터 다양한 지식과 정보를 받아들이는 과정이다. 그런데 학생들마다 외부로부터 접하는 지식과 정보를 받아들이는 양과 질이 모두 다르다. 예를 들어서 선생님이 A, B, C 학생에게 동일한 지식과 정보를 전달해도 A학생은 100% 받아들여 본인의 생각과 결합한 후 새로운 무엇인가를 창조해내는가 반면, B학생은 50%만 받아들여 50%의 기능(능력)만 보여주기도 하며, C학생은 0%도 흡수하지 못해 어떠한 기능(능력)도 보여주지 못할 수도 있다.

그렇다면 학생이 지식과 정보를 수용하는 것을 결정하는 것은 무엇일까? 그것은 바로 학생 개인의 인성이다. 여기서 인성이란 태도, 가치관, 흥미, 자신감 등을 말한다. 인성의 다른 표현인 태도와 가치관 등이 유아와 초등 저학년 시기에 제대로 형성되지 못하면 아무리 많은 지식과 정보를 학습해도 보유한 지식과 정보를 활용하여 기능(능력)으로 발휘하지 못하게 된다. 즉, 지식정보는 많이 알고 있지만 기능(능력)으로 발현하지 못하는 가짜 인재(할 수 있는 것이 부족한 인재)가 되는 것이다.

〈그림 5〉에서 알 수 있듯, 프리즘형 인재란 외부로부터 접하게 되는 다양한 지식과 정보를 개인 내면에 깊이 존재하는 인성과 결합시켜 다양한 기능(능력)으로 발현하는 인재를 말한다. '무엇을 알고 있는가'를 평가하는 산업사회와 다르게 지능정보사회에서는 '무엇을 할 수 있는가'가 중요하고 이와 관련된 다양한 기능(능력)이 신인재의 핵심적인 기준이 되었다.

과거 산업사회의 교육과정인 지식기반 교육과정에서는 지식과 정보만 이해하고 암기하는 학습활동이 일반적으로

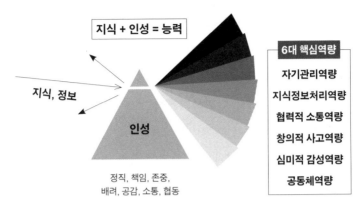

〈그림 5〉 프리즘형 인재

지식 + 인성 = 능력

지식, 정보

인성

정직, 책임, 존중,
배려, 공감, 소통, 협동

6대 핵심역량

자기관리역량
지식정보처리역량
협력적 소통역량
창의적 사고역량
심미적 감성역량
공동체역량

큰 문제가 되지 않았다. 이유는 지식기반 교육과정에서 우수한 학생의 평가기준은 교과지식과 정보에 대한 암기와 습득 여부였기 때문이다. 특히 학생이 교과지식에 대한 정확한 이해와 암기와 습득을 통하여 우수한 점수를 보이면 학생의 인성 같은 것은 크게 문제삼지 않았다. 대신에 지식과 정보를 정확하게 이해하고 암기, 습득하면 우수한 학력, 학벌, 스펙 등을 확보할 수 있었기 때문에 사회 진출과 동시에 성공적인 삶을 살아가는 데 매우 유리했다. 과거 산업사회에는 우수한 지능을 가진 학생은 수많은 교과지식과 정보를 이해하고 암기, 습득하는 데 탁월했고, 내신 및 수능점수가 높았으며, 소위 SKY대학 유망학과들에 진학할 수 있는 기회가 주어졌다. 그리고 SKY대학 유망학과를 졸업하면 높은 급여와 명예를 성취할 수 있는 기회도 많았다. 변호사, 의사, 회계사 등의 '사'자가 들어가는 고소득 직업을 얻을 수도 있었으며, 대기업이나 공공기업에 입사해 높은 급여와 대우를 받는 데도 확실히 유리했다.

이와 같은 이유로 산업사회에서는 자녀가 태어나면 유아 때부터 지능 개발을 위해 몇 백만 원씩 하는 지능개발 교구세트들을 구입했고, 자녀가 초등학생이 되면 여러 개의 학원들을 보내면서 다양한 교과를 선행학습 시켰던 것이다. 또 중고등 학생 시기에 고액과외 선생님을 영입하여 특목고나 SKY 대학 유명학과에 진학시키려고 했던 것도 같은 이유다. 이렇듯 과거 개발도상국 산업사회에서는 자녀의 풍요로운 삶을 위해서라면 학부모가 어떠한 희생을 치르더라도 자녀에게 지능개발과 교과지식을 주입해야 한다는 것이 교육철학이자 가장 확실한 자녀교육 방향이었다.

그러나 지능정보사회로 진입하면서 국가, 사회, 기업들이 지능이 높거나 지식, 정보가 많은 학생보다 핵심역량이 뛰어난 새로운 인재를 선호하기 시작하자 산업사회 교육방법은 무너지고 인성과 기능(능력)이 중요한 자녀교육 요소로 부각되기 시작했다. 〈그림 5〉에서 알 수 있는 바와 같이 학생이 자기관리능력, 기초학습능력, 진로개발능력 등의 다양한 기능(능력)을 발휘하기 위해서는 지식과 정보를 올바르게 받아들여 기능(능력)으로 발현될 수 있도록 만드는 인성이 가장 중요하다. 산업사회 인성이 가치덕목(정직, 배려 등)에 집중했다면, 지능정보사회 인성은 역량을 완성하기 위한 핵심적인 가치가 되었다.

인성은 유아에서 초등학교 저학년 시기에 대부분 형성된다. 이 시기에 인성이라고 정의되는 태도, 가치관, 흥미, 자신감 등이 올바르게 형성되지 않으면, 자녀가 아무리 많은 지식과 정보를 습득해도 다양한 기능(능력)으로 발현하지 못하게 된다.

지식의 양은 많아도 인성과 결합되지 못하고 기능(능력, 기술 등)으로 표출되지 못하면 우수한 대학에 진학할 수도 없게 될 것이고, 대기업이나 공공기업에 취업할 수도 없을 것이며, 직접 사업을 해도 성공할 확률이 떨어지면서 결국은 평생소득이 낮아질 가능성이 높다. 결론적으로는 초등학교 저학년 시기까지 형성되는 인성은 지식에 대한 수용성과 자녀의 평생소득을 결정하는 중요한 요소라 할 수 있다.

역량을 가르치는
선진국형
교육기관들

　국내 최초로 핵심역량을 함양하기 위한 교육을 실천한 경기도교육청의 교육과정을 창의지성 교육과정이라고 한다. 경기도교육청은 역량을 창의지성 역량이라고 정의하고 총 7가지를 교육목표로 설정했다. 경기도교육청은 국가 교육과정이 추구하는 인간상을 바탕으로, 미래사회의 핵심가치를 보다 종합적인 관점으로 체계화하고 구체화했다. 그리고 다음과 같은 역량을 구비한, 더불어 살아가는 창의적인 민주시민을 육성하고자 하는 목표를 제시한다.

• 배움의 과정을 스스로 점검하고 통제할 수 있는 자기주

도학습능력을 갖춘 사람

- 자신의 삶을 바람직하게 기획하고 실천할 수 있는 자기
  관리능력을 갖춘 사람
- 삶에서 직면한 문제를 발견하고 협력적으로 해결할 수
  있는 사람
- 다양한 삶의 가치와 문화를 이해할 수 있는 문화적 소
  양을 갖춘 사람
- 다양한 텍스트를 이용하여 타인과 적절하게 의사소통
  할 수 있는 능력을 갖춘 사람
- 타인과 협력적 발전을 이룰 수 있는 대인관계능력을 갖
  춘 사람
- 사회 구성원으로서 권리와 책임을 다하는 민주시민의
  식을 갖춘 사람

경기도교육청에서 창의지성 교육과정을 운영할 때 새롭
게 도입된 학교모델이 혁신유치원과 혁신학교이다. 특히 혁
신학교는 지방자치단체 교육청이 낙후된 지역의 교육 여건
을 개선하기 위해 새롭게 시작한 학교였다. 혁신학교는 지능
정보사회, 평생학습사회, 저출산 고령화사회에 발맞추어 학
교교육도 변화해야 한다는 목표에 부응하기 위하여 시작되
었다.

첫째 민주주의가 살아 숨쉬는 학교운영의 혁신, 둘째 교

육과정의 특성화, 다양화 문화·예술·체육교육의 부흥을 위한 교육과정의 혁신, 셋째 참여와 소통을 기반으로 하는 협력학습을 통해 신나는 학교를 위한 수업의 혁신, 넷째 성장과 발달과정을 중심으로 평가하는 학생평가 방법의 혁신, 다섯째 학생인권존중, 체벌금지, 비폭력·평화교육을 위한 생활지도의 혁신, 여섯째 빈곤·위기학생 배려를 위한 교육복지혁신 등은 혁신학교가 추구하는 학교의 미래이다.

혁신학교로 역량기반 교육과정을 시작하여 2015 개정 교육과정과 2022 개정 교육과정에서 교육목표로 설정한 핵심역량교육을 성공적으로 운영하고 있는 고양시 서정초등학교의 사례를 분석하면 다음과 같다. 〈표 18〉은 2016년 서정초등학교의 역량기반 교육과정 자료이다. 핵심역량에 대한 이해가 부족한 시기임에도 불구하고 핵심역량을 가르치기 위해 다양한 수업을 진행하고 있다.

〈표 19〉는 2024년 서정초등학교에서 수학교과를 통해 학생들에게 가르치고 있는 교과별 교육목표를 설명하는 자료이다. 혁신학교 창의지성 교육과정부터 학생들에게 역량을 가르치는 교육과정을 운영했기에, 국가 교육과정과 시도교육청 교육과정을 기초하여 교육목표부터 체계적으로 수립한 것이 인상적이다.

서정초등학교 교육과정 편성·운영 계획서를 살펴보면 주제, 핵심가치, 핵심역량, 주제 배움 활동으로 구분하여 상세

<표 18> 서정초등학교 역량기반 교육과정

교육목표	핵심역량	구현사업
협력과 나눔으로 배움을 즐기는 어린이	창의력	온종일체험학습, 다양한 학습력 평가
	문제해결능력	블록제수업, 협동문제해결학습
	의사소통능력	독서논술토론교육, 학년다모임
	정보처리능력	온-오프라인 문제해결 협동학습
	자기주도학습력	스스로 배움공책, 자기개발프로그램SDP, 아동생활 달적이
	기초학습능력	서정학습력향상프로그램
존중과 배려로 더불어 살아가는 어린이	자기관리능력	자아존중감향상캠프, 자율문화급식, 예절교육, 차와 대화 시간 운영
	시민의식	학생자치활동, 나눔과 봉사체험
	범지구적 소양	외국어교육강화, 국제이해다문화교육
	진로의식	진로적성 및 학습력 검사, 직업체험
문화예술과 생태 감수성이 풍부한 어린이	문화예술 감수성	주기집중 문화예술교육, 학년특성화
	생태 감수성	환경생태체험학습, 목공교육, 환경동아리(UCC)활동

하게 계획하고 있다. 예를 들어서 1학년 "우리나라를 소개합니다."라는 주제에서 설정한 핵심가치는 인내와 메타인지이며, 이를 통해 가르치려고 하는 핵심역량은 심미적 감성역량과 자기관리역량이다. 우리나라를 소개하기 위한 주제 배움활동으로는 우리나라 알기, 우리나라 소개자료 만들어 소개하기, 동생을 위한 우리나라 사랑 책 만들기 수업을 진행한다.

또한 〈표 19〉를 살펴보면 2015 개정 교육과정과 2022 개

<표 19> 수학 교과목표

〈수학 교과목표 - 2015 개정 기준〉

수학의 개념, 원리, 법칙을 이해하고 기능을 습득하며 수학적으로 추론하고 의사소통하는 능력을 길러, 생활 주변과 사회 및 자연 현상을 수학적으로 이해하고 문제를 합리적이고 창의적으로 해결하며, 수학 학습자로서 바람직한 태도와 실천능력을 기른다.

(1) 생활 주변 현상을 수학적으로 관찰하고 표현하는 경험을 통하여 수학의 기초적인 개념, 원리, 법칙을 이해하고 수학의 기능을 습득한다.

(2) 수학적으로 추론하고 의사소통하며, 창의·융합적 사고와 정보처리능력을 바탕으로 생활 주변 현상을 수학적으로 이해하고 문제를 합리적이고 창의적으로 해결한다.

(3) 수학 학습의 즐거움을 느끼고 수학의 유용성을 인식하며 수학 학습자로서 바람직한 태도와 실천능력을 기른다.

〈수학 교과목표 - 2022 개정 기준〉

수학의 개념, 원리, 법칙을 이해하고 수학의 가치를 인식하며 바람직한 수학적 태도를 길러 수학적으로 추론하고 의사소통하며 다양한 현상과 연결하여 정보를 처리하고 문제를 창의적으로 해결하는 수학 교과역량을 함양한다.

(1) 수학적 지식을 이해하고 활용하여 적극적이고 자신감 있게 여러 가지 문제를 해결한다.

(2) 수학적 사실에 대해 흥미와 관심을 갖고 추측과 정당화를 통해 추론한다.

(3) 수학적 사고와 전략에 대해 의사소통하고 수학적 표현의 편리함을 인식한다.

(4) 수학의 개념, 원리, 법칙 간의 관련성을 탐구하고 실생활이나 타 교과에 수학을 적용하여 수학의 유용성을 인식한다.

(5) 목적에 맞게 교구나 공학 도구를 활용하며 자료를 수집하고 처리하여 정보에 근거한 합리적 의사결정을 한다.

정 교육과정의 차이를 알 수 있다. 가장 큰 차이는 2015 개정 교육과정보다 2022 개정 교육과정은 역량을 구체적으로 가르치기 위한 교육목표가 상세하게 설정되어 있다는 점이다. 서정초등학교에서 2015 개정 교육과정과 2022 개정 교육과정의 교육목표를 구분하여 설명하고 있는 것은 적용되는 학년이 다르고, 교육목표 및 내용이 확연하게 다르기 때문에 학부모들에게 정확하게 안내하기 위함이다.

미래사회가 요구하는 역량을 갖춘 인재를 가르치기 위해 시작한 것이 혁신학교이다. 혁신학교가 처음 시작할 때에는 수많은 여론의 비판 대상이었다. 그러나 현재 혁신학교는 수시전형의 학생부교과전형과 학생부종합전형을 체계적으로 준비할 수 있는 지역 명문학교로 성장한 곳이 많다. 〈표 20〉

〈표 20〉 일반학교와 혁신학교 비교

구분	일반학교	혁신학교
교육 목표	1. 다양한 학습방법을 익혀 스스로 공부하는 자율적인 어린이 2. 정보화 소양을 갖추어 스스로 해결하는 창의적인 어린이 3. 자신의 소질과 능력을 키워가는 행복한 어린이 4. 나라와 겨레를 사랑하고 어른을 공경하는 예절 바른 어린이 5. 튼튼한 몸과 굳센 의지를 지닌 건강한 어린이	1. 협력과 나눔으로 배움을 즐기는 어린이 [자율성, 창의성, 협력성(대인관계), 기초학력, 정보처리능력] 2. 존중과 배려고 더불어 살아가는 건강한 어린이[자존감, 자기관리능력, 배려와 존중(시민의식), 진로개발능력] 3. 문화예술과 생태 감수성이 풍부한 어린이[문화예술 감수성, 생태 감수성, 국제사회 문화이해]

교육
과정
	1. 교육목표: 정보화 소양을 갖추어 문제를 스스로 해결하는 창의적인 어린이를 기른다.
	2. 중점과제: 창의력 신장교육의 강화
	3. 실천내용: 탐구과정 및 실험실습중심의 과학교육
	  – 실험 단원에 따른 학년별 과학실 사용(과학실 배당표) 작성
	  – 사전 실험 연수 및 실험활동활성화
	  – 교실의 과학실화(저학년)
		1. 교육목표: 협력과 나눔으로 배움을 즐기는 어린이
		2. 핵심역량: 의사소통능력, 창의력, 문제해결능력, 정보처리능력, 자기주도학습능력, 기초학습능력
		3. 구현사업: 독서논술토론교육, 학년다모임

은 일반학교와 혁신학교를 비교한 자료이다. 그러나 2024년부터는 모든 학교가 2022 개정 교육과정을 의무적으로 적용하여 역량을 가르치고 평가하기 때문에 이와 같은 구분이 점차 무의미해질 것이라 기대한다.

영재학교, 특목고, 국제학교 등의 공통점은 역량교육이다. 관찰추전체로 신입생을 선발하는 영재학교, 자기주도학습 전형으로 신입생을 선발하는 특목고는 단순한 교과지식을 암기하고 습득하여 시험성적이 높은 학생들을 선호하지 않는다. 이러한 명문학교들은 명확한 인재상이 존재하며 학교를 설립, 운영하는 취지가 핵심역량이 뛰어난 학생들을 선발하고 가르치는 것을 목표로 두고 있다. 국공립학교를 중심으로 혁신학교, 유네스코학교, 국제바칼로레아IB 도입학교가 확대되고 있는 것은 영재학교, 특목고, 국제학교를 중심으로 가르쳤던 선진국형 교육이 국공립학교를 통해 확산되고 있다고 이해하면 된다.

마찬가지로 전공지식이나 영어점수에 매달리기보다는 사회가 필요로 하는 핵심역량을 가르치는 것에 집중하기 위한 대학도 있다. 경희대의 후마니타스 칼리지가 가장 대표적인 사례이다. 경희대 후마니타스 칼리지의 기본목표는 다음과 같은 글을 통해 알 수 있다.

"아이가 어른 되는 성숙의 조건들은 열아홉 살 청소년에게는 거대한 모험이고 도전입니다. 대학에 들어오면서부터 그는 그때까지 그가 의존해왔던 부모, 학교, 선생님의 긴 영향에서 벗어나 자신의 독립된 정신의 삶life of the mind을 시작해야 합니다. 대학에서 그는 자기가 누구이고 타인은 누구이며 그가 사는 세계는 어떤 곳인지, 자신의 삶을 이끌 가치, 이상, 목적은 어떤 것일 수 있는지를 탐색해야 합니다. 대학 입학과 함께 그는 자신을 책임지고 사회에 대해서도 책임질 준비를 해야 합니다."

단순히 전공지식을 가르치고 대학을 졸업시키는 것이 중요한 것이 아니라 졸업 이후 사회 진출을 고려해 학생들에게 진정으로 필요한 것을 가르치겠다는 의지가 매우 강하다는 것을 알 수 있다. 이를 위해 후마니타스 칼리지는 아래와 같은 5가지 교육의 지향점을 제시한다.

〈1〉 인간, 사회, 자연, 역사에 대한 다각적 이해방식들을 폭넓게 접할 수 있게 하고 인문학, 사회과학, 자연과학을 포함한 여러 학문 분야들을 관심대상, 접근법, 사유원칙들을 기본의 수준에서 이해하게 하는 교육, 생각하는 능력을 키워줘 대학에서 자유롭고 창조적인 탐구활동과 정신 가꾸기를 지속할 수 있게 하는 교육의 지향

〈2〉온갖 정보와 지식, 상충하는 진리 주장들, 상이한 가치관, 경쟁적 주장과 의견 등을 이성적으로 검토하여 오류와 편견을 가려내고 옳고 그름을 판단할 능력을 길러주는 교육, 의미 있는 질문을 던지고 중요한 문제들을 찾아내며 합리적 설명, 타당한 주장, 설득력 있는 해석을 추구할 능력을 길러주고 과학적 사고습관과 비판적 사고력을 함양하는 교육의 지향

〈3〉성찰의 능력과 습관을 길러주고 자기 자신에 대한 책임과 사회에 대한 책임을 알게 하는 교육, 사적 이익과 공적 이익을 분별할 힘을 키워주며 자신이 사는 사회의 민주적 원칙들을 지키고 발전시킬 시민적 역량들을 터득하게 하는 교육, 계층과 신분, 종교, 지역, 성차 등의 벽을 넘어 타자의 이야기를 경청하고 이해하는 능력, 선의와 배려와 공감의 공동체적 가치들을 체득하게 하고 사회봉사의 정신을 길러주는 교육의 지향

〈4〉유연한 상상력, 열린 정신, 지구사회적 마음가짐으로 두려움 없이 변화와 위기에 대응하고 문제를 선도적으로 해결할 힘을 길러주는 교육, 국제사회와 협력하고 세계의 정치적, 사회적, 문화적 다양성과 서로 다른 역사적 경험들에 대한 이해를 넓혀 인류 공통의 관심사를 인지함과 동시에 국적,

인종, 집단의 울타리를 넘어 지구사회 공통의 문제들을 풀어 갈 세계 시민적 역량을 길러주는 교육의 지향

〈5〉 사건, 현장, 상징, 텍스트를 정확히 읽고 의미와 해석을 구성해내는 능력, 문서 생산력, 아름다운 것을 인지하고 평가하는 심미적 교감과 표현의 능력, 예술을 이해하고 사랑하며 예술적 창조성을 존중하는 능력, 기억할 것을 기억하고 사회의 역사적 경험들을 공유하며 좋은 이야기의 사회적 유통을 촉진할 소통과 전달의 능력, 새로운 기술매체들을 유효하게 사용할 문화적 능력을 함양하는 교육의 지향

대학졸업자의 절반 이상이 백수이고, 취업한 대학생의 3분의 1이 비정규직이며, 부모로부터 경제적 독립을 못한 20~30대 캥거루족 비율이 70%이며, 40대 초반이면 명예퇴직을 해야 하는 것이 우리 앞에 놓인 현실이다. 이러한 현실 앞에 후마니타스 칼리지는 학생들로 하여금 대학 전공점수나 영어점수 같은 스펙 등에 집중하게 하기보다 사회 진출 시 반드시 필요한 역량을 길러주겠다는 교육철학을 표명하고 있다.

이 장에서는 역량을 가르치는 선진국형 교육기관들에 대해 설명하고 있다. 앞에서는 혁신초등학교인 서정초등학교와 후마니타스 칼리지를 운영하는 경희대학교 사례를 소개했

다. 2024년부터 우리나라 초중고 학교들은 의무적으로 2022 개정 교육과정을 기반으로 학생들에게 역량을 가르치고 평가해야 한다. 과거에는 국제중, 특목고, 국제학교, 영재학교들이 역량기반 교육과정에 가까운 교육과정을 운영했다면, 2024년부터는 공교육 학교 어디서든 역량을 가르치고 평가하게 되었다.

그러나 초중고 학교들은 학교별로 서로 다른 교육과정을 운영한다. 그러므로 자녀가 다니는 초중고 학교가 역량교육을 어느 수준으로 가르치고 평가하는지를 확인하기 위해서는 학교 알리미에서 해당학교의 교과별(학년별) 교수·학습 및 평가계획에 관한 사항 자료를 통해 확인하면 된다. 교과지식에 대한 단순 이해·암기 여부를 평가하는 선다형 평가를 진행하는지, 학생 개인이 함양한 지식, 태도, 기능을 평가하기 위해 수행평가 및 서·논술형 평가를 어느 정도의 비율로 평가하는지 등을 확인하면 된다. 참고로 서·논술형 평가 비중이 높을수록 국가 교육과정 및 교육정책의 방향과 일치하는 것이므로 역량을 가르치는 선진국형 교육기관에 가깝다고 이해할 수 있다.

소수의 앞서가는 유아교육기관(유치원, 어린이집)들은 초중고 학교와 동일하게 유아 역량교육을 실천하고 있다. 초중고 교육과정이 2022 개정 교육과정으로 변경되었으니, 변경된 초등 교육과정을 기반으로 유아교육기관의 방과후 특성화 및 특별활동 수업으로 유아 역량교육을 진행한다. 예를 들어 유아 영어교육의 교육목표를 파닉스(발음) 교육으로 한정하지 않고, 영어교육을 통해 의사소통역량, 문화예술향유능력, 창의적 표현능력 등을 가르치는 깊이 있는 교육을 진행한다. 또한 유아 초등 이음교육을 통해 7세 유아들에게 초등학교 입학 전에 유아기 때 함양해야 하는 기본적인 역량교육(자신감, 자기조절능력, 기초학습능력 등)을 체계적으로 하고 있다.

6대 핵심역량
함양방법

역량Competence을 함양하는 방법에 대해 알아보자. 그전에 관련 용어부터 정확하게 이해해야 한다. 첫째, 역량이란 세상을 살아가는 힘, 즉 무엇인가를 해낼 수 있는 힘, 성공한 사람들의 내적 특성 등으로 정의되며, 구성요소는 지식, 인성(태도, 가치관), 기능(능력)이다. 둘째, 핵심역량이란 역량 중에서 초중고 학교 교육과정을 통하여 반드시 함양해야 할 교육목표인데, 교육부는 6가지 핵심역량(자기관리역량, 지식정보처리역량, 창의적 사고역량, 심미적 감성역량, 협력적 소통역량, 공동체역량)으로 정의했다. 셋째, 교과역량이란 교과(국어, 영어, 수학 등)수업을 통해 학생들이 함양해야 하는 역량이다. 교과역량은 학교 생활기록부에 기록되어 대학진학 여부를 결정하는 중요한 요소이다. 넷째, 창체역량이란 창의적 체험활동을 통해 학생들이 함양해야 하는 역량이다. 교과역량과 창체역량 모두 핵심역량의 하위요소로 구성되지만 필요에 따라서 재정의된 내용이다. 다섯째, 인성교육이란 자신의 내면을 바르고 건전하게 가꾸어 타인·공동체·자연과 더불어 살아가는 데 필요한 인간다운 성품과 역량을 기르는 교육을 말한다(인성교육진흥법). 여섯째, 학습방법이란 자녀의 역량을 키워주는 학습방법을 설명하는 것인데 지식탐구학습, 융합학습, 협동학습, 토의·토론학습, 프로젝트학습, 귀납적사고학습, 인성학습, 총체적언어학습 등이 있다.

6대 핵심역량 – 자기관리역량

공부란 '자녀가 성공적이고 행복한 사회생활을 할 수 있도록 학창시절 동안 삶을 준비하는 과정'이라 표현해도 틀리지 않다. 일제 강점기를 거치고 6.25 전쟁을 극복하면서 모든 기반시설이 무너지고 새롭게 시작해야 했던 시기에 성공은 곧 학교공부를 통한 대학진학이 보장했다. 이런 까닭에 70년 동안 공부란 '교과지식을 암기하고 습득하는 것'으로 이해되었다. 우수한 대학에 진학하기 위해서는 교과공부를 잘해야 했고, 교과공부를 잘하는 학생들의 특징은 지능이 높다는 공통점이 있었다.

그러나 다들 성인이 되어 사회생활을 시작하게 되면서부터 절실하게 느끼는 것들이 있다. 학창시절 수없이 암기하고 습득했던 교과지식 대부분이 실생활과 직업생활에서는 활용도가 낮다는 것이다. 지능이 좋다는 것도 사회생활에서는 큰 무기가 되지는 않는다. 다시 학창시절로 돌아갈 수 있다면 어떻게 사회생활을 준비할 것인가에 대해 한번쯤 고민하게 되는 것도 이런 이유 때문이다. 다시 돌아갈 수 없기에 이러한 아쉬움을 자녀교육을 통해 해소하려는 경향이 학부모들에게 있다. 문제는 사회, 경제환경의 변화에 따라 인재의 조건 및 교육목표가 변화되었음을 인식하지 못하는 것이다. 그 결과 학부모세대의 교육목표(영어·수학 교과지식을 통한 대학진학)를 자녀교육의 방향으로 설정하는 경우가 많다.

그러나 이젠 사회, 경제환경의 변화로 인하여 지능이나 공부능력보다 핵심역량Core Competence이 뛰어난 학생들이 사회적으로 성공하고 행복하게 살아갈 확률이 높다는 전문적인 연구결과가 발표되었다. 또한 역량기반 교육과정(2012 누리과정, 2022 개정 교육과정 등)이 시작되면서부터 국내에서도 선진국들과 마찬가지로 핵심역량이 뛰어난 신인재를 선호하는 현상이 최근 몇 년 사이에 눈에 띄게 늘어났다. 이는 우리 사회도 공부능력보다 핵심역량을 골고루 갖추어야 성공적이고 행복한 삶을 살아갈 수 있는 확률이 높아졌다는 것을 의미한다. 핵심역량이란 좀 다른 의미로 풀이하면 '과거방식의 공부를 못해도 성공하는 방법'이 될 수도 있으며, '과거방식의 공부 말고도 성공하는 방법'이라고도 풀이할 수 있다.

2015년 9월 교육부에서는 2017년 초등학교 1, 2학년부터 적용할 2015 개정 교육과정을 발표했다. 교육부가 신인재상으로 제시한 창의융합형 인재가 갖추어야 할 핵심역량은 6개였다. 이후 교육부는 2022년 12월 2022 개정 교육과정을 발표했고, 2015 개정 교육과정과 동일하게 교육목표를 6대 핵심역량으로 설정했다. 그렇다면 6대 핵심역량 중 자기관리역량에 대해 먼저 알아보도록 하자.

2015 개정 교육과정에서는 자기관리역량을 "자아정체성과 자신감을 가지고 자신의 삶과 진로에 필요한 기초적 능력과 자질을 갖추어 자기주도적으로 살아갈 수 있는 역량을 말한다."라고 정의한다. 이 자기관리역량의 하위요소로는 자신감, 자아존중감, 자아정체성, 기본생활습관, 합리적 경제생활, 여가선용, 건강관리, 자기통제(조절)능력, 기초학습능력, 자기주도학습능력, 진로개발능력 등이 있다.

저자는 이 중에서 가장 중요하고 모든 자녀교육의 기본이 되는 자아존중감과 자아정체성을 형성하는 방법을 시작으로, 자기주도학습능력, 진로개발능력 등 총 3가지에 대하여 집중적으로 살펴보고자 한다. 그 외 나머지 요소들은 일반적인 것이라 관련자료를 쉽게 찾아서 자녀교육에 적용할 수 있다.

(1) 자아정체성과 자아존중감

자기관리역량 함양을 위한 하위요소 중 가장 기본적인 자아정체성과 자아존중감에 대해 알아보자. 먼저 자아정체성이란 다른 사람과 구분되는 자기 자신만의 특성을 말한다. 현재 내가 누구인지, 어떠한 꿈을 가지고 있는지, 어떠한 것을 선호하고 싫어하는지, 앞으로는 무엇을 하고 싶은지에 대해 자신만의 독특성을 자각한다는 의미다. 자아정체성은 자신에 대해 끊임없는 탐색, 그리고 주변 사람들과 상호작용을 통해 형성되며 또는 변화되기도 한다.

자녀가 초등학교 고학년이 되면 자아정체성에 대한 고민을 하기 시작한다. 특히 자아정체성에 대한 고민 중 외모에 대한 관심이 많아지는 시기이므로 학부모 및 주변인들의 관심과 지지가 필요하다. 많은 학생들이 외모에 대한 자신감 결여로 자아정체성과 관련한 혼란을 겪기도 하는데, 이는 자연스러운 과정이다. 청소년기 자녀는 자아정체성을 확립하기 위해 다양한 경험을 한다. 때로는 긍정적으로, 때로는 부정적으로 자기 자신에 대한 평가를 내리면서 올바른 자신을 찾아가는 과정을 거치게 된다. 자녀가 자아정체성을 확립하는 과정에서 방황하거나 절망하는 과정을 경험하는 것은 지극히 자연스러운 현상이며, 그러한 과정을 거쳐서 자아정체성이 확립되면 자녀 스스로 명확한 꿈과 목표를 설정하게 된다.

자신의 핵심역량을 기반으로 꿈과 목표가 명확해지면 구체적으로 진로에 대한 방향설정이 쉬워진다. 그리고 꿈과 목표 및 진로방향이 명확해지면 주변 친구들과도 우호적인 관계를 유지하고 안정적인 대인관계를 형성할 수 있다. 자녀의 자아정체성이 확립될 시기에 가장 큰 영향을 주는 대상이 가족과 학부모라는 것은 명확하다. 따라서 자녀의 올바른 자아정체성 확립을 위해 자녀가 가정의 일원으로서 가족의 의사결정에 참여할 수 있도록 의견을 존중해주는 것이 매우 중요하다. 물론 그렇다고 자녀에게 모든 의사결정을 일임하거나 반대로 지나치게 통제하면 자녀의 자아정체성 확립에 도움이 되지 못한다.

두 번째로 자아존중감이란 자기 스스로를 존중하는 태도를 말한다. 자아존중감이 높으면 항상 자신감 있는 행동과 함께 밝은 면을 주변 사람들에게 보여줌으로써 주변에 긍정적인 친구들이 늘어난다. 반대로 자아존중감이 부족하면 부정적인 태도와 자신감 없는 행동을 보여줌으로써 주변에도 부정적인 친구들이 늘어날 확률이 높다.

자녀의 자아정체성이 바르게 형성되면 자아존중감 또한 긍정적으로 형성될 가능성이 높다. 그러므로 자아정체성 확립 시기에 학부모는 많은 관심을 가지고 지원해주어야 한다. 그렇게 자아정체성과 자아존중감이 바르게 형성되면 자녀는 스스로를 적극적으로 관리할 수 있게 된다. 자아존중이란 내가 다른 사람의 관심과 사랑을 받을 자격이 있다는 자각의 다른 이름이다. 자신의 가치에 대한 이 믿음은 스스로와 사회에 대한 책임감을 높이고, 타인을 향한 배려와 세상에 대한 포용력까지 확장시킬 수 있는 효과가 있다.

(2) 자기주도학습능력

공부에 대한 개념과 가치가 많이 변화했지만, 특히 자기주도학습능력만큼 달라진 것도 없다. 과거 자기주도학습의 목표는 교과지식에 대한 효율적인 학습을 위해 학생 스스로 교육목표를 설정하고 주도적으로 교과지식을 이해, 암기하여 습득하는 공부방법을 말했다. 또한 교과지식에 대한 이해·암기 여부를 평가하는 선다형·단답형 지필평가에서 좋은 점수를 받으면 자기주도학습능력이 뛰어난 학생으로 평가받았다. 그런 이유로 과거 공부기술 캠프에서 자기주도학습능력을 향상시킨다는 것은 지필평가에서 좋은 점수를 받을 수 있도록 공부방법을 알려주는 것이 중심이었고, 그런 까닭에 국내외 유명대학을 졸업한 선배들이 본인들의 공부노하우를 전수해주는 경우가 많았다.

역량기반 교육과정에서의 자기주도학습능력 또한 학생 스스로 다양한 지식과 정보를 구성해 학습을 완성해야 한다는 측면에서 과거 교과지식기반 교육과정과 비슷한 점이 있다. 또 학습의욕 향상을 위하여 사전에 꿈과 목표를 설정하고 효과적으로 시간관리를 하는 것도 유사하다. 하지만 선진국형 교육과정인 역량을 기반으로 하는 교육과정(2015 개정 교육과정, 2022 개정 교육과정)이 본격화되면서 과거의 공부노하우 대부분은 의미가 없어졌고, 학습에 대한 개념 및 방법이 완전히 변화되었다는 사실을 인지해야 한다.

역량기반 교육과정에서의 자기주도학습방법은 다음과 같이 정의된다. "교사로부터 전달받거나 학생 스스로 조사한 다양한 지식 및 정보를 바탕으로 교사나 다른 학생들과 대화, 토론을 통하여 함께 문제를 풀어가거나, 정리된 학습내용을 교사 및 다른 학생들 앞에서 논리적으로 설명할 수 있어야 하며, 때로는 글로 작성하여 쉽게 전달할 수 있어야 한다." 기존의 교과지식을 단순하게 활용하는 것이 아니라 다양한 교과지식들을 융합하여 새로운 무엇인가를 창조해낼 수 있어야 한다는 것이 과거 자기주도학습방법과는 확연하게 다르다.

예를 들어 학생 혼자서 교과지식을 효과적으로 암기하고 이해하는 능력은 탁월하나, 암기한 교과지식을 활용해 교사나 다른 학생들과 원활한 대화나 토론을 못하거나 본인의 생각을 효과적으로 발표하지 못한다면, 또 기존의 교과지식을 활용해 창의융합적인 사고를 하는 데 부족하다면 자기주도학습능력이 낮다고 평가된다.

자기주도학습능력은 다른 핵심역량과 연계성이 높기 때

문에 이 능력을 함양하기 위해서는 다른 핵심역량과 연계된 학습이 중요하다. 자기주도학습능력의 상위개념인 자기관리 역량 외에 지식정보처리역량과 협력적 소통역량 그리고 창의적 사고역량 등과 직접적으로 연계되어 있다.

따라서 지식을 선택하고 활용할 수 있는 역량인 지식정보처리역량, 본인의 지식이나 생각, 문제해결 방안을 다른 사람에게 효과적으로 전달하고 소통할 수 있는 협력적 소통역량, 기존 지식이나 정보를 바탕으로 융합하여 새로운 무엇인가를 만들어낼 수 있는 창의적 사고역량 등을 함께 함양하는 것이 바로 자기주도학습능력을 함양하는 방법이 된다.

(3) 진로개발능력

2014년부터 중학교에서 부분적으로 운영되었던 자유학기제가 2016년부터는 국내 모든 중학교에 전면적으로 도입되었다. 교육부가 자유학기제를 전면적으로 도입하는 가장 큰 이유는 학생들의 진로개발능력을 함양하기 위해서다. 그러나 자유학기제에 대한 오해와 편견도 존재한다. 예를 들어 자유학기제를 오해하여 그 기간 동안 영어·수학 점수를 올리기 위해 학원수업에 집중하는 학생들과 이를 강요하는 부모들이 있다. 이런 이유는 변화된 교육과정 및 취업정책에 대한 정보와 이해 부족 때문에 나타나는 현상이다.

교육부가 진로개발능력을 제시한 이유는 성공적이고 행

복한 사회생활 및 직업생활을 중요시하기 때문이다. 과거 산업사회 교육과정에서는 진로에 대한 개념도 없이 무조건 유명한 대학에 진학하는 것만으로도 성공적인 자녀교육이었다. 그 결과 대다수의 학생들은 소질이나 잠재력에 대한 고민이 부족한 상태에서 유명대학 위주로 진학했고, 대학진학 이후에도 전공의 변경이나 대학원 진학을 통해 새로운 진로를 찾으려는 경우가 많았다. 그 결과 오랜 기간 동안 대학과 대학원을 다녀야 했고, 더 많은 등록금을 부담해야 했으며, 사회진출 시기까지 늦어져 취업이 더욱 어려워지는 악순환이 초래됐다.

자녀가 성공적이고 행복한 삶을 살기 위해서 적합한 직업을 찾는 일은 매우 중요하며, 더불어 학생 스스로 가장 적합한 직업을 찾을 수 있는 능력을 키워주는 것은 더욱 중요하다. 인간의 평균수명이 길어지면서 미래세대는 여러 번의 직업을 선택해야 하는 상황이 되었다. 학부모들처럼 한 번 교육으로 한두 개 직업을 선택하고 정년퇴직을 하면 끝나는 세대가 아니다.

국내에는 총 1만 6,000개 직업이 존재하며 858개 직무능력이 존재한다. 예를 들어서 자녀가 디자이너를 희망한다면 디자이너로 갖추어야 할 직무능력이 있다. 만약 자녀가 디자이너로서 필요한 직무능력을 갖추지 못한 상태에서 디자이너가 된다면 성공적이지 못한 직업생활을 하게 될 것이며, 디자이너 생활을 하는 동안 행복하지 못할 가능성이 높다. 이러한 문제를 예방하기 위해 국가에서는 학생에게 내재된 핵심역량을 기반으로 다양한 직업을 조사, 선택, 학습할 수 있도록 관련된 사이트를 운영 중이다. 국가직무능력표준NCS 사이트가 바로 그곳이다. 이곳에선 다양한 직업군과 직무능력에 필요한 정보를 제공하고 있다. 자녀의 진로개발 및 능력함양에 이를 활용한다면 많은 도움이 될 것이다.

국가직무능력표준 사이트를 활용해 자녀의 진로개발능력을 함양하는 방법에 대하여 알아보자. 자녀에게 적합한 진로를 선택하기 위해 가장 먼저 해야 하는 것은 자녀의 핵심역량을 알아보는 것이다. 자녀의 핵심역량을 진단하기 위한 기준은 2022 개정 교육과정에서 발표한 6가지(자기관리역량, 심미적 감성역량, 창의적 사고역량, 공동체역량, 협력적 소통역량, 지식정보처리역량)를 기준으로 하면 된다. 일반적으로 자녀의 진로는 자녀가 선호하는 것, 흥미를 느끼는 것, 잘하는 것을 기준으로 학부모와 협의를 통해 선정할 것이다. 이때 중요한 것은 이 과정에서 자녀의 핵심역량을 반드시 고려해야 한다는 것이다.

예를 들어서 자녀의 핵심역량을 고려해 진로와 직업을 선택한 결과 디자이너가 되기로 결정했다면, 국가직무 능력표준 사이트에서 '문화·예술·디자인·방송' 직업군을 선택해 디자이너에 대한 직무 정의와 더불어 디자이너에게 필요한 국가직무능력에 대한 기준을 살펴볼 수 있다. 거기에서는 디자이너라는 직업을 성공적으로 수행하기 위해 필요한 직무능력을 수준별로 소개하고 있다. 또한 디자이너가 되기 위해 학습해야 할 학습모듈에 대하여도 소개하고 있어 디자이너가 되기 위해 어떤 준비를 해야 하는지 많은 도움을 받을 수 있다. 자녀는 성장하면서 내·외부 환경에 끊임없이 반응하기 때문에 진로와 직업 선택에 변화가 생길 수 있다. 100세 시대를 살아가게 될 자녀들은 여러 번 진로와 직업 선택을 고민해야 한다. 이런 까닭에 성공적인 진로와 직업선택을 위해 자녀의 진로개발 능력에 대한 관심이 필요하다.

6대 핵심역량 - 지식정보처리역량

지식정보처리역량이란 문제를 합리적으로 해결하기 위하여 다양한 영역의 지식과 정보를 처리하고 활용할 수 있는 역량을 말한다. 지식정보처리역량의 하위요소로는 논리적·비판적 사고력, 정보수집 및 분석능력, 정보활용 및 윤리, 매체활용능력 등이 있다. 여기서는 정보수집 및 분석능력에 대해 알아보겠다.

정보수집 및 분석능력이란 특정문제를 해결하기 위해 필요한 정보를 수집하여 가공하고 정리해 재생산하는 능력을 말한다. 매체활용능력이 높으면 정보수집능력이 우수하며, 문해력과 문장력이 높으면 정보를 분석해 재가공하는 능력이 뛰어나다. 특정정보를 수집하는 방법은 필요한 ① 정보목표를 설정하고 설정된 정보목표를 조사하기 위하여 정보원(정보원이란 정보를 제공하는 원천을 말하는데 인터넷, 주변지인, 관련서적 등 다양할 수 있다)을 고려해 영역별로 ② 정보를 수집하기 시작한다. 그리고 나서 ③ 수집된 정보는 분석하고 결과를 정리해야 한다. 이때 1차적으로 정리된 정보를 바탕으로 큰 맥락을 이해하여 각 정보 간에 서열화, 구조화를 실시하는 것이 필요하다.

자녀가 특정정보를 수집하기 위해 인터넷에 검색어를 입력할 때도, 다양한 정보원을 활용하여 정보수집 활동을 할 때도, 수집된 정보를 분석할 때도, 수집하려는 정보에 대한 배경지식이 있으면 훨씬 수월하다. 특정정보에 대한 배경지식이 부족하면 필요한 정보를 수집하기 위해 어떠한 검색어를 선택해야 할지부터 난감해지기 때문이다. 또한 수집된 정보에 대한 가치나 허위 여부, 위계, 구조 등을 이해하려면 관련한 배경지식이 있어야 수월하다.

정보를 수집하고 활용할 때 주의해야 할 것은 지식재산권이다. 지적재산권은 인간이 창조해낸 것에 대해 보호가 필요하다고 생각하는 것을 법으로 정해놓은 권리다. 최근에 청소년들이 온라인에서 무분별하게 타인의 지적재산권을 침범

하여 벌금형에 처해지는 사례들을 가끔 접할 수 있다. 학부모 입장에서는 사전에 지적재산권에 대한 상식의 폭을 넓혀서 자녀교육에 활용하는 것이 좋다.

지적재산권과 관련한 법률로는 지적재산기본법, 저작권법, 실용신안법, 특허법, 상표법 등이 있다. 여기서는 자녀들이 정보를 수집하고 활용 시 주의해야 하는 저작권법에 대하여 알아보자. 저작권법은 저작자의 권리와 이에 인접하는 권리를 보호하고 저작물의 공정한 이용을 도모하기 위하여 만든 법이다. 이때 저작물이란 소설·시·논문·강연·연설·각본 그 밖의 어문저작물, 음악저작물, 연극 및 무용·무언극 그 밖의 연극저작물, 회화·서예·조각·판화·공예·응용미술저작물 그 밖의 미술저작물, 건축물·건축을 위한 모형 및 설계도서 그 밖의 건축저작물, 사진저작물(이와 유사한 방법으로 제작된 것을 포함), 영상저작물, 지도·도표·설계도·약도·모형 그 밖의 도형저작물, 컴퓨터 프로그램저작물 등이 있다.

이러한 저작물을 자녀가 사용할 때는 원칙적으로 저작권을 보유한 개인, 단체에게 서류로 사용 여부에 대한 허락을 받아야 한다. 그러나 이와 관련한 예외사항도 있다. "저작자의 정당한 이익을 부당하게 해치지 아니하는 경우에는 보도·비평·교육·연구 등을 위해 저작물을 이용할 수 있다."라고 관련법에 명시되어 있다. 이때에도 출처를 정확하게 명시하는 것이 중요한데, 인용한 자료의 저작자의 실명 또는 이명(본명

외에 달리 부르는 이름)을 반드시 표시해야 한다. 모든 저작재산권은 저작자가 생존하는 동안과 사망한 후 70년간 적용된다는 사실도 알아두어야 한다. 만약 어떤 화가의 명화를 사용하고 싶은데 그 화가가 사망한지 70년이 넘었다면 그가 그린 명화들에 대한 이미지를 일반인들도 자유롭게 사용할 수 있다.

6대 핵심역량 – 창의적 사고역량

창의력은 상상력을 기반으로 새로운 것을 현실화하는 기능(능력)인데, 창의적인 사고를 할 수 있게끔 하는 지식 그리고 태도, 기능(능력)으로 구성된다. 창의적 사고역량의 하위요소로는 창의적 사고기능, 창의적 사고성향, 융합활용 연계능력이 있다. 먼저 창의적 사고기능에는 유창성, 융통성, 독창성, 정교성, 유추성 등이 있고, 창의적 사고성향에는 민감성, 개방성, 독립성, 과제집착력, 자발성 등이 있다. 여기서는 창의적 사고에 필요한 창의적 사고성향(태도 및 가치관)과 기능(능력)에 대하여 좀 더 구체적으로 알아보겠다.

(1) 창의적 사고성향

창의적 사고성향이란 창의적으로 생각하고자 하는 마음을 말하는데, 그러한 마음을 먹지 않으면 창의적 사고역량이 발휘될 수조차 없다. 자녀가 창의적인 사고성향이나 태도를 보유하기 위해서는 민감성, 개방성, 독립성, 과제집착력, 자발성 등이 높아야 한다. 이에 대해 하나씩 알아보자.

① 민감성이란 외부자극에 대한 느낌이나 반응이 날카롭고 빠른 성향을 말한다. 선천적인 것도 중요하지만 어릴 적에는 훈련을 통해서도 함양이 가능하다. 민감성은 양날의 칼과도 같다. 민감성이 높아서 좋을 때가 있고 불편할 때도 있기 때문이다. 어찌되었든 자기관리 역량이 뛰어나서 민감성을 잘 통제하고 조절하면 문제가 없지만, 통제가 되지 못하면 "사람이 민감하여 피곤하다"는 식으로 평가받기 쉽다. 창의적인 성향을 보유하기 위해서는 민감성을 강화해야 하지만 자녀가 스스로를 통제할 수 있는 수준이어야 한다.

② 개방성이란 태도나 생각이 자유롭고 무엇이든 받아들이려는 태도와 가치관을 말한다. 유교 문화권에서 성장한 아시아인들이 서양인들보다 개방성이 상대적으로 떨어지는 것은 다 아는 사실이다. 개방적인 것도 민감성과 같이 장단점이 극명하게 존재한다. 창의적인 사고성향을 보유하기 위해서는 태도나 생각이 자유로울 필요가 있다. 하지만 개방성이 과하면 준법정신, 질

서의식, 시민의식에 대한 거부나 파괴로 이어지는 경우가 있다. 이러한 이유로 창의력 함양 교육 시 반드시 함께해야 하는 것이 인성교육이다. 아무리 새로운 것을 창조해도 인간(최근에는 지구, 동·식물 등 포함)에게 피해를 주는 창의적인 생각이나 결과물은 필요 없기 때문이다. 창의적인 모든 것이 인류에게 유익한 것은 아니다.

③ 독립성이란 스스로 생각하고 혼자서 해결하려는 성향을 말한다. 타인에게 의지를 하거나 조언을 받으면 타인의 영향력 안에 종속될 가능성이 높아진다. 예를 들어 저자의 경우 자녀교육서를 집필할 때 비슷한 부류의 자녀교육서를 먼저 읽지는 않는다. 전문지식에 해당하는 연구논문이나 자료 등을 우선적으로 읽는다. 이유는 다른 저자가 집필한 자녀교육서를 먼저 읽다보면 어느새 본인도 모르게 다른 저자가 집필한 자녀교육서에 직간접적으로 영향을 받을 수 있고 의존적이 되기 때문이다.

④ 과제집착력이란 어떠한 현상이나 문제를 알아낼 때까지 집중하는 성향을 말한다. 영재들이 이러한 성향이 유독 강하다고 한다. 지적호기심과 과제집착력이 강한

자녀일수록 영재일 가능성이 높다. 자녀의 과제집착력을 높이려면 몰입하는 정도가 강해야 하는데 몰입은 자신에 대한 통제력(자기조절능력)과 외부자극에 대한 무관심이 함께해야 한다. 과제집착력이 생기려면 무엇인가를 알아내기 위해 끊임없이 연구, 조사하고 정리하면서 풀어가야 하는데 외부의 다양한 자극(학부모 잔소리, 소음, SNS, 배고픔 등)으로부터 자유롭지 못하다면 몰입 정도는 당연히 떨어질 수밖에 없다.

최근 들어 대다수 학생들이 외부자극에 너무 민감해져 과제집착력이 떨어지는 사례가 점점 늘어나 문제이다. 몰입도가 병적으로 떨어지는 현상을 '주의력결핍 과잉행동장애ADHD: attention deficit hyperactivity disorder'라고 한다. 주로 아동기에 나타나는데 지속적으로 주의력이 부족하고 산만하여 과도한 행동으로 이어지는 경우가 많다. 주의력결핍 과잉행동장애가 발생하는 원인은 아직 정확하게 의학계에서도 찾아내지 못했지만 유추할 수 있는 몇 가지 원인이 있다. 엄마가 출산 직전 직간접적인 흡연이나 음주, 다양한 독소물질(페인트, 납 등의 화학물질)에 노출되었거나, 인공색소와 식품보존제 섭취 등이 그 원인으로 추정되고 있다. 아빠의 경우 집 밖에서 흡연을 하면 문제가 없을 것이라 생각하지만, 간접흡연도 자녀의 성장과 학습에 상당한 영향을 미친다고 보고되고 있다.

문제는 여기서 끝나지 않는다. 자녀가 과잉행동장애를 보이기 시작하면 학부모들은 자녀를 더욱 자주 혼내기 시작한다. 하지만 학부모에게 반복적으로 꾸중을 들은 자녀는 점점 자아존중감이나 자아정체성이 무너지면서 모든 것에 대한 자신감이 떨어진다. 결국 주변 친구들과도 어울리지 못하게 되며 덩달아 학습능력까지 떨어지게 된다. 그러므로 자녀가 과잉행동장애를 보이기 시작한다고 판단되면 빠르고 적절한 치료가 필요하다.

⑤ 자발성이란 외부로부터 영향을 받지 않고 자기 스스로를 움직이게 만드는 능력을 말한다. 자녀가 스스로 행동하기 위해서는 에너지가 필요하다. 그리고 자기 스스로를 움직이게 하는 에너지는 자녀가 스스로를 통제한다고 되는 것이 아니라 몸과 머릿속에서 에너지가 솟아나야 만들어진다. 예를 들어 그러한 에너지는 자녀가 문화예술을 충분히 향유하여 문화적 감수성이 높을 때 자연스럽게 흘러나올 수 있다. 언제나 자녀의 에너지 상태를 살펴 자발적으로 에너지가 흘러나올 수 있도록 관심과 격려를 아끼지 않는 것은 학부모의 중요한 역할 중 하나이다.

(2) 창의적 사고기능

창의적인 사고기능(능력)은 창의적인 지식과 창의적인 성향(민감성, 개방성, 독립성, 과제집착력, 자발성)이 결합되었을 때 나타나는데 도식화하면 〈그림 6〉와 같다. 〈그림 6〉에서 알 수 있듯 창의적 사고기능은 유창성, 융통성, 독창성, 정교성, 유추성 등으로 표출된다.

① 유창성fluency이란 문제를 해결하기 위하여 다양한 아이디어를 빠르고 정확하게 처리하거나 생각해내는 능력을 말한다. 머릿속에서 셀 수 없이 다양하게 발현되는 상상력을 구체화시키는 데 필요한 기능이다.

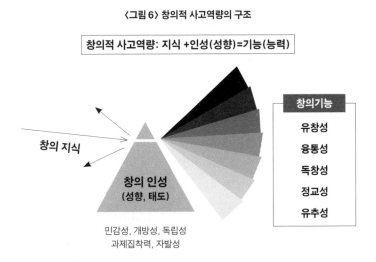

〈그림 6〉 창의적 사고역량의 구조

창의적 사고역량: 지식 +인성(성향)=기능(능력)

창의 지식

창의 인성
(성향, 태도)

민감성, 개방성, 독립성
과제집착력, 자발성

창의기능

유창성
융통성
독창성
정교성
유추성

② 융통성이란 생각을 자유자재로 바꿀 수 있는 능력을 말하는데, 창의적 사고역량을 발휘하는 데 필수적인 기능이다. 즉, 고정관념에 사로잡히지 않고 다양한 관점에서 생각하는 능력이다. 창의적인 사고를 위해서는 다양한 아이디어를 변형, 융합, 추가, 결합할 수 있어야 한다. 융통성이 부족하면 창의적인 발상 자체가 어렵다.

③ 독창성이란 다른 것과 확실하게 차별되는 생각을 하는 능력을 말하는데, 상상력을 바탕으로 한다. 상상력을 기반으로 하면 독창적인 기능이 높아지지만 어설픈 모방으로는 독창성을 확보하기 어렵다. 또 독창성은 창의적 사고역량의 핵심적인 기능(능력)인데 연습을 통하여 향상시킬 수 있다.

④ 정교성이란 상상력으로 발현된 원석 같은 생각을 현실에 맞추어 정교하게 다듬어내는 능력을 말한다. 정교성이 부족하면 대부분의 상상력은 구체적으로 현실화되지 못한다. 창의성교육으로 유명한 폴 토렌스가 정의했듯이, 창의적 사고역량을 위해 첫 번째로 필요한 기능이 유창성이라면 마지막에 반드시 필요한 능력이 정교성이다.

⑤ 유추성이란 비슷한 것과 같은 것을 분류하여 정리하고 연계하여 생각해내는 기능을 말한다.

결론적으로 자녀가 창의적인 인재가 되기 위해서는 풍부한 상상력, 창의적 사고성향, 인성이 결합되어 창의적인 기능(능력)을 발휘해야 하는데, 이러한 능력은 위에서 제시한 5가지 요소로 정리될 수 있다.

6대 핵심역량 – 심미적 감성역량

심미적 감성역량이란 문화예술을 느끼고 감상하는 능력을 바탕으로 문화와 예술을 체험하고 구현하는 능력을 말한다. 심미적 감성역량의 하위요소로는 문화적 감수성, 문화예술향유능력, 다원적 가치존중, 공감능력, 상상력 등이 있는데 여기서는 문화적 감수성, 문화예술향유능력, 상상력을 함양하는 방법에 대하여 알아보도록 하자.

(1) 문화적 감수성과 문화예술향유능력

문화는 우리에게 무엇을 선물할까? 저자의 경우를 예를 들자면 이렇다. "책과 영화를 볼 때마다 다른 세계에 다녀오며, 좋아하는 음악을 들으면서 몸속에서 에너지가 충전되고,

황홀한 미술작품을 보면 머릿속에서 아이디어가 떠오르며, 운동을 하면 내가 살아 있음을 느끼게 된다. 책, 영화, 음악, 그림, 운동을 통해 살아가는 에너지를 충전하고 강연과 글을 통해 다른 사람들과 소통한다. 이것이 내가 살아가는 방식이고 나의 예술세계이다."

교육과정과 교육정책에 대한 강연을 하고 글을 쓰는 저자에게 끊임없는 에너지를 제공하는 것은 문화와 예술이다. 신체적 에너지는 음식물이겠지만 저자가 새벽 3시에 도서를 집필하게 해주는 에너지는 지금도 음악과 블랙커피 그리고 300호 크기의 미술작품이다.

사람마다 삶을 살아가는 에너지가 필요하다. 삶의 에너지가 충분하면 사는 동안 꿈은 끊임없이 샘솟고 그칠 줄을 모른다. 그래서 저자의 경우는 화수분貨水盆(재물이 계속 나오는 설화상의 보물단지)과 이승철의 〈네버엔딩 스토리〉라는 노래를 좋아한다. 그 노래 가사 중에는 "그리워하면 언제간 만나게 되는 어느 영화와 같은 일들이 이뤄져가기를"이라는 부분이 있다. 저자는 이 부분을 들을 때마다 "희망하면 언제간 이루어지는 어느 영화와 같은 일들이 이뤄져가기를"로 바꿔 듣는다. 저자가 이와 같이 느낄 수 있는 것은 문화예술을 느끼고 접하는 것이야말로 삶의 끊임없는 에너지를 만들어내는 근원이기 때문이다.

자녀의 삶에 화수분처럼 끊임없는 에너지원을 만들어주

고 싶다면 문화적 감수성을 키워주고 문화예술향유능력을 키워줘야 한다. 그래야 자녀가 지능정보 사회와 그 다음 사회(꿈의 사회)에 제대로 적용할 수 있는 능력을 키워갈 수 있다.

문화적 감수성이란 다양한 문화(독서, 영화, 음악, 미술감상, 운동 등) 활동을 통해 자기 스스로 긍정적인 에너지를 만들 수 있는 기능(능력)을 말한다. 이는 자녀의 삶을 풍요롭고 행복하게 만들어주는 가장 근원적인 능력 중 하나이다. 지능정보 사회에서 문화적 감수성에 대한 교육이 중요하게 부각되는 이유는 문화적 감수성이 높을수록 창의력이 높기 때문이다.

지능정보사회 인재상은 창의융합형 인재라고 정의된다. 대학이나 기업에서도 창의력이 높은 사람을 인재로 정의하고 선발하기를 희망한다. 이 창의력은 어디서 만들어지는 것일까? 문화적 감수성을 바탕으로 다양한 지식·정보와 경험이 융합되어 만들어진다. 논리적으로 만들어질 수도 있고, 비논리적으로 만들어질 수도 있다. 그러나 기존에는 존재하지 않았던 새로운 무엇인가를 만들어내는 것은 쉽지 않은 일이고, 그렇기 때문에 문화를 향유하는 것이 중요하다. 책을 보거나 영화를 보면서 또는 다른 사람의 이야기를 들으면서 문화적 감수성은 높아질 수 있다.

그런데 초등학교 저학년까지는 어느 정도 문화예술을 향유하다가 초등학교 고학년이 되면서부터 문화예술을 향유하지 못하게 되는 경우가 흔하다. 문화의 향유가 교과지식을 이해하고 암기·습득하는 교육에 밀려나는 것이다. 그러면서 자녀의 창의력은 점점 바닥으로 떨어진다. 하지만 학부모들이 선망하는 특목고, 국제학교, 세계 유수의 대학에서는 학생들의 창의력을 높이기 위해 학생들에게 의무적으로 문화예술 교육을 시키고 있다는 사실을 알아야 한다. 이는 곧 문화예술을 향유할 수 없는 학생은 창의력도 키울 수 없다는 것을 보여주는 사례이다.

(2) 상상력

지금 우리가 살고 있는 지능정보사회의 다음사회를 '꿈의 사회Dream society'라 정의한다. 덴마크의 미래학자이자 코펜하겐미래학연구소 소장인 롤프 옌센Rolf Jensen은 『드림 소사이어티Dream society』라는 책에서 산업사회에서는 유형의 물질을 생산하고 판매했지만 꿈의 사회는 무형의 것들을 생산하고 판매하는 시대가 될 것이라고 예측했다. 무형의 것을 판매하는 시대란 가치, 신념, 꿈 등을 유형의 물질보다 더욱 가치 있게 여기고, 유형의 물질(상품)에 가치, 신념, 꿈 등을 결합해 기업, 브랜드, 상품의 경쟁력을 강화하며, 그러한 가치, 신념, 꿈 등이 없는 물질은 의미가 없는 것으로 여겨지는 시대를 말한다. 이런 사회에선 무한한 상상력이 새로운 인재조건이 될 것이다.

그렇다면 상상력이란 무엇일까? 창의력이 '새로운 것을

생각해내는 능력'이라고 한다면, 상상력은 '실제 존재하지 않는 것을 마음속으로 생각해내는 능력'이라고 정의할 수 있다. 창의력은 상상력을 기반으로 그것을 현실화하는 능력이다. 다시 말해 창의력의 가장 근원적인 힘은 상상력이다. 상상력이 꿈이라면 창의력은 그 꿈을 가치, 신념, 비전 등과 결합해 현실화한 것이라 정의할 수 있다. 그러한 이유로 지능정보사회에서는 창의력이 높은 자녀가 인재라면, 꿈의 사회에서는 상상력이 높은 자녀가 인재가 될 것이다.

그렇다면 자녀의 상상력은 어떻게 키워주어야 할까? 아이들은 태어나면서부터 무궁무진한 상상력을 가지고 태어난다고 하지만, 오히려 틀에 짜인 교육과 학부모의 간섭이 자녀의 상상력을 저하시킨다고 한다. 그러니 자녀가 마음껏 상상할 수 있도록 하고, 상상한 것들을 기록할 수 있도록 도와주는 것이 좋다.

상상력을 향상시키기 위한 자녀 교육방법으로는 ① 반대로 생각하기, ② 결합하여 생각하기, ③ 융합하여 생각하기, ④ 하나씩 삭제하기, ⑤ 하나씩 추가하기, ⑥ 바꾸어 생각하기, ⑦ 변형하여 생각하기, ⑧ 모든 것을 섞어 생각하기 등이 있다.

예를 들어서 상상력의 주제가 '새로운 인간'이라 가정하고 상상을 해보자. 새로운 인간에 대한 상상을 앞에서 제시한 8가지 방법으로 생각해보면 다음과 같다. ① 반대로 생각하기를 적용하면 새로운 인간은 진화 전의 원시인일 수도 있다. ② 결합하여 생각하기를 적용하면 금속과 결합된 인간을 상상할 수 있다. 이런 상상을 바탕으로 현실로 구체화한 것이 아이언맨이다. ③ 융합하여 생각하기를 적용하면 탄소와 물이 융합된 인간으로 상상할 수도 있다. 현재 인간의 몸은 탄소를 기반으로 하지만 물과 융합된 새로운 인간을 상상하면 인간은 물 속에서도 자유롭게 살 수 있는 인간을 생각할 수 있지 않을까?

④ 하나씩 삭제하기를 적용하면 몸은 없고 두뇌만 존재하는 인간도 상상할 수 있다. 과거 공상과학에서 자주 등장하는 외계인들이 대부분은 지능만 발달하여 신체 가운데 머리만 매우 크게 묘사되는 경우가 많았다. ⑤ 반대로 하나씩 추가하기를 적용하면 머리가 여러 개인 인간을 상상할 수 있다. 이미 이러한 상상력은 과거에 존재하였다. 메두사가 그것이다. ⑥ 바꾸어 생각하기를 적용하면 동물이 아닌 식물이 된 인간을 상상할 수도 있다. ⑦ 변형하여 생각하기를 적용하면 신체는 없고 정신만 존재하는 인간도 상상할 수 있다. 유형의 가치보다 무형의 가치를 더욱 중요시하는 꿈의 사회에서는 이러한 인간이 인간의 범주에 속할 수도 있지 않을까? ⑧ 모든 것을 섞어 생각하기를 적용하면 자유자재로 변형되는 인간을 생각할 수 있다. 〈엑스맨〉이라는 영화에는 상대방과 접촉만 하면 상대방과 동일하게 변형되는 돌연변이가 등장한다.

모든 문화는 인간 상상력의 결과물이다. 자녀와 시간이 날 때마다 특정주제에 대하여 상상한 것을 말해보기도 하며, 글로 적어보기도 하고, 또 이야기로 만들어보면 자녀의 상상력은 더욱 더 향상될 것이다.

6대 핵심역량 – 협력적 소통역량

협력적 소통역량이란 다른 사람의 관점을 존중하고 경청하는 가운데 자신의 생각과 감정을 효과적으로 표현하며 상호협력적인 관계에서 공동의 목적을 구현하는 역량을 말한다. 2015 개정 교육과정에는 의사소통역량이라고 정의됐지만 2022 개정 교육 과정이 도입되면서 협력적 소통역량으로 변경되었다. 협력적 소통역량의 하위요소로는 말하기, 듣기, 쓰기, 읽기, 문해력, 타인이해 및 존중, 배려 등이 있다. 이 중에서 문해력의 향상방법에 대하여 알아보겠다.

문해력文解力, literacy이란 글을 읽고 이해하는 능력을 말한다. 읽기능력이 문해력이라면 쓰기능력은 문장력이라 정의한다. 그런데 문해력이 부족하면 문장력도 부족할 수밖에 없다. 문해력의 구성요소에는 어휘, 문법, 맥락이 있다. 어휘, 문법, 맥락을 토대로 글의 흐름을 파악하여 의미를 이해하는 것이 문해력이다.

OECD는 2012년 문장이해력과 수치이해력이 낮은 어른들에 대한 조사 보고서를 냈다. 조사항목이 문해력, 수치력數值力, 컴퓨터를 활용한 문제해결능력이었는데, 문해력이 높으면 수치력이나 문제해결능력도 높다고 발표했다. 문제는 우리나라가 문해력과 수치력에서 평균보다 낮다는 것이다. 특히 고급문해력이 매우 취약했다. 문해력 수준을 1급부터 5급으로 구분하는데 우리나라의 경우 5급에 해당하는 고급문해력을 가진 비율이 0.2%에 불과했다. 일본이 우리의 6배인 1.2%이며, 언제나 부러움의 대상인 핀란드가 2.2%라고 하니 우리나라의 문해력 수준을 가늠할 수 있을 것이다.

자녀의 문해력을 높이기 위해 가장 먼저 해야 할 것은 독서교육이다. 책을 읽고 창의적 활동을 통하여 핵심역량의 하위요소들을 강화하는 것이 최종목표라면, 책 자체를 많이 읽을 수 있게 하여 어휘력을 높이는 것이 선행되어야 한다.

둘째, 자녀가 생각하는 습관을 만들어주는 것도 중요하다. 책을 읽으면서 생각을 깊이 할 수 있으면 좋으나 아직은 미성숙한 자녀들은 그냥 읽기만 하는 경우도 많다. 그래서 생각을 하는 습관을 만들어주어야 하는데 가장 좋은 방법은 자녀를 심심하게 두는 것이다. 자녀를 무작정 심심하게 두는 것이 아니라 게임, TV, 인터넷, 스마트폰 등을 일정시간 접하지 못하게 하면서 생각을 하게 만드는 것이다. 이러한 교육도 자녀가 어릴수록 효과도 높고 실행가능성이 높다. 저자의 경우 아들이 어렸을 때 자주 스토리 이어가기 놀이를 했다. 처음 시작은 부모가 한다. "A와 B가 살았는데 A와 B가 여행을 갔어, 그런데 갑자기⋯." 하면서 말을 중단하고는 아들에게 넘긴다. 그러면 이제는 아들이 다음과 같은 식으로 스토리를 이어 간다. "A와 B가 여행을 가다가 갑자기 폭풍을 만나서 급하게 머물 수 있는 동굴을 찾아 들어갔는데⋯." 이는 단순한 수준의 스토리 놀이이지만 생각을 깊게 있게 하고, 특히 상상력을 높이는 데 효과가 있다.

셋째, 맥락을 이해하는 훈련도 필요하다. 맥락을 이해한다는 것은 글의 흐름을 파악하고 의미를 간파하는 것인데 자녀가 고학년이 되면 가능한 교육이다. 고학년이 되면 맥락교육과 함께 문법교육을 할 필요가 있는데, 너무 딱딱하게 하면 포기할 수 있으니 이 역시 스토리텔링 방식을 이용해 접근하면 좋다. 결론적으로 자녀의 문해력을 높이기 위해서는 독서를 통해 어휘력을 높이고, 생각하는 습관을 길러주며, 글의 흐름을 이해하는 능력을 키워주는 것이 중요하다.

6대 핵심역량 - 공동체역량

공동체역량이란 인류, 국가, 지역사회, 소집단에서 함께

생활하기 위한 올바른 가치와 태도를 기반으로 공동체에서 발생하는 다양한 문제에 대하여 적극적, 실천적으로 행동하는 역량을 말한다. 공동체역량의 하위요소로는 시민의식, 준법정신, 환경의식, 주인의식, 봉사의식, 규범 및 질서의식, 협동능력, 갈등관리능력, 리더십, 대인관계능력, 국제사회문화이해 등이 있다. 이 중에서 가장 중요하다고 생각되는 대인관계능력, 갈등관리능력, 국제사회문화이해능력의 개념과 함양 방법에 대하여 알아보도록 하자.

(1) 대인관계능력

미래사회에서는 영어단어나 수학공식을 잘 암기, 습득하여 문제를 잘 풀어내는 기능(능력)보다 중요한 것이 주변 사람들과 원만만 관계를 유지하는 기능(능력)이다. 과거 산업사회에서는 이 기능(능력)을 개인적인 문제라고 여겨 가르쳐야 할 것으로 생각하지 않았다. 또 당시는 이 기능(능력)이 부족하다고 크게 문제가 되는 사회도 아니었다. 그러나 사회가 고도화되면서 사람들과 협동하고 협력하며, 갈등이나 분쟁 없이 원만하게 지내는 기능(능력)이 중시되고 있다.

가끔 뉴스를 보면 정말 듣기 거북한 정보들로 넘쳐난다. 길가던 20대 여인을 무작정 칼로 찔렀다느니, 옛 애인이 변심을 해서 얼굴에 황산을 뿌렸다느니, 주변 사람들이 자기를 무시해 지하철에 방화를 했다느니, 위층에서 너무 뛰어서 화를 못 참고 폭행했다느니 등등 사건과 사고가 끊이지 않는다. 총기소지가 자유로운 미국은 대인관계능력과 갈등관리능력이 부족한 단 한 사람으로 인해 수십 명이 피해를 보는 경우까지 있다. 이 모든 것은 대인관계능력의 부족으로 인해 발생한다.

반대로 대인관계능력이 탁월하여 국제무대에서 우리나라를 빛낸 인물도 있는데 바로 반기문 전 UN사무총장이다. 그가 성공을 거둔 핵심원인을 분석한 도서들을 보면, 공통적으로 제시하는 것이 그의 대인관계능력이다. 대인관계능력이 뛰어난 사람은 일반적으로 리더십, 갈등관리능력, 협동능력 등이 함께 뛰어난 경우가 많다. 리더십의 하위요소들이 함께 어우러져 대인관계능력이 더욱 빛을 발휘하는 것이다. 그렇다면 자녀의 대인관계능력을 향상시키기 위해 구체적으로 어떻게 해야 하는 것인지 알아보도록 하자.

첫째, 자녀를 정확하게 파악하는 것이 가장 중요하다. 유형검사, 성향검사, 지능검사, 대인관계능력검사 등 자녀를 정확하게 이해하기 위한 검사의 종류는 많다. 하지만 자녀의 대인관계능력이 어느 정도인지 학부모가 간단하게 판단하는 방법이 있다. 대인관계능력의 5가지 하위요소인 사회성, 의사소통, 정서능력, 리더십, 겸양심 등을 파악해보면 된다. 그렇다면 구체적으로 그 5가지 하위요소가 의미하는 것이 무엇인지 알아보도록 하자.

가장 먼저 ① 사회성이란 친구들과의 친화력을 말한다. 친구들과 원만하게 지내는 기능(능력)이라 할 수 있다. 처음 보는 친구들과도 거리낌 없이 친해지고, 평상시 주변 사람들에게 관심과 정이 많으며, 언제나 온화하여 남을 배려하고 공감을 잘해주면 사회성이 높다고 할 수 있다. 사회성은 인성의 가치덕목 중 존중, 배려, 공감과 비슷하다. ② 의사소통이란 이해력과 표현력을 말한다. 친구의 말을 경청하고 잘 이해하여, 본인 생각을 잘 정리해 전달하는 기능(능력)이다. ③ 정서 능력이란 친구들의 감정파악능력과 본인의 감정조절능력을 말한다. 상대방이 말하는 의도를 정확하게 이해하고 말 이외에 표정, 눈빛, 몸짓 등을 통해 숨겨진 속마음을 알아내는 기능(능력)이 감정파악능력이며, 본인의 감정을 잘 조절하여 표정, 눈빛, 몸짓 등을 잘 통제하는 것이 감정조절능력이다. ④ 겸양심이란 늘 겸손하고 모든 것에 양심적인 것을 말하는데 상대방을 존중하는 인성이 갖추어져 있어야 한다. ⑤ 리더십이란 친구들 간의 그룹이나 모임에서 친구들에게 목표, 비전을 잘 전달하여 동기부여를 잘하고 언행에 모범을 보여서 친구들로부터 선망의 대상이 되는 기능(능력)을 말한다.

위에서 소개한 5가지 요소 모두에서 자녀가 일정수준('매우 잘함, 잘함, 보통, 노력요함'에서 잘함 이상)이 된다고 판단되면 대인관계능력이 높다고 할 수 있으며, 반대로 2가지 이상이 '노력요함'이라고 판단되면 대인관계능력이 낮은 것으로 교육이 필요하다고 판단하면 좋을 듯하다.

자녀의 대인관계능력을 향상시키기 위해서는 두 번째로, 자녀의 자아정체성과 자아존중감을 높여주는 것이 필요하다. 자녀를 정확하게 관찰하고 파악했다면 이제 자녀 스스로 소중한 존재임을 깨닫게 해주는 것이 중요하다. 자녀에게 대인관계란 친구와의 관계에 대한 문제이다. 자녀가 스스로를 정확하게 이해하고 중심을 세워야 친구와의 관계능력을 향상시킬 수 있다.

자아정체성, 자아존중감이 부족한 자녀는 꿈과 목표가 없을 가능성이 크고, 그로 인해 대인관계능력 또한 부족할 가능성이 커진다. 따라서 자녀가 친구와 본격적으로 관계를 맺어가기 전에 본인 스스로에 대한 정체성과 존중감을 확립하는 것이 최우선 과제다.

세 번째로 대인관계 연습하기가 필요하다. 학창시절에는 다양한 방법으로 학습하고 체험하는 것이 중요하다. 대인관계능력을 향상시키는 연습방법으로는 다음과 같은 것들이 있다. ① 친구의 장점을 말한다. ② 친구의 사소한 것에 관심을 보인다. ③ 친구의 말을 잘 들어준다. ④ 친구를 언제나 존중한다. 이 네 가지 방법을 친구관계에 적용하면, 아무리 어색했던 사이라도 다시금 원만한 관계로 바뀔 것이다.

넷째, 다양한 모임, 단체에서 많은 친구를 경험하는 것이 필요하다. 남자들은 보통 군대에 가서 정말 다양한 사람들을 경험하게 된다. 군대만큼 지역, 나이, 직업, 성향이 다양한 사람들이 모여서 일정기간 단체생활을 하는 경우는 드물다.

학교의 경우 나이가 같고 지역이 비슷하며, 직장의 경우 직업이 같고 학력이 비슷하지만, 군대는 모든 것이 제 각각인 사람들이 모여 생활을 해야 하는 곳이다. 다양한 사람들이 모여 단체생활해야 하기 때문에 차이에서 오는 갈등은 필연적이다. 따라서 군대생활을 잘하기 위해서는 갈등관리능력, 협동, 대인관계능력 등이 필수적이다. 군대의 필요성에 대해서는 사람마다 의견이 갈리지만, 어쨌든 "군대 다녀오면 사람 된다"라는 말은 그런 이유 때문인지 모른다.

다양한 나이, 직업, 성향, 지역, 인종이 섞여 있는 모임이나 조직에서 만남을 갖고 크고 작은 희로애락을 겪게 되면 타인과 적절한 관계를 맺고 유지하는 능력이 향상될 수 있다. 그러한 단체나 모임의 예로는 스포츠클럽, 종교단체, 동아리 모임, 봉사활동단체, 청소년단체, 과학스터디모임, 독서모임 등을 들 수 있다.

(2) 갈등관리능력

대인관계능력이 좋으면 보통 친구관계에서 갈등관리능력도 좋은 것이 일반적이다. 그러나 반드시 그렇지 많은 않은 경우도 존재하는데, 개인과 개인 간의 갈등이 아닌 개인과 집단, 집단과 집단 간에 발생하는 갈등은 차원이 다르기 때문이다.

개인과 개인 간에 발생하는 갈등은 보통 합리적인 방법으로 해결되는 경우가 많지만, 개인과 집단, 집단과 집단 간 갈등은 합리적으로 해결되지 않는 경우가 있다. 갈등을 해결하는 방법에 대하여 알아보기에 앞서 자녀의 갈등관리능력이 어느 정도인지를 학부모가 관찰, 파악하기 위해 갈등관리능력의 하위요소들과 그 성격에 대하여 먼저 알아보도록 하자.

갈등관리능력은 공동체역량의 하위요소들과 연계성이 높은데 ① 준법정신, ② 시민의식, ③ 규범 및 질서의식이 낮으면 주변 사람들과 갈등이 자주 발생할 확률이 높으며, 인성 가치덕목 중 ① 정직, ② 책임, ③ 배려, ④ 존중의 요소가 낮아도 갈등이 자주 발생하게 된다. 자녀가 공동체역량과 인성의 하위요소들에 대해 어떠한 태도나 생각을 가지고 있는가를 살펴보면 굳이 갈등관리능력 여부를 파악하는 검사지로 진단받지 않아도 된다. 예를 들어서 자녀가 질서의식이 낮으면 이는 학교에서 친구들과 잦은 다툼을 하게 되는 근본적인 원인이 된다. 또한 그것이 장기간 지속되어 주변 친구들에게 각인되면 친구들이 사라지기 시작한다. 예를 들면 만약 자녀가 친구들로부터 "쟤는 항상 줄을 서지 않고 새치기를 해!" 같은 말을 듣게 된다면 그 원인을 해결하지 않는 이상 친구들과의 관계를 회복하기는 어렵게 된다.

인성 요소 중 책임감 없는 행동 또한 갈등의 원인이 된다. 언행에 대한 책임감이 없거나, 역할에 대한 책임감이 없을 경우도 주변 친구들과 잦은 다툼을 일으키는 원인이다. 따라서 갈등을 줄이기 위해서는 공동체역량과 더불어 인성을 향상시켜야만 한다.

지금까지 갈등을 해결하는 근본적인 방법을 알아보았는데 거기서 한 걸음 더 나아가 갈등을 좀 더 효과적으로 해결하는 방법을 알아보도록 하자. 갈등을 효과적으로 해결하는 방법에는 회피, 설득, 존중, 협상, 협력 등이 있다.

① 회피란 갈등을 해결하지 않고 피하는 것이다. 갈등이 너무 심해 상대를 설득하거나 상대의 제안을 받아들이기 어려운 상황에서는 회피하는 것도 하나의 방법이다. 그러나 회피하는 시간이 너무 길면 좋지 않고, 상대방이 협상, 협력을 하려고 노력을 할 경우에도 피하면 안 된다.

② 설득은 갈등이 발생 시 나의 의견을 적극적으로 설명하여 갈등을 해결하는 방법이다. 갈등을 해결할 수 있는 정확한 방법이 존재하거나, 상대방이 수용할 가능성이 높은 해결방안이 있을 때 사용하면 좋은 방법이다.

③ 존중은 설득과 반대로 갈등이 발생했을 때 상대방이 제안한 해결방안을 수용하는 것이다. 문제는 상대방이 받아들이기 어려운 제안을 할 경우이다. 상대방의 제안을 존중하지 않고 받아들이지 않으면 갈등은 계속될 것이고, 받아들이면 나중에 후회할 가능성이 높다. 상대방이 받아들이기 어려운 제안을 할 경우에는 협상이 필요하다.

④ 협상은 갈등을 해결하기 위해 서로가 어느 정도 양보하는 것이다. 서로 간에 불합리하다고 생각해도 갈등을 끝내기 위해 받아들이는 것이 협상이다. 보통은 협상 단계로 진행이 되면 서로 속마음을 알게 되어 서로 양보하면서 마무리되는 경우가 많다.

⑤ 협력은 갈등이 발생했을 때 처음부터 함께 노력해 해결방안을 찾는 것이다. 가장 이상적인 방법이라고 말할 수 있다. 평상시 신뢰가 두터운 관계일 때 가능한 방법인데, 신뢰가 두텁지 않더라도 중간에 조정자가 있으면 가능하다. 이 방법은 이상적인 방법이지만 갈등 해결방안을 찾기 위한 시간이 다소 오래 걸릴 수도 있으며, 협력과정에서 새로운 갈등이 발생할 수도 있다는 점을 염두에 두어야 한다.

(3) 국제사회문화이해능력(다문화이해능력)

국제사회문화를 이해하는 것과 다문화를 이해하는 것은 유사하지만 동의어는 아니다. 국제사회문화이해는 자녀들이 글로벌화되는 지구촌에서 세계로 뻗어나가 학업, 사회, 직업 생활에 필요한 세계의 다양한 인종의 언어, 문화, 삶에 대한 지식과 태도, 기능을 습득하는 것이다. 다문화이해는 피부색이 다르거나 출신국이 다른 다문화가정 학생들에 대한 거부감이나 편견이 생기지 않도록 교육하는 것이다. 국제사회문화이해와 다문화이해의 공통점은 둘 다 다양한 인종의 종교, 문화, 언어 등을 이해하여 존중하고 배려하며 공감하면서 소통하고 협력하여 살아가는 것이 목표라는 점이다.

우리나라에서도 이제는 대중교통을 이용하면서 다른 나라의 언어가 들려와도 신기하다고 쳐다보지 않는다. 어느 나라 말인지 몰라도 신경 쓰지 않는다. 2023년 기준으로 국내에 머물고 있는 외국인만 251만 명이 넘는다. 저자가 잠시 근무했던 상암동 모 건물 사내식당에는 외국인이 약 30% 이상이었다. 그러나 우리는 그들의 국적 외에 언어, 종교, 문화, 관습 등에 대해서는 잘 모른다. 그런데 이러한 배경지식의 부재는 타인에 대한 존중, 배려, 공감의 부재로 이어진다.

최근 들어 지방 공교육을 중심으로 자녀들에 대한 다문화교육이 늘어나는 추세이다. 상대적으로 수도권보다는 다문화학생들이 많은 것이 이유일 것이다. 자녀에게 다문화이해 교육이 필요한 이유는 다른 인종에 대한 편견과 고정관념이 생기지 않도록 하기 위해서이다. 실제로 경기도교육청의 연구(2007년)에서 다문화와 관련된 실태조사를 한 결과, 다문화가정 자녀들이 학교에서 친구들의 놀림이나 차별 및 따돌림을 경험하는 비율이 약 16%에 달했다. 이와 반대로 일반 학생들의 경우는 다문화가정 청소년들을 낯설게 느끼거나(60%), 함께 있으면 어색할 것 같다(53%)고 응답을 해 다문화가정 청소년들에 대한 심리적 거리감이 확인되었다.

자녀들에게 다문화이해 교육이 필요한 이유는 인종별로 고정관념이나 선입견이 있기 때문이다. 백인에 대해서는 이기적이며(42.5%), 거만하다(50.2%)고 생각하는 경향이 높았으며, 흑인에 대해서는 지저분하고(37.5%), 무식하며(32.5%), 정이 많고(73.6%), 불쌍한(45.1%) 사람들이라는 고정관념을 갖고 있었다.

우리는 주권상실과 전쟁을 겪고도 세계 14위(2024년 GDP 기준) 경제대국으로 성장한 나라다. 세계인이 한국인을 보는 시각은 이제 남다르다. 그러나 70년 전만 해도 우리는 지저분하고, 못살며, 불쌍한 국가의 국민이었다. 원조를 받아야만 삶이 가능했던 최빈국이 100년도 안 되어 다른 나라에 원조를 하는 국가가 된 것이다. 그런데 이러한 경제 신화는 주변 국가들의 원조와 협력이 없었다면 불가능했을 것이다.

이러한 이유로 우리는 이제 전 세계로 나아가 주변 국가들을 도와야 하며, 그럼으로써 국제사회의 일원으로서 대한민국의 품격을 높여야 한다. 그렇기 하기 위해서는 국제사회 문화를 이해하는 것이 중요하다. 다문화 친구들에게 편견과 고정관념을 가지면 안 되듯이 다른 인종이나 국가의 종교, 문화, 언어 등에 대하여도 편견과 고정관념을 갖지 않는 것이 중요하다. 언어는 다른 인종과 의사소통을 하기 위한 도구일 뿐이다. 언어교육 못지 않게 중요한 것이 다른 인종의 종교나 문화에 대한 올바른 이해다.

6대 핵심역량과 하위요소

초중고 학생들이 학창시절 교과지식에 대한 학습과 다양한 체험학습을 통해 길러야 하는 6대 핵심역량은 지능정보사회에서 자녀교육이 갖는 최대 목표다. 변경된 학교 교육목표(성취기준)를 정확하게 설명하기 위해 국가가 발표한 2022 개정 교육과정과 성취평가제의 성취기준을 바탕으로 하여 핵심역량의 하위요소들을 상세하게 정리했다.

〈표 21〉은 6대 핵심역량의 개념과 이에 해당하는 하위요소들을 정리한 것이며, 〈표 22〉는 성취기준에서의 핵심역량에 대한 하위요소를 보여준다. 〈표 21〉과 〈표 22〉를 비교해보면 동일하거나 비슷한 항목도 존재하고 전혀 다른 항목도

있다. 어떤 측면에서 표현했느냐에 따라서 다소 차이가 존재하지만, 공통점은 모두 자녀들이 길러야 하는 핵심역량이라는 사실이다. 〈표 21〉과 〈표 22〉는 둘 다 교육부가 공식적으로 발표한 6대 핵심역량과 하위요소들을 중심으로 정리한 것이다.

〈표 21〉은 2015 개정 교육과정에서 발표한 내용과 2022 개정 교육과정에서 발표한 내용을 혼합하여 정리했다. 이유는 2015 개정 교육과정에서 처음으로 6대 핵심역량의 개념을 도입하였고, 2022 개정 교육과정은 2015 개정 교육과정에서 제시한 6대 핵심역량의 큰 틀은 유지했지만 의사소통역량을 협력적 소통역량으로 개선했기 때문이다.

저자도 현재 자녀를 키우는 입장이기 때문에 내 자녀에게 이 많은 역량과 하위요소 중 무엇에 집중해 가르쳐야 할 것인지 많은 고민을 한다. 그래서 현재는 지능정보사회이고, 멀지 않은 미래는 꿈의 사회라는 것을 감안하여 학부모들이 자녀에게 반드시 가르쳐야 하는 역량 및 하위요소 5가지를 선정해보았다.

〈그림 7〉에 나타난 5가지 역량 피라미드는 아래부터 가장 기초적, 기본적인 것으로 시작해 중요한 역량을 단계적으로 정리한 것이다. 아래부터 기초를 튼튼하게 하는 것도 중요하지만 가장 고차원적인 역량에 해당하는 창의력과 상상력을 마음껏 발휘할 수 있도록 도와주는 것은 더욱 중요하다.

〈표 21〉 6대 핵심역량 정의 및 하위요소(교육부, 2015~2022 개정 교육과정)

6대 핵심역량	핵심역량 정의	핵심역량 하위요소
자기관리 역량	자아정체성과 자신감을 가지고 자신의 삶과 진로를 스스로 설계하며, 이에 필요한 기초능력과 자질을 갖추어 자기주도적으로 살아갈 수 있는 역량	자신감
		자아존중감
		자아정체성
		기본생활습관
		합리적 경제생활
		여가선용
		건강관리
		자기조절(통제)능력
		기초학습능력
		자기주도학습능력
		진로개발능력
지식정보 처리역량	문제를 합리적으로 해결하기 위하여 다양한 영역의 지식과 정보를 깊이 있게 이해하고 비판적으로 탐구하며 활용할 수 있는 역량	논리적, 비판적 사고력
		정보수집 및 분석능력
		정보활용 및 윤리
		매체활용능력
		문제해결능력
창의적 사고역량	폭넓은 기초지식을 바탕으로 다양한 전문 분야의 지식, 기술, 경험을 융합적으로 활용하여 새로운 것을 창출하는 역량	창의적 사고기능 (유창성, 융통성, 독창성, 정교성, 유추성)
		창의적 사고성향 (민감성, 개방성, 독립성, 과제집착력, 자발성)
		융합활용 연계능력
		융합적사고능력

		문화적 소양과 감수성
심미적 감성역량	인간에 대한 공감적 이해와 문화적 감수성을 바탕으로 삶의 의미와 가치를 성찰하고 향유하는 역량	문화예술향유능력
		다원적 가치존중
		문화적 상상력
		타인공감능력
		정서적 안정감
		행복한 삶의 추구와 향유
협력적 소통역량	다른 사람의 관점을 존중하고 경청하는 가운데 자신의 생각과 감정을 효과적으로 표현하며 상호협력적인 관계에서 공동의 목적을 구현하는 역량	말하기
		듣기(경청)
		쓰기
		읽기
		문해력
		타인이해 및 존중능력
		갈등조정능력
공동체역량	지역, 국가, 세계 공동체의 구성원에게 요구되는 개방적·포용적 가치와 태도로 지속 가능한 인류 공동체 발전에 적극적이고 책임감 있게 참여하는 역량	시민의식
		준법정신
		환경의식
		주인의식
		봉사의식
		책임의식
		규범 및 질서의식
		갈등관리능력
		리더십
		대인관계능력
		국제사회문화이해
		협동(협업)능력

<표 22> 성취기준과 핵심역량

개념·원리 이해	개인 윤리적 역량	건강관리능력	고차적 사고와 도덕적 판단 역량
공감	국제사회 문화이해	긍정적 자기이해	기초학습능력
대인관계 윤리적 역량	대인관계능력	도전정신	문제해결능력
문화예술 향유능력	분석적 사고력	비판적 사고력	비판적 창의적 사고력
소통	소통과 협력	수학적 문제해결	수학적 사고
수학적 의사소통	수학적 추론	시민 윤리적 역량	시민성
시민의식	의사결정능력	의사소통능력	자기관리능력
자기주도능력	정보처리능력	존중	진로개발능력
창의력	창의성	창의적 표현능력	타문화 이해
표현	협동능력	협동학습능력	

저자 강연 후 학부모들이 자주하는 질문이 있다. "그렇다면 수많은 역량 중 어떠한 것이 가장 중요하다고 생각하세요?" 그때 저자는 서슴없이 창의력과 상상력을 강조한다. 현재와 미래사회에서 인간에게 가장 중요하고 필요한 능력이기 때문이다.

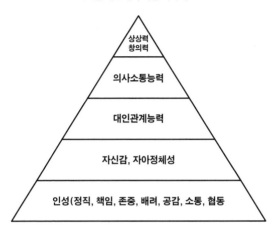

〈그림 7〉 5가지 역량 피라미드

상상력
창의력

의사소통능력

대인관계능력

자신감, 자아정체성

인성(정직, 책임, 존중, 배려, 공감, 소통, 협동

상상력, 창의력	미래사회에서는 창의력과 상상력이 경쟁력의 원천이다.
의사소통능력	타인과 원활한 의사소통이 가능해야 모든 일을 해낼 수 있다.
대인관계능력	타인과 원만하게 지내는 능력이 있어야 협동·협력할 수 있다.
자신감, 자아정체성	모든 자녀교육의 시작이자 가장 기초가 되는 요소이다.
인성	지식의 수용성과 삶의 방향을 결정하는 기본적인 요소이다.

역량함양을 위한
인성교육방법

교과지식을 중심으로 가르쳤던 산업사회에서도 인성교육은 있었다. 산업사회 인성교육은 가치덕목을 가르쳤는데 정직, 책임, 존중, 배려, 공감, 소통, 협동을 말한다. 그러나 선진국의 지능정보사회로 변화하면서 인성교육의 방향도 변화되었다. 인성교육진흥법에서 인성교육이란 "자신의 내면을 바르고 건전하게 가꾸고 타인·공동체·자연과 더불어 살아가는 데 필요한 인간다운 성품과 역량을 기르는 것을 목적으로 하는 교육"이라고 말한다. 여기서 핵심가치·덕목이란 "인성교육의 목표가 되는 것으로 예, 효, 정직, 책임, 존중, 배려, 소통, 협동 등의 마음가짐이나 사람됨과 관련되는 핵심적인 가치 또는 덕목"을 말한다. 또한 핵심역량이란 "핵심가치·덕목을 적극적이고 능동적으로 실천 또는 실행하는 데 필요한 지식과 공감·소통하는 의사소통능력이나 갈등해결능력 등이 통합된 능력"을 말한다. 즉, 지능정보사회 인성교육은 핵심가치·덕목과 핵심역량을 기르는 것을 목표로 한다. 역량교육을 위해 인성이 어떠한 역할을 하는지에 대해서는 이미 설명했으니, 이번 장에서는 인성의 가치덕목에 대해 알아보자.

인성교육: 7가지 가치덕목

인성의 7가지 가치덕목으로는 나에게 적용되는 정직과 책임감, 우리에게 적용되는 존중, 배려, 공감, 사회전체에 적용되는 소통, 협동이 있다. 올바른 인성교육을 위해서는 이 7가지 요소가 골고루 갖추어져야 하며, 단순히 지식으로서가 아니라 실용적, 실천적인 교육으로 갖추어져야 한다. 즉 자녀가 정직이라는 단어의 의미를 알고 있는 것이 중요한 것이 아니라 어떠한 상황에서도 정직하게 생활하려고 노력하는 것이 중요하다는 뜻이다.

인성의 요소들이 올바르게 형성되지 않으면 지식을 활용한 기능(능력)이 제대로 발휘되지 못해 결국 핵심역량 또한 발현되지 못한다. 인성은 삶의 방향과 지식의 수용성을 결정하기 때문에 인성이 부족하여 지식을 수용하지 않으면 삶과 직업생활에 필요한 기능(능력)을 발현하기 어렵다. 인성 부족으로 인한 지식 부재와 기능(능력) 부족은 자녀의 소득과 삶의 질에 상당한 영향을 끼친다. 이렇게 인성은 자녀의 소득과 삶의 질을 결정지을 정도로 매우 중요한 역할을 담당하므로 유아기에서 초등 저학년 시기에 올바르게 교육하는 것이 중요하다. 그렇다면 인성요소 7가지 의미와 함양시키는 방법에 대해 알아보자.

(1) 정직

정직이란 마음에 거짓이나 꾸밈이 없이 늘 바르고 곧은 자세를 말한다. 개인의 인격 성장과 행복, 사회의 건전한 운영과 질서를 위해 필요한 인성덕목이다. 때와 장소에 따라 말과 행동이 다르지 않고 일관성 있게 행동하는 덕목을 말한다.

앞에서 "역량은 지식과 인성이 결합되어 기능(능력)으로 발현된다."고 설명한 바 있다. 이는 학생 개인의 내면 깊숙이 자리 잡고 있는 인성이 어떠한 역할을 하느냐에 따라 학생이 가지고 있는 지식이 기능(능력)으로 100% 발휘될 수도 있으며, 전혀 발현되지 못할 수도 있다는 것을 의미한다.

정직이라는 인성은 어떤 역할을 하는 것일까? 예를 들어 설명해보자. A라는 학생이 과제를 수행하기 위해 자료를 인터넷에서 조사하다가 다른 학교 친구가 만들어놓은 리포트를 발견했다고 하자. 다른 학교 친구가 올려놓은 리포트를 다운로드하여 일부 내용을 수정하여 제출할 것인지, 아니면 오랜 시간이 걸리더라도 참고만 하고 학생 스스로 리포트를 직접 작성할지는 A라는 학생의 인성 중 정직이라는 요소에 달려 있다.

〈그림 8〉에서 보듯 자녀에게 인성의 가치덕목 중 정직이 올바르게 형성되어 있지 않으면 어떠한 지식이나 정보를 이해하고 습득해도 6대 핵심역량 가운데 자기관리역량(자아정체성, 자아존중감, 기본생활습관, 자기조절능력)과 공동체역량(시민의식, 준법정신, 규범 및 질서의식, 대인관계능력)을 정상적으로 발휘하지 못한다.

그렇다면 정직이라는 인성은 어떻게 형성될까? 대부분은 유아기에서 초등학교 저학년 시기에 학부모, 선생님, 친구들

〈그림 8〉 정직하지 못할 경우 문제되는 역량

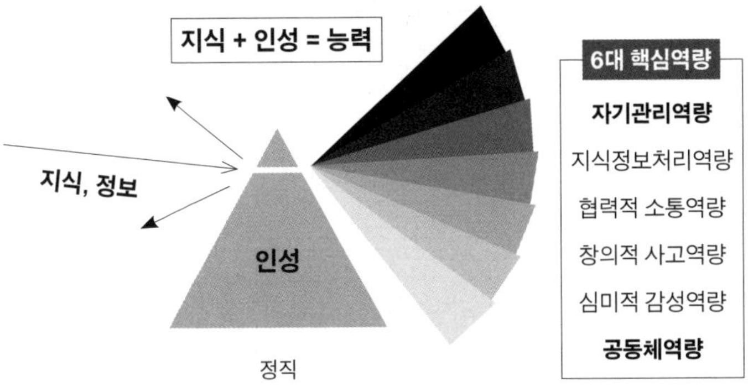

지식 + 인성 = 능력

지식, 정보

인성

정직

6대 핵심역량

자기관리역량
지식정보처리역량
협력적 소통역량
창의적 사고역량
심미적 감성역량
공동체역량

과의 상호작용에 의해 자연스럽게 형성된다. 그러나 그 중에서도 학부모의 역할이 특히 중요하다. 자녀는 학부모의 말과 행동을 모방하고 학습하면서 인성을 형성하기 때문이다.

과거 산업사회는 정직하면 오히려 손해를 볼 수도 있는 사회구조였다. 정직이 최선이 되는 사회였다면 세월호와 같은 사건은 발생조차 하지 않았을 것이다. 사회와 기업, 조직이 생각한 만큼 정직하지 않다고 해서 자녀에게 부정직한 것을 요구하거나 가르치는 학부모는 없다. 손해를 보더라도 정직하게 살라고 가르치는 것이 모든 학부모의 마음이다. 심지어 부정직하게 돈을 벌어 주변으로부터 손가락질을 받는 학부모라고 해도 자녀에게만큼은 정직하게 살라고 이야기한다.

하지만 자녀는 학부모의 말이 아니라 행동도 함께 보고 배운다. 앞에서 예를 든 A라는 학생이 어떤 선택을 하든, 그 선택은 학생의 학부모나 주변 어른들이 가르쳐주고 보여준 방법일 것이다. 뒤늦게 정직하지 못한 선택을 했다고 혼을 내는 것은 결국 학부모 스스로 자신의 부족함을 탓하는 것과 같다.

(2) 책임

책임이란 자녀가 맡은 일이나 과제를 끝까지 완성하는 태도를 말한다. 수많은 민족과 인종이 교류하는 현대사회에서는 공동체역량에 대한 중요성이 커질 수밖에 없다. 공동체역량에 대한 중요성이 커지는 사회변화에서 공동체의 구성원인 개인에게 부여된 역할, 과제, 의무 등을 스스로 끝까지 완성해내는 책임감은 학창시절에 키우는 것이 매우 중요하다.

책임감이 올바르게 형성된 학생과 그렇지 못한 학생의 차이를 사례를 통해 알아보자. 학생 A와 B는 학교에서 첫 번째 수업시간에 선생님으로부터 책임감이 무엇이며 어떻게 행동하는 것이 책임감 있는 행동인지에 대하여 배웠다. 본인에게 어떠한 일이나 역할이 맡겨지면 어떠한 상황이 전개되어도 중간에 포기하지 않고 끝까지 자기역할을 수행해야 한다는 사실을 관련된 시청각 교육과 교과서를 통해서도 학습했다. 그리고 같은 날 학생 A와 B는 소방교육에서 인공호흡을 하는 방법에 대해 배우기도 했다.

학생 A와 B는 비록 학교성적은 비슷했지만 성격, 태도, 가치관의 차이가 컸다. 학생 A는 지필고사 시험을 잘 봐서 성적은 좋았지만 자기밖에 모르는 성격이었고, 태도나 가치관은 언제나 비관적이었다. 타인을 배려하거나 존중하지 않았고, 자신보다 공부를 못하는 친구들을 무시하기 일쑤였다. 그래서 학생 A는 지필시험에도 나오지 않는, 책임감을 키워야 한다는 도덕수업이나 인공호흡수업 시간은 신경조차 쓰지 않았고 그 시간에 다른 공부를 했다.

반면 학생 B는 성적은 비슷했지만 친구들과 어울리기를 좋아했으며, 태도와 가치관이 매우 긍정적이었다. 항상 밝은 표정으로 웃으며 친구들과 잘 어울렸다. 책임감과 관련된 수업을 받은 후 책임감의 중요성을 정확하게 깨닫고 인공호흡 수업 시에는 실제 시연을 할 정도로 수업태도가 적극적이었다.

그렇게 학생 A와 B는 성격, 태도, 가치관은 전혀 다르지만, 학교성적은 비슷한 정도를 받으면서 학교를 졸업하는 순간이 왔고, 같은 대학 같은 학과의 수시모집에 지원을 하게 됐다. 학생 A와 B는 학교성적도 비슷했고, 학교생활기록부의 기록도 비슷했으며, 학교 선생님의 추천서도 비슷한 수준이었다. 따라서 이제 학생 A와 B의 합격 여부는 대학 입학사정관의 면접에 달렸다.

입학사정관이 물었다. "왜 의대에 지원하게 되었나?" 그러자 학생 A는 "어려운 사람들을 돕기 위하여 의사가 되고 싶습니다."라고 대답했다. 학생 A의 대답이 틀린 것은 아니었지만 다소 상투적인 대답이었다. 학생 B에게도 입학사정관은 동일한 질문을 했다. 그러자 학생 B는 좀 엉뚱한 대답을 했다. "친구들을 좋아하는데 친구들이나 주변 사람들이 아픈 것을 보면 마음이 너무 아픕니다. 의대에 진학하여 의술을 배워 좋아하는 친구들이나 내 주변 사람들이 아프지 않게 하려고 합니다." 만약 당신이 입학사정관이라면 누구를 선발하겠는가?

실제로 고려대학교 의대에서는 몇 년부터 좋은의사 연구소를 설립하여 참된 의료인을 교육하기 위해 교육과정을 개편했다. 이 좋은의사 연구소에서는 의료인으로서의 봉사활동들이 필수과목이다. 뿐만 아니라 고려대는 참된 의료인을 양

성하기 위해 의과대학 내에 의인문학교실을 개설했다. 의대
학생들은 생각의 향기라는 인문학 강좌를 통해 역사학자, 예
술가, 인문학자 등 의사가 아닌 타분야 전문가들의 강연을 들
으며 인성의 7가지 가치덕목의 하나인 '소통'에 대하여 배운
다고 한다.

이러한 고려대 의대의 교육과정 변화는 환자중심의 의사
를 양성하기 위한 노력이다. 또 의사로서의 의료기능(능력)에
대한 실력 함양과 동시에 다른 사람의 고통에 공감·배려·존
중·소통하는, 책임감 있는 의료인 양성을 위한 노력이기도 하
다. 이러한 교육가치의 변화 흐름을 모르는 학생과 학부모가
단편적인 학교 지필성적만을 가지고 의대를 지원하는 것 자
체가 구시대적인 자녀교육이라고 할 수 있다.

(3) 존중

국민을 개나 돼지로 표현하는 고위공직자가 우리나라에
는 존재했다. 더욱 놀라운 것은 그러한 인성을 가진 사람이
고위공무원이 될 수 있는 인사시스템이다. 미국을 방문 중인
대통령을 따라가 성추행을 하는 고위공직자, 툭하면 비리와
맞물려 언론에 오르내리는 판검사 및 기업총수들은 영화 속
악당들이 아니라 현실에서 자주 접하게 되는 실제 인물들이다.

잊을 만하면 나타나는 악당 같은 사회지도 계층이 심각
한 사회문제가 되자 국가는 신인재를 양성하기 위해 국가 교

육과정 자체를 바꾸어버렸다. 과거 산업사회 교육과정에서는 영어나 수학 같은 교과지식만을 잘 암기하고 습득해 학교점수가 높으면 다른 모든 것은 눈감아주는 분위기였다. 저자 또한 그러한 사회 분위기에서 태어나서 자랐다. 공부만 한다고 하면 부모님이 알아서 피해주고 아무것도 시키지 않았던 기억이 난다. 하지만 그것이 과연 옳은 방법이었을까?

친구를 존중하거나 배려하지 않고 본인만 1등을 하면 된다는 식으로 인터뷰를 했던 모 방송국 다큐멘터리를 보면서 많이 놀랐던 기억이 있다. 전교 1등을 하는 고3학년 학생에게 "학생은 왜 그렇게 공부를 열심히 하느냐?"고 PD가 묻자 그 학생은 이렇게 대답했다. "누가 내 앞에 있는 꼴을 못 봐요. 그것이 운동이던 공부던 간에…" 그 대답을 들으면서 저런 학생이 그대로 성장하여 고위공무원이 되면 국민을 개돼지로 취급하겠구나 하는 생각이 들어 소름이 돋았다.

(4) 배려

배려란 타인의 입장에서 생각해보고 타인의 어려움에 공감하고 도움을 주려는 덕목을 말한다. 타인에 대한 배려가 깊은 사람에 대해 보통 "생각이 깊다"라는 표현을 쓴다. 우리가 얼마나 타인에 대한 배려를 잘하는지는 지하철을 타보면 금방 알 수 있다.

지하철을 타면 한 칸의 끝에는 보통 3명이 앉을 수 있는 노약자석이 있다. 저자도 아직은 50대여서 어차피 앉을 수도 없는 자리이므로 그 자리 근처에는 가지 않는다. 그런데 언제부터인가 지하철 칸의 중간쯤에 핑크색으로 표시된 자리가 생겼다. 일명 임산부 배려석이다. 핑크색으로 바닥까지 칠해져 있어서 눈에도 너무 잘 띈다. 그런데 그곳에 여자도 아닌 남자들이 아무런 거리낌 없이 앉는 광경을 자주 보았다. 임산부 배려석의 의미에 대하여 조사해보니 이러한 뉴스내용이 등장한다.

"임산부 배려석, 이제 비워두세요. 지하철에는 거동이 불편한 임산부들을 위한 배려석이 있습니다. 도입된 지 3년이 지났지만 '양보' 문화가 제대로 정착되지 않자 운영자들이 아예 자리를 비워달라며 승객들의 협조를 요청하고 나섰습니다."

저자가 잘못 알고 있는 것이 아니었다. 임산부 배려석은 임산부가 올 때 비워주면 되는 자리가 아니라 처음부터 임산부를 위해 비워두어야 하는 자리였던 것이다. 그러나 임산부 배려석에 임산부가 앉아 있는 것을 별로 보지 못했다. 20대 젊은 대학생부터 술 취한 아저씨들까지 그 자리를 점령하고 있는 광경을 더 많이 보았다. 지속적으로 홍보하고 교육하면 변화가 오겠지만, 그런 광경을 볼 때마다 우리들이 배려보다는 자신들의 편안함 그리고 끝없는 욕망과 부를 갈망하는 사회에서 태어나고 자라난 세대라는 생각을 지울 수 없다.

지하철이나 버스에서의 자리 양보보다 더 배려가 되지 않는 것이 바로 흡연자 문제이다. 말 그대로 골칫거리이다. 이 문제는 쉽게 해결할 수 없을 것 같아 보인다. 흡연자들은 국가가 세금이 필요하여 담배를 팔았으니 흡연할 수 있는 공간을 달라고 하지만, 비흡연자는 입장에서는 피해가 이만 저만이 아니다. 비흡연자 입장에서는 내가 왜 흡연자 때문에 간접흡연을 해야 하냐고 되묻고 싶은 것이다.

흡연자들 모두가 잘못된 것은 아니다. 그 가운데 타인을 배려하지 않는 사람들이 문제다. 그들 때문에 타인을 배려하는 흡연자들까지 통째로 비난을 받는다. 대표적인 골칫거리가 걸어 다니면서 담배를 피우는 사람과 금연 공간에서 담배를 피우는 사람들이다. 담배를 피우면서 이동하면 그 주변을 지나는 사람들 모두가 간접흡연의 피해자가 된다. 그리고 뻔히 금연공간인 줄 알면서도 버젓이 흡연을 하는 것은 어린 학생들에게 사회적으로 정한 약속을 지키지 않아도 된다는 신호가 될 뿐이다.

"흡연은 질병입니다. 그리고 치료는 금연입니다."라는 공익캠페인을 본 적이 있을 것이다. 그런데 지금 우리들의 흡연 습관은 몸의 질병을 유발할 뿐 아니라 마음의 질병을 유발하기까지 한다. 타인을 위해 가장 기본적인 배려도 하지 못하는 사람은 인성이 병든 사람이라 할 수 있다.

저자를 포함한 산업사회 마지막 학부모 세대들이 쉽게 변화하기는 힘들겠지만 부단히 노력해야 할 필요가 있다. 특히 아직은 어린 자녀를 둔 학부모라면 좀 심각하게 고민해볼 필요가 있다. 인성이 부족한 학부모 밑에서 자라난 자녀가 인성이 올바르게 형성될 가능성은 거의 없다. 게다가 인성이 부족하면 우수한 대학에 진학하고, 유망한 기업에 취업할 확률까지 낮아짐으로써 소득과 삶의 질 또한 낮아지고 말 것이다.

(5) 공감

공감이란 타인의 감정상태나 기분을 이해하고 하나가 되려는 덕목을 말한다. 일반적으로 남성들이 여성들보다 공감능력이 떨어진다는 이야기를 많이들 한다. 여자는 공감능력이 뛰어나 친구들끼리 화장실 갈 때도 손을 잡고 간다는 우스갯소리를 하는데 남자들 입장에서는 이해하기 어려운 이야기일 수도 있다.

공감능력이 상대적으로 부족한 남자아이를 둔 학부모라면 더욱더 신경 써야 할 인성 가치덕목이 공감이다. 실제로 모 방송에서 남자아이들과 여자아이들의 공감능력을 테스트하는 방송을 본 적이 있다. 6~7세 정도 되는 남녀 아이들이 놀고 있었는데, 그 옆에서 갑자기 부모가 아파하면서 힘들어하는 행동을 했다. 그러자 여자아이들은 즉각 놀던 것을 멈추고 엄마에게 가서 얼마나 아픈지, 왜 아픈지 돌봐주려는 행동을 보였다. 반면 비슷한 연령대 남자아이들은 쳐다보지도 않거나 한번 흘깃 쳐다보다가 다시 놀이에 집중하는 행동을 보였다. 남자아이들의 공감능력은 그야말로 슬픈 수준이었다.

최근에 점차 주목받고 있는 지능이 공감지능이다. 공감지능은 사람마다 차이가 있다. 그 이유는 공감능력을 담당하는 신경세포인 거울뉴런Mirror neuron의 발달 정도가 다르기 때문이다. 그렇다면 거울뉴런이란 무엇일까? 거울뉴런은 이름처럼 다른 사람의 행동을 거울처럼 반영한다고 해서 붙여진 이름이다. 특히 다른 사람의 행동, 표정, 몸짓 등을 관찰할 때 활동하는 신경세포다. 예를 들어 주변 사람이 하품을 하면 따라서 하품을 하거나, 친구가 다쳐서 피를 흘리면 나도 아픈 것처럼 느끼거나, 영화의 주인공이 슬퍼서 울면 같이 눈물이 나는 것은 모두 거울뉴런 때문이다.

그렇다면 공감능력이 부족한 자녀를 위한 학습방법은 존재할까? 물론 존재한다. 그 방법은 다양한 표정을 관찰하고 따라 해보는 것이다. 자녀와 함께 영화를 보면서 등장하는 주인공들의 여러 표정을 관찰하고 모방해보는 것이 가장 좋다. 표정 따라 하기는 가장 직관적으로 상대방의 기분이나 감정을 공감하고, 그 감정을 체험할 수 있는 효과적인 학습방법이다. 감정에는 슬픔이나 기쁨과 같이 분명하게 드러나는 감정도 있지만 정확하게 관찰하지 않으면 따라 하기 힘든 표정들

<表 23> 다양한 감정들

기쁨	슬픔	질투	의심
호기심	당황	무관심	비난

이 존재한다. 질투하는 표정, 짜증 내는 표정, 의심하는 표정, 호기심 어린 표정 등은 매우 미묘한 표정이어서 찾아내기 쉽지 않을 수도 있다. 이러한 표정들을 정확하게 관찰하고 따라 함으로써 자녀는 감정의 폭을 넓힐 수 있다.

타인의 감정이나 기분을 이해하는 공감능력이 뛰어나면 주변 사람들의 행동, 표정, 몸짓 등을 관찰해 분위기를 빠르고 정확하게 파악하고 상황에 맞추어 언행을 조절할 수 있다.

성공한 리더들은 공감지능이 높아서 부하직원들의 행동, 표정, 몸짓 등을 통해 분위기를 파악하고 적절한 유머와 비전을 제시함으로써 조직원의 사기를 높이는 데 탁월하다는 연구결과가 있다. 늘 웃는 얼굴에 열정이 넘치는 사람 주변에는 사람들이 모인다. 반대로 늘 슬픈 얼굴에 비관적인 사람은 혼자일 수밖에 없다. 내 아이가 어떤 상황에 처하게 될지는 학부모의 교육에 달렸다.

(6) 소통

소통이란 타인에게 내 생각을 전달하고 타인의 생각을 경청하는 덕목이다. 서로의 생각을 교환해 갈등을 조절하고 조화를 이루려는 인성을 말하는데, 내 생각을 솔직하게 전달하는 것보다 더욱더 중요한 것은 상대방의 의견을 듣고 받아들이려 노력하는 것이다. 자녀가 친구들과 소통하려는 인성이 함양되지 않으면 단순히 친구가 없는 문제로 끝나지 않는다. 학창시절에는 교우관계가 부족한 것으로 끝나지만 사회에 진출하면 제대로 된 직업도 구하지 못하고 고립된 삶을 살아야 할 수도 있다.

타인과 소통하려는 인성 가치덕목이 부족하면 협력적 소통역량에 문제가 발생할 뿐만 아니라 공동체역량에도 문제가 발생한다. 타인과 소통이 안 되니 대인관계능력이 올바르게 구현되지 못해 사회생활과 직장생활에서 문제가 발생하게 되는 것이다. 더 부연하자면, 소통이 부족할 때 공동체역량의 하위요소인 리더십, 갈등관리능력, 협동능력에도 문제가 발생한다.

저자는 한때 대학에 근무하는 직업상담사 연수에 참여한 적이 있다. 연수가 끝날 즈음 문제 대학생들에 대해 공유하면서 직업상담사와 대화를 나누는 시간을 가졌다. 대학생들에 대한 교육문제였기에 연수를 하는 내내 관심이 높았고 대화 내용이 매우 심각하게 받아들여졌다. 직업상담사들이 문제

학생이라고 거론한 학생들 대부분이 학력, 학벌, 스펙 등에서
는 우수하나 인성이 부족하였다. 학력이나 영어점수 등은 좋
으니 유망한 기업에는 합격을 하긴 하는데, 인성이 부족해 회
사생활에 적응하지 못하고 습관적으로 회사를 그만둔다는
것이다. 그리고 나서 직업상담사를 찾아와 다시 상담을 요청
한다고 했다. 하지만 직업상담사들에 따르면, 그런 학생들과
대화를 나눠보면 본인들조차도 매우 꺼려질 정도로 인성에
심각한 흠결이 있는 대학생들이 많다고 한다. 그런 학생들이
어떤 단체나 조직에서 잘 적응할 가능성은 낮다.

〈그림 9〉는 자녀가 소통능력이 부족할 경우 발생하게 될
문제를 나타낸 것이다. 인성 중 소통능력이 부족하면 협력적
소통역량과 공동체역량이 올바르게 발현되기 어렵다.

〈그림 9〉 소통이 안 될 경우 문제되는 역량

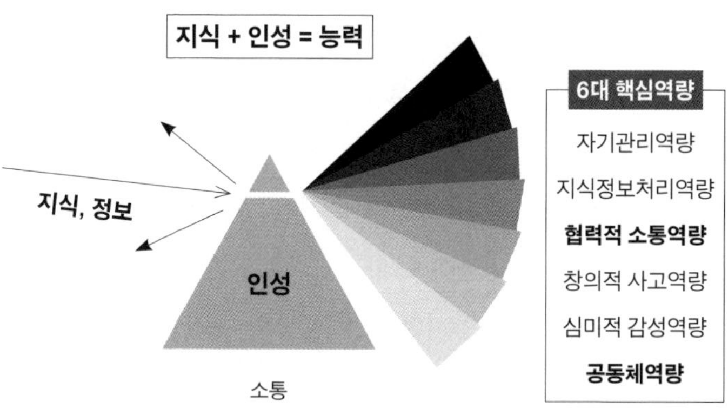

지식 + 인성 = 능력

지식, 정보

인성

소통

6대 핵심역량

자기관리역량
지식정보처리역량
협력적 소통역량
창의적 사고역량
심미적 감성역량
공동체역량

(7) 협동

협동이란 공동체 구성원 간의 신뢰를 바탕으로 마음과 힘을 모아 함께하는 덕목이다. 강대국으로 둘러싸인 우리나라는 무엇보다도 협동하는 인성 가치덕목이 매우 필요하다. 그러나 지금까지 우리의 교육은 협동보다는 경쟁을 더 중요시하는 우를 범했다. 협동을 거론할 때 절대로 빼놓고 이야기할 수 없는 것이 핀란드 교육이다. 핀란드 교육에서 왜 그토록 협동교육이 중요시하는지 알아보자.

"우리는 가진 것이 너무 없어서 학생들 간의 협동이 필수였다."

위의 말은 핀란드 교육이 협동을 중시하게 된 배경을 설명해주는데, 우리나라의 상황과 많이 닮아 있다. 그런 까닭에 핀란드에서 협동학습이 발달하게 된 배경을 조사하다 보면 국내 교육에 대한 많은 아쉬움이 남는다. 우리나라도 해방 이후 핀란드와 비슷한 사회, 경제적 환경이었기 때문이다. 핀란드나 우리나라 모두 OECD 국제학업성취도평가PISA에서 상위권에 올라 있지만 핀란드는 그것을 협동학습으로 이루어 냈고, 우리나라는 경쟁위주의 학습으로 이루어냈다. 과연 어느 쪽이 바람직한 방법이었고, 아이들의 미래를 위한다면 어느 쪽을 더 중시해야 할까?

700년 간의 식민지배에서 겨우 벗어났지만 자원은 거의 없고 영토도 작았던 핀란드의 최우선 과제는 생존이었다. 그런데 경쟁 위주의 교육을 진행한 대부분의 국가들과는 달리 핀란드는 모든 아이의 재능을 최대한 활용하는 것으로 교육 방향을 잡았다. 핀란드 교육에서 경쟁이란 타인의 재능을 짓밟는 것이었다. 핀란드가 생각하는 교육이란 가용한 인적자원을 모두 활용하면서 늦더라도 다 같이 함께 가는 것이었다.

핀란드 교육에서 가장 눈에 띄는 것이 바로 수업방법이다. 핀란드 수업은 그룹학습, 프로젝트학습, 발표학습을 기본으로 한다. 또 학급평균 학생수가 20명 이내이면서도 보조교사를 활용한 수업을 적극 지원하고 있다.

핀란드 교육방법과 관련하여 우리가 더욱 관심을 가져야 하는 것은 학교에서 교사를 중심으로 특별보충수업을 진행한다는 것이다. 특별보충수업을 통해 단 한 명의 학생도 낙오되지 않도록 하는 것이 핀란드 교육의 핵심 경쟁력이다. 이런 교육 환경이야말로 학생의 핵심역량을 강화하는 교육을 제대로 실행할 수 있는 환경이었으며, 이런 결과를 바탕으로 절대평가라는 평가제도도 실행할 수 있었다.

우리나라는 가진 것이 너무 없다. 그래서 우리나라도 사람과 교육을 강조한다. 그런데 우리나라는 사람과 교육에서 협동이 아니라 경쟁을 강조했다.

국내 교육이 해방 이후 산업사회에서 빠른 성공을 이룩하기 위해 경쟁을 강조한 것이 전적으로 잘못된 것은 아니다. 그 경쟁을 통해 급속한 경제발전을 이룰 수도 있었고 우리의 삶이 윤택해진 것도 사실이다. 하지만 지금부터가 문제이다.

더 이상 경쟁만으로는 정보통신기술ICT이 지배하는 사회에서 경쟁력을 확보할 수 없다. 이제는 경쟁보다 협동이 더 필요해졌으며, 협동이 아니고서는 해낼 수 없는 일들이 점점 늘어나고 있다. 이는 사회나 국가차원의 문제일 뿐만 아니라 개인차원의 문제이기도 하다. 내 아이의 성공적이고 행복한 미래를 원한다면 지금까지 매달려온 경쟁의식에서 벗어나 협동에 대한 새로운 관점을 아이들에게 가르쳐야 한다.

역량을 가르치는
선진국 자녀교육법

여기서는 자녀의 핵심역량과 인성을 함양할 수 있는 선진국 자녀교육법 중 가장 대표적인 방법을 알아보도록 하자.

8대 학습방법(1) - 지식탐구학습법

지식탐구학습법은 특정 교과지식의 개념 및 원리를 이해할 때 반드시 필요한 학습방법이다. 모든 역량은 지식, 인성, 기능으로 구성되어 있으므로 교과(범교과)지식에 대한 학습을 게을리하면 안 된다. 지식탐구 학습방법은 ① 문제를 이해하고 ② 관련된 자료를 조사, 분석, 활용하는 단계를 거쳐 ③ 해당되는 지식을 정리하고 ④ 적용하는 학습순서를 따르면 된다. 문제를 이해하는 첫 번째 단계에서는 문제를 이해하려고 하는 학습동기를 학부모(또는 선생님)가 만들어주는 것이 중요한데, 학습동기가 형성되면 자녀는 학습의 필요성에 대하여 이해하고 더욱 적극적으로 학습에 참여하게 된다.

학부모가 자녀교육을 도와줄 수 있는 가장 효과적인 방법은 자녀의 학습동기를 강화해주는 것이다. 자녀가 학습동기가 높아져서 문제를 이해하고 관련된 자료를 조사, 분석, 활용하기 시작하면 조력자 역할만 해주면 된다. 여기서 학부모가 너무 깊숙하게 또는 선행적으로 자녀 학습에 개입하게 되면 학습동기가 다시 떨어질 수도 있으므로 유의해야 한다. 자녀가 문제를 해결하는 데 필요한 자료를 정리하고 문제해결방법을 찾는 과정에서 논리적인 사고력이 함양된다. 그리고 정리된 자료를 바탕으로 글을 작성하게 하거나 학부모에게 설명하게 함으로써, 협력적 소통역량에 속하는 쓰기와 말하기 능력을 함양할 수 있다.

실제로 저자가 아들의 학교과제를 함께하면서 아들에게 지식탐구학습 방법을 적용한 사례를 살펴보도록 하자. 아들의 학교과제는 글로벌 시민교육GCED과 관련된 과제물이었다. 유네스코 지정 초등학교를 다니는 아들의 학교에서는 6월 8일~12일이 유네스코 주간이었다. 저자는 학교로부터 유네스코 주간 동안 학생이 가족, 이웃나라, 세계 여러 나라에 관심을 가질 수 있도록 학교정규 교육과정과 연계해 운영한 다는 주간학습 안내문을 받았다. 거기엔 한 주 동안 세계 여러 나라에 관련된 책을 읽는 것도 포함되어 있었다.

유네스코 주간 동안 학교 정규 교육과정에서는 총 9회의 관련 수업을 진행했다. ① 세계 여러 나라의 모습을 그리기, ② 동식물에게 목소리나 연주 들려주기, ③ 세계 여러 나라의 집 그리기, ④ 세계 여러 나라의 집에 살고 있는 다양한 인종 꾸미기, ⑤ 다문화 벽걸이 만들기, ⑥ 유네스코 체험 느낌표 현 활동, ⑦ 가족 관련 노래연주, ⑧ 교실 평화음악회 등의 수 업이었다. 또 특정국가를 선정하여 그 나라의 다양한 자료를 조사하는 과제물도 있었다.

저자는 주간학습 안내문과 과제물을 보면서 어떻게 하면 아들이 흥미를 잃지 않고 자기주도적으로 과제물을 수행하게 하고, 유네스코 학습주간 동안 다양한 학습과 체험을 통하여 글로벌 시민교육GCED과 관련된 지식과 태도 및 관련 기능(능력)을 길러줄 수 있을 것인가를 고민했다. 즉, 글로벌 시민교육이라는 다소 어려운 주제이지만, 관련된 핵심역량을 함양할 수 있도록 접근하고 싶었던 것이다.

과제물인 주어진 특정 국가에 대한 조사에서 아들은 일본을 선정했다. 아마도 유치원 때부터 가장 친했던 친구가 얼마 전 일본으로 이사를 가서 그 나라에 대해 관심을 가졌을 것이라 짐작했다. 주말이라 아침식사 후 곧장 일본에 대해 알아보기 시작했는데, 막상 아들은 특별한 흥미를 보이지 않았다. 친구가 일본에 있다는 것 외에 특별한 학습동기가 없었기 때문일 것이다. 그래서 저자는 일본과 연관되면서도 아들이 흥미를 가질 만한 단어들을 생각해본 다음 애니메이션, 로봇, 닌자 등을 거론했다. 그러자 초등학교 1학년인 아들은 닌자라는 단어에 흥미를 느끼기 시작했다.

아들이 닌자라는 단어에 관심을 보이는 것은 학습동기가 형성되고 있다는 것을 의미한다. 하지만 그 관심만으로는 부족하여 저자는 아들로 하여금 학습동기를 더욱 강하게 느낄 수 있도록 닌자 놀이까지 제안을 했다. 그제서야 아들은 학습동기가 충만해졌고, 저자와 함께 본격적인 탐구학습에 돌입할 수 있었다.

저자는 아들과 함께 일본에 대해 알아보는 동안 세 가지 측면에서 고민을 했다. 첫째는 아들에게 일본과 관련된 다양한 지식과 정보를 이해시키는 것이었고, 둘째는 일본과 관련하여 올바른 태도나 가치관을 정립해주는 것이었으며, 셋째는 일본에 대한 지식과 태도를 바탕으로 어떤 기능(능력)을 길러줄 것인가를 고려했다.

저자는 가장 먼저 이웃나라 일본에 대한 다양한 지식과 정보를 찾을 수 있도록 조력자 역할부터 하기 시작했다. 인터넷에서 일본 지도를 펼쳐놓고 친구가 살고 있는 도시를 찾는 것부터 시작하여 일본의 국토면적, 국기의 모양, 수도, 인구 수, 사용하는 언어 등에 대하여 함께 알아보았다. 아들로 하여금 만약 일본에 있는 친구를 만나러 갈 경우 어떻게 해야 하는지에 대해서도 생각해보게 했다. 이는 아들에게 구체적인 과제를 주는 셈이었다.

사실 일본과 관련된 지식과 정보를 찾고 이해시키는 것이 어려운 일이 아니다. 다만 아들은 시간이 갈수록 흥미를 잃어가게 된다. 이때 저자는 중간중간 짧은 닌자 만화영화 같은 것을 보여주면서 아들의 흥미를 지속시켰다.

그러나 일본에 대한 태도나 가치관, 그리고 기능(능력)을 길러주는 것은 단시간 내에 해결되는 문제가 아니다. 많은 시간을 투자해 다양한 책을 읽게 하고, 일정 시간 이상 다양한 경험과 체험을 통해야만 가능한 일이다. 그러므로 자녀와의 학습법은 단번에 끝낸다는 생각으로 진행하기보다는 긴 시간을 가지고 지속적으로 그리고 반복적으로 노력하는 것이 중요하다.

〈자녀 학습지도 포인트〉

① 문제이해 단계: 자녀의 학습동기 향상 및 지속 여부가 학습 성공의 성패를 좌우하므로 자녀가 평상시 좋아하

는 것, 흥미를 가지는 것에 대한 사전 지식을 학부모가 가지고 있는 것이 좋다.

② 자료조사, 분석, 활용: 특정 자료를 조사하고 분석하는 행위를 자주 해보는 것이 중요하다. 7세 정도면 자녀와 인터넷을 검색하면서 정보를 찾는 것이 가능하다.

③ 지식정리: 지식을 정리하려면 과제가 명확해야 한다. 일본에 대해 알아보는 것이라는 주제는 좀 막연했다. 그래서 일본에 있는 친구를 만나러 가기 위해서는 어떠한 것을 해야 하는지에 대한 구체적인 과제물을 내준 것이다.

④ 지식적용: 결국 아들은 몇 달 후 일본에 여행을 갔다. 친구가 있는 곳은 아니었지만 일본 여행을 다녀오게 되었고, 일본이라는 나라에 좀 더 친숙해지고 많은 것을 알게 되었을 것이다. 실제로 사용하지 않는 지식은 기억 속에서 오래가지 못하며, 지식은 사용되어야 핵심역량으로 발전될 수 있다. 향후 자녀와 여행을 계획하고 있다면 여행 몇 달 전부터 해당국가에 대해 조사, 분석, 정리, 적용하는 방법을 사용하길 제안한다.

◆ **지식탐구학습법의 학습목표** ◆

정보에 대한 조사, 분석, 활용능력

문제해결능력, 논리적 사고력

협력적 소통역량(쓰기, 말하기)

8대 학습방법(2) - 융합학습법STEAM

융합학습법은 과학기술 지식과 예술적 소양을 갖춘 창의적 인재로 키우기 위해 미국에서부터 시작한 교수학습방법이다. 최근 들어 공대에서 디자인을 가르치게 된 것도 융합학습을 통해 과목 간 경계를 넘어 창의적으로 생각하는 방법을 가르치기 위한 것이다. STEAM은 Science, Technology, Engineering, Arts & Mathematics라는 단어의 앞글자를 따온 말로, 과학, 기술, 공학, 예술, 수학 교과 간의 융합적인 교육방식을 의미하지만 넓게 해석하면 과목 간 경계를 무너뜨리는 자녀학습법이라 생각해도 무방하다.

STEAM 교육의 핵심은 세 가지다. 첫 번째로 실생활과 연계된 문제에 도전하게 하는 것, 두 번째로 문제해결을 위하여 2가지 이상의 교과지식을 창의적으로 활용하게 하는 것, 세 번째로 실제 적용하여 결과물을 만들어내는 것이다. 자녀교육에서는 살아가면서 불편했던 것을 개선하기 위해 새로운 무엇인가를 만들어 실제 삶에 적용해보게 하는 것이 효과적인 방법 가운데 하나다.

연령에 맞게 발명품을 만드는 과정을 통해 자녀에게 길러줄 수 있는 핵심역량은 창의적 사고역량이다. 또 살아가면서 불편했던 것을 개선하기 위해, 아이디어를 도출하고 정리하는 과정을 거치면서 문제해결능력이 향상된다. 학부모나 친구들과의 협동학습 과정에서 본인의 아이디어를 구체화하기 위해 자신의 생각을 정리·전달·설득하며 토론하다 보면 협력적 소통역량과 대인관계능력이 향상될 수 있다. 마지막으로 아이디어 도출을 위해 2개 이상의 교과지식을 조사, 분석, 활용하는 과정을 거치면서 지식정보처리역량도 향상된다.

위와 같은 학습활동을 자녀가 혼자 하게 되면 인성 중 책임감이 길러지겠지만 학부모나 친구들과 함께하게 되면 존중, 배려, 공감, 소통, 협동이라는 인성까지 함양할 수 있게 된다. 그러므로 혼자보다는 학부모나 친구(또는 형제)들과 함께할 수 있는 분위기를 만들어주는 것이 중요하다.

최근에는 형제 없이 자녀가 혼자뿐인 가정이 많다. 그런 가정에서는 자녀가 친구들과 자주 만나 역할놀이를 하게 해주는 것도 필요하다. 역할놀이를 통해 자녀는 대인관계능력, 의사소통능력, 협동능력과 더불어 소통, 배려, 존중, 공감, 협동 등의 인성을 함양할 수 있다.

저자가 교육기관에서 학부모설명회를 할 때면 이런 질문을 받곤 한다. "우리 아이는 지능개발과 같이 다양한 것을 많이 시켜서 똑똑은 한 것 같은데 고집이 세고 친구들과 잘 어울리지 못합니다. 어떻게 하면 좋을까요?" 당연하게도 이는 자녀의 잘못이 아니라 학부모의 잘못이다. 학부모가 핵심역량 중에서도 인지적 역량에 해당하는 부분만 집중적으로 개발시켰기 때문이다.

그런데 현재 30대 학부모들 중에는 그런 학부모들이 의외로 많다. 그 이유는 아마도 그들 자신이 산업사회에서 인지적 역량에 해당하는 수리력, 언어능력 같은 것만 집중적으로 배우고, 비인지적 역량에 해당하는 대인관계능력, 의사소통능력에 대해서는 제대로 배워본 적이 없기 때문일 것이다.

그렇다면 실제로 자녀와 발명품을 만들어보는 과정을 통해 다양한 핵심역량과 인성을 함양하는 방법에 대해 알아보자. 가장 먼저 해야 할 일은 자녀가 새로운 발명품 개발에 도전할 수 있도록 학부모가 함께 ① 살아가면서 불편한 점을 찾는 것이다. 이러한 과정을 거치면서 불편한 문제를 해결할 필요성을 구체적으로 느끼게 된다. 단순한 아이디어로 불편한 점이 해결될 수 있는 것은 지양하고 STEAM 요소의 지식들을 2가지 이상은 활용할 수 있는 것으로 찾는 것이 중요하다.

개선해야 할 구체적인 문제를 결정했으면 2개 이상의 STEAM 지식들을 활용해 ② 창의적으로 문제를 해결하는 방법을 찾아야 한다. 사실 여기서부터는 전문적인 영역이라 학부모가 직접 자녀를 교육하는 것이 쉽지 않다. 자녀가 어릴 적부터 다양한 분야의 독서를 많이 했거나 국립과학관 같은 곳에서 실시하는 창의과학프로그램에 자주 참여한 경험이 많다면 혼자서도 척척 해낼 수 있겠지만, 관련지식이나 경험이 없는 자녀는 몇 번 해보다가 쉽게 흥미를 잃어버릴 가능성이 높다.

이럴 경우 학부모는 관련도서를 구입해 함께 읽어보면서 관련지식을 쌓게 하고, 창의과학프로그램과 같은 프로그램에 자녀를 보내 융합학습활동에 친숙해지게 만드는 것이 필요하다. 그러한 선행적인 노력이 쌓이면 자녀 스스로 STEAM 학습을 진행할 수 있게 될 것이고, 학부모는 조력자 역할만 하는 것으로 충분해진다.

전문교육기관에서 초등학교 저학년을 대상으로 첫째 적외선과 색상센서를 탑재한 로봇을 만들고 미로를 찾아가는 놀이, 둘째 원심력과 자이로센서의 기능과 역할에 대하여 알아보고 실제 적용하기, 셋째 바닥면과 마찰력의 관계를 탐구하는 활동 등 조금은 전문적인 활동을 중심으로 프로그램을 운영하기도 한다. 이 경우 전문지식이 부족한 학부모가 무턱대고 접근하는 것은 좋지 않다.

융합학습법을 기반으로 하는 교육기관에 보내기만 하면 STEAM 학습이 해결되는 것은 아니다. 또 전문교육기관에 계속 보내는 것은 비용이나 시간 측면에서 쉬운 일이 아니다. 그리고 전문교육기관을 통한 STEAM 학습의 경우 비슷비슷한 내용의 수업을 진행하는 경우가 많아서 내 자녀만의 독창적인 아이디어를 이끌어내는 방법으로는 한계가 있다. 그러므로 기본적인 교육 이후에는 학부모가 조력자 역할을 하면서 자녀의 흥미나 발단단계에 맞추어 관련된 도서를 구입하여 STEAM 학습을 진행하는 것이 가장 좋다.

STEAM 학습의 마지막 단계는 ③ 실제 삶에 적용해보는 발명품을 만드는 것이다. 발명품마다 이름을 붙여주고 예쁘게 디자인해서 잘 전시해두면 자녀의 학습동기가 높아질 수 있다. 보통 자녀들은 유아교육기관에 다닐 때부터 수없이 많은 학습결과물을 가져온다. 그림은 기본이고, 액자, 가면, 꽃병, 부채 그리고 형체를 알 수 없는 물건들도 많다.

자녀가 가져온 학습결과물들을 학부모들은 어떻게 처리했을까? 잠시 자녀 방에 두었다가 쓰레기통에 버리지는 않았을까? 그럴 경우 자녀의 학습경험 또한 쓰레기통에 버려진 것이나 마찬가지다. 저자의 경우 멋지게 분류까지는 못했어도 아이가 만든 것의 대부분을 보관하고 있다. 학습결과물을 버리는 시기는 자녀가 성장하여 자녀가 판단하게 할 계획이다. 그런데 보관보다 더 좋은 것은 자녀가 학습결과물로 만든 것을 실제 삶에서 사용하게 하는 것이다. 모든 학습결과 물들이 그렇게 되기는 힘들겠지만, 자신이 만든 것을 실제로 사용하게 될 경우 자녀의 학습동기는 더욱더 높아진다.

이 시점에서 강조하고 싶은 것은 자녀의 역량을 함양하는 방법으로 저자가 제안하는 학습방법만 있는 것은 아니라는 사실이다. 그 외에도 여러 가지 방법이 있을 수 있으며, 특정 학습방법에 몰입할 필요는 없다. 최근 들어 플립러닝(거꾸로

수업), 하이브리드러닝, 액티브러닝, 티코칭과 같은 단어들이 유행처럼 번지면서 반드시 이렇게 자녀를 가르쳐야만 올바른 교육인 것처럼 말하는 교육관계자들이 있다. 이는 과대과장 광고에 불과하며, 이러한 광고에 속지 말아야 한다. 내 자녀의 발달단계에 맞아야 하며, 무엇보다 역량을 키워주지 못하는 어떠한 교육도 이 시대에는 필요가 없다는 사실을 인식해야 한다.

〈자녀 학습지도 포인트〉

① 문제인식 단계: 불편하거나 개선해야 할 문제를 인식하는 단계다. 특히 자녀와 함께 생활하면서 자녀의 습관을 개선해야 할 때 그리고 반복적으로 문제가 되는 것들을 해결해야 할 때 좋은 학습방법이다. 반드시 과학적, 수학적인 지식을 활용해야 하는 것은 아니다. 지식을 융합하는 것이 중요하다. 교과 간 경계를 무너뜨려 문제를 해결하는 데 도움이 되는 객관적이고 논리적인 지식이나 정보라면 무엇이든 활용하는 것이 좋다.
② 문제해결 단계: STEAM 요소를 사용해 창의적으로 문제해결방법을 찾아내는 단계이다. 자녀가 저 연령일 경우는 2가지 이상만 연결하여 해결방법을 찾을 수 있도

록 도와주면 된다. 고연령일 경우는 5가지 요소 모두를 연계하여 해결방안을 찾게 하는 것이 좋다.

예를 들어서 자녀의 책상을 깔끔하게 청소해주는 로봇 청소기를 만들려고 한다고 해보자. 이 경우 먼저 로봇에 달아야 하는 센서의 과학적인 원리와 종류를 이해하는 것도 필요하고, 로봇이 자유자재로 책상 위를 돌아다닐 수 있게 제작과정에서 기술적인 원리를 이용해 동력장치를 달아주는 것도 필요하며, 로봇이 다 만들어지면 로봇의 외형을 자녀가 좋아하는 캐릭터나 색으로 포장하는 과정을 거쳐야 한다. 이때 유의할 점은 학부모가 어떠한 상황에서도 과하게 개입하지 말아야 한다는 것이다. 자녀의 기준에서 완성도가 높은 결과물을 만들 수 있도록 하는 것이 중요하지 학부모가 보았을 때 완성도가 높은 것을 자녀에게 요구하면 오히려 역효과가 날 수 있다.

③ 실생활 적용단계: 자녀의 책상 위를 깔끔하게 청소해주는 청소로봇을 만들었으면 그 로봇을 항상 책상 주변에 배치하고 이름을 붙여주면 더욱 좋을 것이다. 자녀의 방 앞에 'ㅇㅇㅇ발명연구소'라고 표시해주는 것도 좋은 아이디어다. 위와 같은 다양한 학습활동이 실생활하고 직접적으로 연계될 경우 실제로 사용하면서 좀 더 다른 개선방안이 도출될 수 있다. 그러므로 만들어놓고 전시

대에 올려놓을 것이 아니라 실제 사용하면서 지속적으로 문제를 찾아 새로운 무엇인가를 창조해내는 것이야말로 창의적인 활동이며 자녀 스스로에게 자신감을 불어넣어주는 강력한 동기부여가 된다.

◆ 융합학습법STEAM의 학습목표 ◆

창의적 사고역량, 협력적 소통역량, 지식정보처리역량

문제해결능력, 대인관계능력

인성(존중, 배려, 공감, 소통, 협동)

8대 학습방법(3) – 협동학습법CIRC

협동학습법이란 읽기와 쓰기의 통합학습Cooperative Integrated Reading and Composition 모형으로 언어교육을 위해 만들어진 대표적인 협동학습모형 중 하나이다. 여기서 중요한 것은 모르는 친구들로 구성된 집단에서 함께 계획하고 편집하면서 읽기와 쓰기 활동이 통합되도록 도와주는 것인데, 학부모 입장에서는 개입 요소가 매우 적은 학습방법이다. 그러나 관련된 학습법을 이해해두는 것만으로도 자녀교육에 도움이 될 것이다.

수업을 진행하는 방법은 다음과 같다. 가장 먼저 ① 모르는 친구들과 함께 수업을 할 수 있도록 소모임을 구성한다. 소모임 구성 시 비슷한 수준의 읽기능력을 보유한 학생끼리 소모임을 구성하도록 하고 그 안에서 짝을 정하게 한다. 여기서 포인트는 모르는 친구와 짝을 이루어 수업을 하는 것이다. 대인관계능력과 갈등조절능력을 향상시키기 위해 고려된 교수학습 방법이므로 자녀가 모르는 친구와 수업하는 것이 싫다고 하면 자녀를 설득해서라도 받아들이게 하는 것이 필요하다. 매번 자녀가 모르는 친구를 받아들이지 못하게 된다면 이후 자녀의 대인관계능력과 갈등조절능력은 향상되기 어려울 것이고, 그 결과 자녀가 성장하여 사회생활을 할 때도 어려움을 겪게 될 것이다.

이 능력이 학창시절 동안 함양되지 않으면 자녀가 성장해 기업이나 조직에서 다른 사람들과의 공동업무를 진행해야 할 때 어려움을 겪게 될 것임은 물론이고 성과도 내지 못하게 될 것이다. 아무리 다른 역량이 높아도 이 능력이 없으면 정상적인 업무수행과 회사생활이 어려울 수 있으므로 학창시절 반드시 길러야 하는 중요한 역량이라는 사실을 명심해야 한다.

소모임이 구성되면 선생님은 전체 학생들을 대상으로 ② 글을 읽는 방법에 대해 가르쳐준다. 글을 읽으면서 주요 내용을 파악하거나, 글에 등장한 인물들의 관계를 생각해보며, 다음 줄거리에 대하여 유추해보는 등의 읽기능력을 향상시키는 훈련이다. 이 훈련이 끝나면 학생 혼자서 읽기활동을 통하여 글을 읽으면서 훈련된 내용파악, 등장인물, 줄거리 유추 등의 활동을 진행한다.

자녀가 책을 읽는 것을 좋아해서 많은 책을 읽는 것은 좋은 일이다. 하지만 책을 많이 읽는다는 것만으로 만족해서는 안 된다. 책을 많이 읽는 것은 물론 좋은 습관이지만, 많이 읽었다는 것이 정확하게 제대로 읽었다는 것은 아니다. 많이 읽는 것보다 더욱 중요한 것이 정확하게 내용을 이해하고 해석하는 것이다.

그래서 자녀의 혼자 읽기가 끝나면 이제는 짝과 함께 읽은 내용을 토대로 ③ 창의적인 활동을 진행한다. 구체적 활동으로 〈1〉짝과 함께 읽기, 〈2〉책의 내용에 대해 서로에게 질문하고 답하기, 〈3〉책의 내용과 관련한 해결방안을 찾기 위한 토론하기, 〈4〉책을 읽고 느낀 점을 그림으로 그려서 표현하기, 〈5〉책의 줄거리를 끝내지 않고 관련 이야기를 만드는 글쓰기 활동 등 여러 가지 활동이 있다. 이런 활동을 통해 창의적 사고역량, 협력적 소통역량, 공동체역량의 대인관계능력 등이 함양되는 것이다.

자녀가 고학년일 경우는 좀 더 고차적인 활동을 진행하면 좋다. 읽은 책의 내용에 대해 깊이 있게 분석해 책의 줄거리가 비논리적이지는 않았는지, 표현방법이 부적절하지는 않았는지, 본인이 저자라면 줄거리를 어떻게 변형할 것인지 등에 대해 선생님이나 짝과 토론하거나 토의하며 직접 글쓰기까지 해보면 더욱 효과적이다.

　마지막 단계로 ④ 서로가 평가하는 것이다. 짝이 책의 내용을 정확하게 읽고 이해하고 있는지, 짝이 작성한 글은 어떠한지 서로 평가해보는 것이다. 바로 옆에 있는 짝을 평가한다는 것은 매우 조심스러운 일이다. 그런 까닭에 자녀는 잘못을 지적하는 경우라도 상대방을 배려하고 존중해야 한다. 이런 과정을 통해 자녀의 인성이 자연스럽게 함양된다. 이런 이유 때문에 짝과 함께 서로 평가하는 과정은 책의 내용을 이해하고 암기하는 것보다 훨씬 중요한 과정이 된다. 최근 대학이나 기업에서도 지원자가 어떤 지식을 가지고 있는가보다 협동 능력, 배려심, 존중감 등을 가지고 있느냐를 더 중요하게 평가한다는 점에서 협동학습은 자녀에게 필요한 교육방법이라 할 수 있다.

〈자녀 학습지도 포인트〉

① 짝 구성 단계: 이 단계에서 학부모가 각별하게 신경을 쓸 부분은 자녀가 모르는 친구와 짝을 구성하고 원만하게 학습을 이어갈 수 있도록 조언하는 것이다. 잘 아는 친구가 편할 수도 있지만 모르는 친구, 어색한 친구와

의 의도된 구성을 통해 대인관계능력과 갈등조정능력을 길러주려고 한다는 것을 잊지 말고 선생님의 학습방법을 적극적으로 지지해주어야 한다.

② 혼자 읽기 단계: 책을 많이 읽는 것도 중요하지만 책을 읽는 방법을 몸에 익히고 내용을 정확하게 파악하며 독해력을 향상시키는 것도 중요하다. 올바르게 읽어야 정확한 글쓰기가 가능하다.

③ 창의적 활동단계: 책을 읽고 다양한 활동을 하는 것 또한 중요한 학습방법이다. 독서를 통해 간접경험을 했으면, 이제 짝 또는 가족들과 함께 책의 내용과 관련된 활동을 하면 책의 내용이 더욱 깊이 있게 다가올 것이다. 예를 들어서 자녀가 포유류에 대한 책을 읽었다면 실제 동물원에 방문하여 포유류를 직접 보고 경험하는 것이다. 그럴 경우 책의 지식은 살아 있는 지식이 된다. 살아 있는 지식이 형성되면 학습효과는 몇 배로 증폭된다. 저자의 경우 자녀가 책을 읽고 행한 창의적 활동 가운데 그림 그리기가 가장 인상적이었다.

보통은 글쓰기와 그림 그리기를 따로 하지만, 융합하여 활동을 하면 더욱 효과가 좋다. 내가 좋아하는 친구에 대한 글을 작성하고 그 옆에 글과 가장 잘 어울리는 그림을 한 장면씩 그려넣는 것이다. 글쓰기와 그림 그리기를 융합하여 책으로 만들어놓으면 자녀에게도 매우 소중한 자산이 된다. 어릴 적 행하는 저작활동은 자녀에게 매우 긍정적인 에너지를 만들어주기 때문에 적극 추천한다.

④ 평가하기 단계: 평가는 평가 자체가 목표가 아니다. 처음 만나서 서먹했던 짝과 어떻게 좋은 관계를 형성하고 갈등이 발생했을 때 어떻게 처신하는가가 핵심이다. 협동학습을 다녀와서 자녀가 해당수업이나 짝이 싫다고 한다면, 이는 인성이 올바르게 형성되지 않아서 대인관계능력이나 갈등조절능력에서 어려움을 겪고 있다는 것을 뜻할 가능성이 높다. 이 경우 짝과의 갈등 원인이 무엇인지를 찾아내고, 필요하다면 학교 밖에서 짝을 만나 친해질 수 있도록 배려해야 한다.

◆ **협동학습CIRC의 학습목표** ◆

대인관계능력과 갈등조절능력

협력적 소통역량(읽기, 쓰기)

창의적 사고역량

협동능력

8대 학습방법(4) - 토의·토론학습법

토의·토론학습은 특정 주제나 문제에 대해 다양한 의견을 듣거나, 의견을 기반으로 새로운 문제를 해결할 때 사용하는 학습법이다. 이때 중요한 것은 토의와 토론을 하는 자녀의 태도, 가치관, 기능 등도 중요한 학습과 평가의 대상이 된다는 것이다.

최근 역량기반지원서로 신입사원을 선발하면서 팀별로 과제를 내주고 팀원 간 토의·토론을 통해 문제를 해결하는 과정을 평가하는 기업이 늘어나고 있다. 이러한 평가를 통해 가장 우수한 직원을 선발하려는 것이다. 평가방식이 이렇게 바뀌고 있기 때문에 아무리 알고 있는 지식이 많아도 자기의 의견을 타인과 제대로 토의하거나 토론하지 못한다면 합격할 가능성이 낮아진다. 이런 측면에서 토의·토론학습은 자녀가 미래에 성공하기 위해 매우 필요한 학습방법이라 할 수 있다.

가정에서 자녀가 학부모와 특정 주제에 대해 토의·토론을 하는 방법도 좋고, 학교에서 친구들과 토의·토론으로 수업을 하는 것도 좋다. 중요한 것은 일상생활에서 토의와 토론을 자주 접해보는 것이다.

토의·토론학습은 일반적으로 다음과 같은 절차로 진행된다. 토의와 토론할 ① 주제를 확인하는 절차부터 시작한다. 주제나 문제가 무엇인지 파악하는 단계인데 이러한 반복적인 활동을 통해 문제인식능력을 향상시킬 수 있다. 주제나 문제가 파악되었으면 주제나 문제에 대한 ② 자신의 생각을 정리하는 것이 중요하다. 주제나 문제를 해결하기 위해 관련된 자료를 조사, 분석, 활용하여 자기의 의견을 정리하는 것이 중요하며, 자료를 정리하면서 자신의 의견을 반영해 최종 의견을 확정 짓는 것도 필요하다. 이러한 활동을 통해 문제해결능력이 향상된다. 또 토의·토론방법에 대한 규칙이나 절차가 있다면 관련사항을 이해하고 규칙이나 절차를 따르는 것도 중요하다. 토의·토론 규칙이나 절차를 모르고 자신의 의견만을 제시하는 실수를 하게 되면 오히려 평가점수에 악영향을 줄 수도 있다.

실제로 ③ 토의·토론하기가 진행되면 정해진 규칙이나 절차에 따라서 자기의 의견을 말하면 된다. 특정 주제나 문제에 대하여 상대방이 의견을 제시하면 경청하고 있다가 반대되거나 또는 찬성하는 의견을 제시하면 되고, 반대와 찬성에도 명확한 근거가 있어야 한다는 사실을 알려줘야 한다. 반대 의견을 제시할 때에는 상대방의 의견을 존중하면서 본인의 생각을 전달해야 갈등이 발생하지 않고 토의·토론이 원만하게 진행될 수 있다.

충분한 토의·토론이 진행되었으면 ④ 결과를 정리하고 평가하는 것 또한 중요하다. 토의·토론 내용을 잘 정리하면서 논리적 사고력이 향상될 수 있다. 또 토의·토론 내용의 결론이 미진하거나 추가적인 시간이 필요할 때에는 리더십을 발휘하여 참석자의 동의를 끌어내는 것 또한 필요하다. 특히 토의·토론학습에서는 인성이 매우 중요한 역할을 한다. 상대방에 대한 존중과 배려가 부족하면 토의·토론학습이 원만하게 진행되기 어렵다. 자녀가 토의·토론학습에서 자기 역할을 못하고 계속하여 모임에서 겉도는 상황이라면 자녀의 인성부터 파악해보는 것이 중요하다.

〈자녀 학습지도 포인트〉

① 주제 확인: 토의·토론학습법은 다른 학습법과 달리 학부모와 개별적으로 자주 연습할 수 있는 학습법이다. 토의·토론할 주제에 대해 정확하게 인식시키는 훈련은 학부모와의 일상적인 대화만으로도 가능하다. 그러나 저연령 자녀는 대화를 하다가 다른 곳으로 빠지는 경우가 많고, 고학년 자녀일 경우는 학부모와 대화 자체를 안 하려고 할 수도 있다. 특히 최근 학생들 중에는 상대방 얼굴을 보면서 정확하게 자신의 의견을 말하는 것조차 힘들어하는 학생들도 있다. 이러한 상황을 감안하여 학부모는 자녀가 자연스럽게 토의·토론에 임할 수 있도록 주의를 기울여야 한다.

② 자신 생각정리: 자신의 생각을 정리하는 것이 쉬운 것은 아니다. 모든 생각이나 의견이 딱 떨어지지 않을 경우도 많기 때문이다. 또 평상시 생각해본 문제가 주제가 아닐 경우 생각을 갑자기 정리하는 것도 어려운 일이다. 이런 까닭에 평소에 생각을 정리해보는 습관을 갖는 것이 중요한데, 어떤 문제를 읽고 자신의 의견을 반영한 글쓰기를 해본다든가, 어떤 주제와 관련된 책을 읽어보는 것이 도움이 된다.

③ 토의·토론하기: 학부모와 함께 평상시 토의·토론 연습을 자주하면 학교에서 친구들과 토의·토론 시에도 자신감이 붙을 수 있다. 또 자주 하다 보면 흥미도 생길 것이다.

학부모와 토의·토론을 할 때는 일상의 사소한 문제에서 개선 방향을 찾아보는 것도 방법이다. 이때 방식이 너무 과하면 자녀가 토의·토론에 자신감을 잃거나 흥미를 잃을 수도 있으므로 주의해 문제점을 개선해주어야 한다.

④ 결과 정리하기: 모든 일에 결론을 잘 내리는 것은 중요한 능력이다. 몇 시간 동안 회의를 해도 결과가 없다면 시간낭비가 될 수 있고, 그러한 회의에는 사람들이 참여하지 않으려고 할 것이며, 결국 그런 회의에는 참여를 한다 해도 의견개진에 소극적이 될 가능성이 커진

다. 이런 까닭에 회의결과를 잘 정리할 수 있도록 지도해야 할 것이고, 그 과정에서 무엇보다도 상대방 친구를 존중하고 배려하도록 가르치는것이 중요하다.

◆ **토의·토론학습의 학습목표** ◆

문제인식능력, 문제해결능력

비판적 사고력, 논리적 사고력

인성(존중과 배려)

8대 학습방법(5) - 프로젝트학습법PBL

프로젝트학습이란 자녀의 생활 주변에서 발생하는 문제들을 해결해 나가는 학습법이다. 자녀가 관심 있어 하는 특정 주제에 대해 깊이 탐색할 필요가 있을 때 적용하면 좋다. 프로젝트학습은 어떤 특정한 주제에 대하여 학생 스스로 문제해결 계획을 세우고, 정보를 찾아 해결방법을 모색·실행해보고, 평가하는 과정을 거친다.

프로젝트학습의 장점은 무엇보다도 학부모와 자녀가 함께 가정에서 자녀가 관심을 갖는 주제로 시간에 구애를 받지 않고 중장기적으로 진행할 수 있다는 것이다. 자녀가 고학년이 되면 학부모와 이야기할 내용도 줄어들어 서먹서먹할 때가 있다. 이때 공감대를 형성하기 좋은 주제로 정해 함께 이야기를 나누면 자녀의 역량도 함양되고 가족 사이에 친밀감도 높아지는 일석이조의 효과가 생긴다.

프로젝트학습은 가장 먼저 ① 주제를 선정하는 단계를 거친다. 주제는 자녀의 생활 주변에서 발생하는 문제들 가운데 고르면 된다. 자녀의 흥미를 고려하고 보다 가치 있어 보이는 문제를 선택하면 된다. 이때 유의할 점은 자녀가 흥미로워하는 것만을 주제로 정하기보다 교육과정에 있는 학습목표와 연결되는 것에 비중을 두는 것이다.

최근 학원에서 프로젝트학습법을 기반으로 흥미롭게 수업을 진행하는 신세대 원장들을 가끔 만나곤 하는데, 교육목표가 석연치 않은 경우가 종종 있다. 혁신학교가 초기에 아이들하고 노는 학교로 오해를 받았던 것처럼, 프로젝트학습법을 이용하는 학원 또한 오해를 사지 않으려면 교육과정 상의 학습목표(또는 수행평가 성취기준)를 정확하게 이해하고 적용하는 것이 필요하다.

주제가 선정되었으면 ② 프로젝트 계획서를 작성하고 활동을 시작한다. 자녀는 프로젝트 계획서를 작성하면서 자신의 생각을 체계적으로 기획하는 방법과 글쓰기 방법을 배우게 되며, 이후 프로젝트 수행을 위한 정보를 조사, 분석, 활용하는 단계를 거치면서 정보수집 및 활용능력과 창의적 사고 역량을 향상시키게 된다. 이때 자녀는 계획한 자료, 방법, 재료로 프로젝트를 구상하고, 이를 수행하기 위해 실험하고, 만들고, 조사하고, 체험하는 등의 다양한 활동을 하게 된다. 학부모 입장에서는 자녀와 끊임없이 대화하고 토론하면서 학생 스스로 프로젝트를 완성할 수 있도록 조력자 역할을 해주는 것이 중요하다.

프로젝트는 짧게는 며칠에서 길게는 몇 달이 소요될 수 있다. 하지만 중요한 것은 시간의 길이가 아니다. 프로젝트를 수행하면서 자녀가 향상시켜야 할 역량에 초점을 맞추어 관찰하고 지원해주는 것이 중요하다.

프로젝트의 결과물이 정리되면 학부모나, 친구, 친척들 앞에서 ③ 프로젝트 결과 발표를 하게 한다. 이때 적절한 보상을 해주는 것도 좋은 방법이다. 발표를 듣고 난 후 다른 의견을 제시해주기도 하고, 프로젝트를 수행하면서 자녀가 얻은 것이 무엇인지 서로 대화를 나눠보는 것도 중요하다. 또 비슷한 주제를 가지고 친구와 함께 진행하면서 서로의 결과물에 대해 평가하거나 평가받으면서 비판적 사고력이 향상될 수 있다.

프로젝트학습법은 무엇보다도 문제해결력을 향상시키기 위해 고안해낸 학습법으로 해결해야 할 문제를 정확하게 이해하고, 문제해결을 위하여 다양한 아이디어를 고안해내는 것이 핵심이다. 프로젝트학습을 학교나 조직 내에서 소모임으로 구성해 운영하면 대인관계능력, 협동능력, 갈등조절능력 등이 함께 향상될 수 있으며, 학습이 그런 능력을 향상시킬 수 있는 방향으로 진행될 수 있도록 조직하고 관찰하고 지원해 주는 것도 중요하다.

프로젝트학습법이 유행처럼 번지고 있지만 장점만 존재하는 것은 아니다. 프로젝트학습은 시간이 많이 소요되며 노력에 비하여 성취가 낮은 편이다. 또 소모임으로 프로젝트를 운영할 경우 우수한 학생만 활동에 적극 참여하고 나머지 학생들의 참여도는 떨어질 수도 있다. 이러한 단점을 충분히 고려하여 프로젝트학습을 계획하는 것이 중요하다.

〈자녀 학습지도 포인트〉

① 프로젝트 주제선정: 학부모와 함께할 프로젝트 주제를 선정할 때 자녀가 선택할 수 있게 하되 교육과정 상의 학습목표를 관련 사이트에서 확인하고 그와 관련된 주제를 선정하는 것이 좋다. 학습목표를 확인하는 것이 어렵다면 본 도서에서 제시하는 핵심 및 인성 목표만 정확하게 확인해도 좋다.

② 프로젝트 계획서 작성: 간단한 계획서를 작성해야 하는데 당연히 자녀가 주도적으로 작성하게 해야 한다. 주제를 해결하기 위해 사용할 자료, 재료, 방법 등에 대해

정리하게 하고, 소요되는 시간, 비용 등에 대해서도 정리해보게 하는 것이 좋다.

③ 프로젝트 실행: 프로젝트를 수행하면서는 자녀가 어려워하는 부분을 중점으로 도와주면 좋다. 이는 마치 자녀의 블록 조립을 도와주는 것과 비슷하다. 보통 자녀들이 블록을 조립할 때 본인 연령보다 높은 것을 구매해도 학부모가 옆에서 부품만 찾아주면 자녀 혼자서도 잘 만들어내는 경우가 많다. 몇 번 프로젝트를 진행하면서 자녀 스스로 혼자서 하겠다는 말이 나올 정도가 되면 프로젝트를 수행하는 것에 이미 익숙해졌다는 뜻이다.

④ 프로젝트 발표: 수행 못지않게 중요한 것이 발표다. 이때 타인의 평가를 의연하게 받아들이고 자기 것으로 만들 수 있도록 도와주는 것이 중요하다. 타인의 비판을 받아들이는 자세도 중요하지만, 자녀가 남을 평가하는 태도나 말하는 방법을 배우는 것 역시 중요하다.

◆ **프로젝트학습의 학습목표** ◆

문제해결능력, 대인관계능력

창의적 사고역량, 정보조사·분석·활용능력

비판적 사고력, 인성 (책임, 협동)

8대 학습방법(6) - 귀납적 사고학습법

귀납적 사고학습이란 미적 체험과 미적 인식능력을 향상하기 위한 학습방법으로, 주변의 자연환경과 미술작품 등에서 미적 사고를 형성하고 미적 원리를 이해시키는 자녀교육방법이다. 핵심역량 중에는 심미적 감성역량에 속하는 문화적 감수성이나 문화예술향유능력을 향상하는 데 활용하면 좋다.

귀납적 사고학습법은 ① 문제를 인식하고 문제에 제시된 ② 자료를 관찰하고 탐색하는 과정에서 ③ 규칙이나 원리를 발견하며 발견된 규칙이나 원리를 ④ 예술활동이나 실생활에 적용하는 절차를 따른다. 이러한 학습방법을 통해 문제를 인식하는 능력이 향상되고, 자료를 조사, 관찰, 탐색하는 능력이 향상되며, 규칙이나 원리를 발견하는 논리적 사고력 또한 향상된다. 그리고 최종적으로 예술활동이나 실생활에 적용함으로써 문화예술향유능력이 향상된다. 유아교육기관에서 실행한 실제 사례를 통해 귀납적 사고학습방법이 가져오는 교육적 가치에 대해 알아보도록 하자.

저자는 수락산 주변에 위치한 유치원 학부모설명회에 방문했다가 놀라운 교육현장을 발견했다. 교사의 교육방향에 따라 유아들의 학습결과가 전혀 달라지는 사례를 보았기 때문이다. 관계자의 설명에 따르면 유치원에서 유아들에게 물고기라는 주제를 주고 그림을 그리게 했더니 〈그림 10〉과 같이 대부분 비슷한 결과가 나왔다고 한다. 저자가 〈그림 10〉 주변에 걸려 있는 다른 유아들의 그림을 살펴보니 역시 비슷한 모양의 그림들이 있었다. 각자 표현 정도에 따라 약간의 차이는 존재했지만 비슷하게 물고기를 표현하고 있었다.

〈그림 10〉에 표현된 물고기를 보면 어딘가 이상하다. 이는 유아들이 대부분 애니메이션을 통해 간접적으로 물고기를 보았기 때문일 수도 있고, 그림책이나 방송, 인터넷을 통해 물고기를 이해했기 때문일 수도 있다. 어쨌든 대부분의 유아들은 애니메이션에나 나올 것 같은 형태와 색깔로 물고기를 표현했다. 그런데 유아 자녀를 둔 대부분의 학부모는 〈그림 10〉과 같은 물고기 그림을 별로 문제삼지 않았다. 유아들이 그려내는 수준에 큰 의미를 부여하지 않았을 뿐만 아니라, 유아들이 그린 물고기가 〈그림 10〉과 같이 표현된 것이 오히려 당연하다는 반응이 대부분이었다.

즉 학부모들은 유아들이 〈그림 10〉과 같이 그리는 것에 이미 익숙해져 있기 때문에, 그러한 유아교육이 올바르다고 생각하는 것 같았다. 그런데 〈그림 11〉에서 반전이 일어난다. 〈그림 11〉을 보면 그림을 그린 학생이 초등 고학년이나 중학생 정도로 추측된다. 하지만 〈그림 11〉을 그린 주체 또한 〈그림 10〉을 그린 유아였다. 동일한 유아가 〈그림 10〉을 그리고 난 다음, 약 3주 후에 다시 〈그림 11〉을 그린 것이다. 게다가

〈그림 10〉

〈그림 11〉

그 유아가 〈그림 11〉을 그릴 때 교사나 학부모 등 누군가가 그렇게 그리도록 지도한 것도 아니었다. 다른 부분은 이것 하나였다. 〈그림 11〉을 그리기 전에 유아로 하여금 실제 물고기를 보여주면서 만져보게 하고 상세하게 관찰하게 했다는 것이다.

동일한 유아가 약 3주 정도 기간을 두고 〈그림 10〉과 〈그림 11〉을 그렸다는 사실을 어떻게 이해해야 할지 저자는 잠시 혼란스러웠다. 3주 사이에 유아의 그림실력이 갑자기 늘어날 리는 없기 때문이다.

만약 유아의 학부모가 〈그림 11〉을 보지 못했다면 그 학부모는 자신의 자녀가 〈그림 10〉처럼 물고기를 그리는 것에 대해 당연하게 여겼을 것이다. 그러나 〈그림 11〉을 보는 순간 그 학부모는 자신의 자녀가 사실과 가깝게 표현할 수 있는 능력을 가졌다는 사실에 놀라게 된다. 저자 또한 그 경험을 통해서야 유아들이 경험에 따라 〈그림 10〉처럼 그릴 수도 있고, 〈그림 11〉처럼 그릴 수도 있다는 사실을 알게 돼 놀랐고, 유아들로 하여금 경험의 중요성을 깨닫게 해주는 유아교육기관이 있다는 사실에 다시 한 번 놀랐다.

일반적으로 물고기라는 주제를 가지고 유아가 그림을 그리면 〈그림 10〉과 같은 결과가 나오기 마련이다. 그러나 해당 유치원은 유아들이 문제를 정확하게 인식하고 관찰, 탐색내용을 바탕으로 정교하게 표현하면 실제 물고기처럼 그릴 수 있다는 사실을 알고, 그 사실을 학습법에 적용했다. 두 그림의 사례는 유아 때부터 올바른 교육방법을 실천하면 지금과는 전혀 다른 신인재를 길러낼 수 있을 것이라는 사실을 알려준다. 그래서일까? 최근 몇 년 사이에 등장한 선진국형 교육기관(혁신학교, 유네스코학교, 행복학교, IB학교 등)은 공통적으로 교과서를 통해 지식을 일방적으로 전달하기보다는 현장 중심의 체험학습과 경험중심의 살아 있는 교육을 실시하고 있다.

지능정보사회는 지식을 많이 암기, 습득한 학생보다 실제적으로 의미 있는 다양한 지식과 정보를 활용하여 창의융합적으로 사고하고 행동할 수 있는 능력이 뛰어난 학생을 선호한다. 핵심역량이 뛰어난 신인재의 특징은 외부로부터 전달받은 다양한 지식과 정보를 인성(가치관, 태도, 성향 등)과 결합하여 다양한 기능(능력)으로 발현하는 것이다. 신인재의 핵심역량을 향상시키기 위해서는 지식과 정보를 학습하는 것 외에 실제적, 실용적, 현실적인 경험과 체험 위주의 교육이 필요하다.

〈자녀 학습지도 포인트〉

① 문제 인식: "아무 문제가 없는 것이 문제"라는 문구가 있다. 관행과 관습에 따라 해오던 대로 문제를 해결하려 하면 결과가 달라질 수 없다는 뜻이다. 즉, 습관처럼 문제를 인식한다면 해결방안 또한 제대로 나올 리 없다. 앞에 사례처럼 유아들의 그림은 원래 저렇게 그리는 것은 당연하다고 생각한다면 해결책이 있을 리 없다. 유아들에게 물고기를 그리라고 하면서 물고기 한 번 제대로 보여주지 않는다면 어떻게 제대로 된 물고기 그림이 나올 수 있겠는가? 자녀교육에서는 문제를 정확하게 파악할 수 있도록 정확한 자료를 제공하는 것이 중요하다.

② 자료 관찰. 탐색: 자녀가 문제를 해결할 수 있도록 정확한 자료나 방법을 제시하는 것은 선생님이나 학부모로서 매우 중요한 역할이다. 자녀가 제공된 자료를 정확하게 파악하기 위해 관찰하고 탐색하면서 보고 느낀 것을 표현할 수 있게 하는 것이 중요하다.

③ 규칙·원리 발견: 피카소가 천재화가로 불리는 이유는 모든 화가들이 보이는 것만 그림으로 그릴 때, 그는 보이지 않지만 동시에 존재하는 옆면, 아랫면, 윗면을 동시에 화폭에 표현했기 때문이다. 남들은 관찰하지 못하

거나 표현하지 못하는 부분을 섬세하고 예리하게 파악하게 하는 것이 중요하다.

④ 예술활동이나 실생활 적용: 귀납적 사고학습의 목표는 자녀들을 예술가로 키우는 것이 아니다. 궁극적인 학습 목표는 문화적 감수성과 문화예술향유능력을 향상시켜서 심미적 감성역량을 강화하는 것이다. 저자는 심미적 감성역량에서 모든 정신적 에너지가 발생한다고 생각한다. 지인들 중에는 저자에게 너무 많은 일을 하는데 스트레스가 심하지 않느냐고 묻는 사람이 있다. 그러면 저자는 이렇게 대답한다. "스트레스가 좀 쌓였다 싶으면 좋아하는 음악을 듣거나 영화를 본다. 그러면 쌓였던 스트레스가 눈 녹듯 사라진다." 심미적 감성역량은 창의성, 창조성을 위해서도 중요하지만 건강하고 행복한 삶을 위해서도 필요하다.

◆ 귀납적 사고학습의 학습목표 ◆

문제인식능력, 논리적 사고력

정보를 조사, 관찰, 탐색하는 능력

문화적 감수성, 문화예술향유능력

8대 학습방법(7) - 인성 가치덕목 함양학습법

인성의 가치덕목들인 정직, 책임, 존중, 배려, 공감, 소통, 협동을 지식으로서 배우는 것은 의미가 없다. 정직의 개념에 대해 모른다고 정직하지 못한 행동을 하는 것은 아니라는 말이다. 인성 가치덕목 함양학습은 인성요소를 역량으로 구현할 수 있도록 배우는 학습방법이다. 다른 학습법은 주로 학부모보다는 선생님이나 교육기관의 역할이 크지만, 인성 가치덕목 함양학습만큼은 학부모가 주도해야 한다.

인성 가치덕목 함양학습은 가장 먼저 자녀가 ① 인성 가치덕목 문제를 인식하는 단계부터 시작한다. 인성의 가치덕목과 관련된 도서를 함께 읽거나, 영화를 감상하거나, 뉴스를 보면서 자녀의 마음이 움직여야 한다. 슬픈 영화를 보면서도 눈물이 나지 않는 것은 영화내용에 공감하지 못했다는 것을 의미하듯이, 정직하지 못한 영화주인공을 보면서도 자녀가 아무런 감흥이 없다면 자녀가 아직 인성 가치덕목이 무엇인지 인식하지 못한 것이다. 자녀가 인성 가치덕목의 가치를 인식하지 못할 경우 그 자녀는 정직하지 못한 주인공의 행동을 따라 할 수도 있다. 즉, 저러한 상황에서는 저렇게 행동해도 무방하다고 이해할 수 있다.

이런 까닭에 영화에도 등급을 매기는 것이다. 물론 영화에 대한 등급이 항상 객관적이고 합리적이라고 할 수는 없겠

으나 영화 등급을 완전히 무시한 채 자녀들에게 아무 영화나 관람하게 하는 것은 위험한 일이고, 특히 유아 자녀를 둔 학부모일수록 각별한 주의가 필요하다. 아직 인성이 제대로 형성되지 못한 상황에서 보지 말아야 할 것을 보고, 듣지 말아야 할 것을 듣게 되면 인성이 올바르게 형성되지 못할 가능성만 커진다.

자녀는 다양한 사례를 통해 문제를 인식하는 과정을 거치면서 자아정체성이나 자아존중감이 형성되는데, 자아정체성이나 자아존중감은 자기관리역량의 하위요소이면서 모든 학습의 가장 기본이 되는 요소이므로 매우 깊은 관심을 가지고 살펴봐야 한다. 특히 자녀가 새로운 것을 배우는 것에 대한 두려움이 있다면 자아정체성이나 자아존중감이 낮기 때문일 가능성이 높다. 또 자아정체성이나 자아존중감이 부족하면 꿈과 목표의식 및 학습동기가 부족해진다. "모래 위에 성을 쌓는다"는 표현처럼 기초가 튼튼하지 못하면 그 위에 쌓은 것이 쉽게 무너져 내릴 수 있으므로 특히 주의해야 한다.

자녀교육에서 기초를 튼튼히 한다는 것은 자아정체성과 자아존중감을 튼튼히 한다는 것이다. 자아정체성과 자아존중감이 튼튼하지 않은 상태에서 어휘력이나 수리력과 관련된 인지적 역량을 교육하는 것은 아무런 소용이 없으며, 오히려 역효과가 나서 자녀가 학습에 흥미를 잃어버릴 가능성이 높다.

중학교 1,2학년 때까지는 열심히 공부하던 자녀가 갑자기

중3학년이나 고등학교에 올라가서 공부를 포기하는 현상들이 최근 교육현장에서 자주 발생한다. 그 주된 원인은 초등학교 시기에 반드시 길러야 하는 자기관리역량의 자아존중감이나 자아정체성, 그리고 인성의 정직, 책임 등의 가치덕목을 튼튼하게 형성하지 못했기 때문이다.

다양한 사례를 통해 문제를 인식했다면 다음 단계로 ② 가치덕목의 추구 및 심화학습이 진행되어야 한다. 이 단계는 인성 가치덕목 7가지와 더불어 올바르고 가치 있는 삶에 대한 정확한 이해력과 가치판단능력을 향상시키는 단계이다. 자녀는 이 단계에서 공동체역량의 하위요소인 준법정신, 윤리의식, 질서의식, 시민의식 등이 함양된다. 가치덕목을 추구하는 활동들을 반복적으로 실시해야 하며, 삶 속에서 자연스럽게 모든 활동들이 구현될 수 있도록 해야 한다.

예를 들어 배려, 존중이라는 인성 가치덕목을 키워주려고 할 경우, 친구들과의 놀이에서부터 그런 덕목이 자연스럽게 구현될 수 있도록 학부모가 잘 관찰해야 한다. 만약 문제점이 발견되면 자녀와 진지하게 대화를 나눠 문제점이 해결될 수 있도록 노력하는 것이 중요하다. 자녀들의 인성 가치덕목은 대체로 5세부터 초등 3학년을 거쳐 형성된다. 이 시기에 학부모 입장에서는 자녀가 그냥 혼자서 친구들과 어울리게 해서는 안 되며, 자녀가 친구들과 잘 어울리고 있는지 세심하게 관찰해야 한다. 만약 자녀가 친구들에 대한 배려나 존중을 하지 않는데도 학부모의 무관심 속에서 방치된다면 자녀는 잘못된 상태 그대로 어른이 되고 만다. 초등 고학년만 돼도 잘못된 인성을 바로잡는 것은 대단히 어려워지며, 심지어 불가능해질 수도 있다.

인성의 가치덕목 7가지에 대한 심화활동 이후에는 ③ 반성적 사고를 통한 의지 강화가 중요하다. OECD 데세코 프로젝트DeSeCo Project에서는 자녀들이 학창시절에 반드시 길러야 하는 역량으로 〈1〉도구(언어, 지식, 기술 등)를 상호작용적으로 활용하는 능력, 〈2〉이질적인 집단에서의 문제해결능력, 〈3〉 자율적으로 행동하는 능력으로 규정하고 있는데, 이 모든 핵심역량이 원활하게 구현되기 위해서는 언제나 반성적인 사고활동이 선행되어야 함을 강조하고 있다. 자녀가 인성 가치덕목을 이해하고 어떠한 상황에서도 인성 가치덕목에서 벗어나지 않는 삶을 살도록 만들기 위해서는 자녀 스스로가 반성적 사고를 통해 올바르고 가치 있는 삶이 무엇인지 반복적으로 생각하는 습관을 형성해주는 것이 중요하다.

〈자녀 학습지도 포인트〉

① 문제의 인식: 자녀가 책임, 존중, 배려, 공감 등의 인성 가치덕목의 요소를 이해하는 것도 중요하지만, 자녀가

인성 가치덕목을 이해하고 실천하게 하려면 자녀의 자아정체성, 자아존중감을 형성시켜주는 것이 선행되어야 한다. 자녀의 자아정체성, 자아존중감을 키워주는 가장 좋은 방법은 자녀가 잘하는 것, 흥미를 가지는 것, 하고 싶어하는 것 중에서도 자녀가 잘하는 것에 최우선을 두는 것이다. 자녀는 잘하는 것을 하면서 스스로에 대한 자신감이 형성되면 학습에 대한 의욕도 상승하고 스스로 구체적인 꿈과 목표를 만들어가기 시작한다.

② 가치덕목 추구: 인성의 7가지 가치덕목을 추구하는 삶을 위해선 학부모의 헌신적인 노력이 절대적으로 필요하다. 특히 자녀의 인성이 형성되는 시기인 유아에서 초등 저학년 시기가 중요하다. 학부모가 담배를 피우는 것, 운전할 때 거친 언행을 하는 것, 자녀 앞에서 다투는 것, 옆집 이웃을 비난하는 것, 길거리에서 올바르지 못한 행동을 하는 것 등 자녀는 잘못된 것일수록 빠르게 학습한다. 그런 상황에서는 정직, 배려, 존중 등의 인성과 시민의식, 준법정신, 질서의식 등의 핵심역량이 제대로 형성될 수 없다.

③ 반성적 사고: 핵심역량과 인성이 올바르게 발현되는 삶을 자녀에게 교육시키기 위해선 무엇보다도 학부모의 선행적인 모범이 필요하다. 즉, 학부모부터 반성적 사고를 통해 변해야 한다. 단편적인 교과학습이나 다른

학습방법 등은 자녀가 스스로 할 수 있도록 옆에서 도와주면 되지만 인성교육은 다르다. 학부모의 선행적인 생각과 행동이 가장 큰 교육인 것이다. 자녀의 인성을 올바르게 가르치려면 학부모가 먼저 변해야 한다. 자녀에게 정직하게 살라고, 친구를 배려하고 존중하라고 가르칠 것이 아니라 학부모부터 정직하게 행동하고 배려하는 행동을 보여야 한다. 교육관계자들과 학생들의 인성교육에 대해 이야기를 나누다 보면, 교육관계자들이 한결같이 지적하는 것이 있다. 바로 학부모들이 함께하지 않아서 인성교육이 어렵다는 것이다. 자녀에게는 싸우지 말라고 하면서 정작 학부모는 다른사람을 배려하지 않는다는 것이다. 훌륭한 인격을 갖춘 자녀를 원한다면 학부모의 인격이 먼저 훌륭해져야 한다.

◆ **인성 가치덕목 함양학습의 학습목표** ◆

자기관리역량(자아정체성, 자아존중감)

공동체역량(준법정신, 윤리의식, 질서의식, 시민의식)

반성적 사고능력, 기본생활습관

8대 학습방법(8) - 총체적 언어학습법WLA

총체적 언어학습법Whole Language Approach이란 문법, 어휘, 단어 등의 요소를 개별적으로 가르치지 않고 문자의 해독에 초점을 두어 총체적, 종합적으로 가르치는 언어학습방법이다. 재미있게 읽고, 쓰는 활동을 통해 자녀의 협력적 소통역량을 향상시켜 자연스럽게 언어를 배우도록 하는 학습방법이다.

자녀에게 어렵고 흥미가 떨어지는 내용으로 따분한 영어수업을 하기보다 실제적이고 재미있는 텍스트를 기반으로 수업을 진행하는 것이 효과적이다. 학부모가 자녀와 함께 영어로 된 애니메이션이나 문학작품을 통해 자녀의 수준에 맞춰 수업을 진행할 수도 있다. 이 학습법에 대해 정확하게 알아두면 교육기관에 자녀를 맡길 때 해당 교육기관이 자녀에게 제대로 된 언어학습을 시키고 있는지 판단할 수 있다.

총체적 언어학습방법은 다음과 같이 진행된다. 가장 먼저 수업에서 배워야 할 내용에 대해 ① 목표를 확인하고 학습동기를 불러일으킬 수 있도록 인사를 하거나 노래나 율동을 가미한다. 또 전 시간에 배운 내용을 재확인하기도 한다. 자녀는 이 단계에서 문제인식능력을 향상시킨다. ② 어휘 이해하기를 통해 해당 수업에서 배워야 하는 어휘에 대해 읽고 들으면서 협력적 소통역량 중 읽기와 듣기능력을 향상시킨다. ③ 의사소통 활동하기를 통해 주요 어휘 및 표현을 익히고, 협력적 소통역량 가운데 읽기, 쓰기, 말하기 능력을 향상시킨다. 의사소통 활동하기 단계는 교수자나 교육기관의 교육철학 및 방법에 따라 많은 차이가 발생할 수 있다. 창의적인 교수방법으로 자녀들을 지도할수록 자녀들의 학습동기와 흥미가 유지되고 학습효과도 높아지겠지만, 그렇지 못할 경우 형식적으로 따라 읽고, 쓰고, 말하는 수업이 될 수도 있다.

또 동일한 교수학습방법이라도 선생님이 어떠한 수업노하우를 적용하느냐에 따라 학습결과에 차이가 난다. 자녀들의 학습효과를 향상시키려면 언어교육이 더욱 실용적이고, 실제적이어야 한다. 자녀들이 실제 상황에서 의사소통을 할 수 있도록 교실 및 수업 환경을 구성해주는 것이 중요한데, 수업 환경은 학생들의 언어수준에 맞추어 구성돼야 한다.

최근 언어학습법은 유의미한 콘텐츠를 기반으로 하는 것을 매우 중요하게 생각하며 실제로 그러한 방향으로 진행되고 있다. 한동안 학생들을 대상으로 미국교과서로 수업을 하던 시절도 있었는데 한국 학생들이 미국교과서에 나와 있는 미국의 역사, 사회, 수학, 과학 등을 왜 배워야 하는지도 모른 채 배웠던 것은 매우 안타까운 일이다. 협력적 소통역량을 강화하려는 목적이라면 학생들에게 동기 유발이 되고 흥미를 불러일으킬 수 있는 내용(예를 들어서 애니메이션영어, 연극영어,

온라인 게임식영어 등)으로 구성되는 것이 필요하다. 또 영어수업이라 할지라도 그 내용이 국내 교과서에 나오는 내용이라면 더욱 효과적인 수업이 될 것이다.

실제로 유럽의 주요 국가들(프랑스, 스페인, 독일, 핀란드 등)은 공용어인 영어교육을 할 때도 자국의 교과서를 기반으로 하고 있다. 이러한 학습방법을 CLIL^{Content and Language Integrated Learning}이라고 한다. 자국의 역사, 사회, 과학 등의 교과지식을 영어로 습득하는 것이다. 영어교육이 실용적이고 실제적으로 변화되고 영어에 대한 평가를 절대평가로 바꾸면서 과거와 같이 단순하게 단어, 숙어, 문법 등을 익히는 기계적이고 반복적인 영어교육(도구적 리터러시^{literacy} 교육)은 빠른 속도로 경쟁력을 잃어가고 있다. 대신에 실제적이고 실용적인 협력적 소통역량 및 대인관계능력 등을 함양하는 인문교양적 리터러시 영어교육이 중요시되고 있다.

도구적 리터러시 영어교육은 영국이 식민지 국민에게 가르쳤던 영어교수법과 유사하다. 도구적 리터러시 중심의 언어교육은 식민지 국민을 노동력으로 확보하기 위한 교수법이었을 뿐이다. 식민지 국민이 비판적 사고방식으로 무장하여 자신들의 생각을 주장하기 시작하면 통제가 불가능하므로 고차원적인 영어교육 대신 도구적 영어교육을 실시한 것이다. 이제 국내 영어교육도 도구적 리터러시 영어교육에서 인문교양적 리터러시 영어교육으로 빠르게 바뀌고 있다. 학부모 입장에서는 이러한 상황 변화를 직시하고 자녀가 올바른 언어교육을 받을 수 있도록 지도해야 한다.

〈자녀 학습지도 포인트〉

① 학습목표 확인하기: 전 시간에 배운 내용을 복습하고 학습에 임할 수 있도록 지도하는 것이 중요하다. 영어지식이나 말하기능력은 충분히 있는데 대인관계능력이 부족해 말하기를 두려워하는 학생들이 생각보다 많다. 이 경우 대인관계능력을 먼저 키워주는 것이 필요하다. 대인관계능력의 부족을 단순히 자녀의 성격 탓으로 돌리면 이후 자녀교육에도 계속 걸림돌이 되므로, 어렸을 때부터 각별한 관심을 가지고 주의를 기울이는 것이 필요하다.

② 어휘 이해하기: 수업시간에 배워야 하는 내용에 대해 이해하는 것이다. 특히 수업에 집중할 수 있도록 평상시 지도하는 것이 중요하다.

③ 의사소통 활동하기: 적극적으로 수업에 참여할 수 있도록 학습동기나 흥미를 북돋아주고 특히 자신감, 자아존중감, 자아정체성 향상에 신경을 써야 한다. 현재 및 미래사회는 자녀가 무엇을 알고 있는가를 평가하는 사회

가 아니라, 자녀가 무엇을 할 수 있는가를 평가하는 사회이다. 영어단어, 숙어, 문법, 독해에 아무리 능해도 본인의 생각을 정확하게 표현하지 못하고 친구들과 소통하지 못한다면 올바른 교육을 받지 못한 학생으로 평가받는다. 자녀가 외국어로 의사소통을 못하는 것은 단지 단어나 숙어를 모르기 때문일 수도 있고, 소통력 부족과 같은 다른 외적인 문제 때문일 수도 있다. 이런 까닭에 무엇보다도 자녀가 적극적으로 의사소통 활동 수업에 참여할 수 있도록 관찰하고 지원하는 것이 중요하다.

◆ 총체적 언어학습의 학습목표 ◆

문제인식능력, 협력적 소통역량(읽기, 듣기, 쓰기, 말하기)

학습방법에 따라서는 대인관계능력, 창의적 사고역량,

지식정보처리역량

〈표 24〉는 자녀의 핵심역량 및 인성을 키우는데 중요한 8가지 학습방법을 재정리한 것이다. 자녀교육의 기준으로 활용하면 많은 도움이 될 것이다. 또한 〈표 25〉는 교육부가 2015 개정 교육과정을 통해 발표한 내용인데 과목별로 함양시킬 수 있는 하위요소에 대해 정리한 것이다.

〈표 24〉 학습방법 및 핵심역량

지식탐구학습법의 학습목표	정보에 대한 조사·분석·활용능력 문제해결능력, 논리적 사고력, 협력적 소통역량(쓰기, 말하기)
융합학습법의 학습목표	창의적 사고역량, 협력적 소통역량, 지식정보처리역량 문제해결능력, 대인관계능력, 인성(존중, 배려, 공감, 소통, 협동)
협동학습의 학습목표	대인관계능력, 갈등조절능력, 협력적 소통역량(읽기, 쓰기), 창의적 사고역량, 협동능력
토의·토론학습의 학습목표	문제인식능력, 문제해결능력, 비판적 사고력, 논리적 사고력, 인성(존중, 배려)
프로젝트학습의 학습목표	문제해결능력, 대인관계능력, 창의적 사고역량 정보조사, 분석, 활용능력, 비판적 사고력, 인성(책임, 협동)
귀납적 사고학습의 학습목표	문제인식능력, 정보조사, 관찰, 탐색능력, 논리적 사고력, 문화적 감수성, 문화예술향유능력
가치덕목학습의 학습목표	자기관리역량(자아정체성, 자아존중감, 기본생활습관), 공동체역량(준법정신, 윤리의식, 질서의식, 시민의식), 반성적 사고능력
총체적 언어학습법의 학습목표	문제인식능력, 협력적 소통능력(읽기, 듣기, 쓰기, 말하기), 학습방법에 따라 대인관계능력, 창의적 사고력, 지식정보처리역량

〈표 25〉 교과별 핵심역량 하위요소

교과	교과별 중점 역량 요소
국어	의사소통능력, 기초학습능력, 비판적 사고력
도덕	도덕적 역량, 자아정체성, 개인적·사회적 책무성
사회	비판적 사고력, 의사결정력, 개인적·사회적 책무성
수학	문제해결능력, 기초학습능력, 자기주도적 학습능력
과학	문제해결능력, 비판적 사고력, 자기주도적 학습능력
실과	진로개발능력, 정보활용능력, 자기관리능력
체육	자기관리능력, 대인관계능력, 시민성(지역/글로벌)
음악	창의력, 자아정체성, 심미적 감수성
미술	창의력, 자아정체성, 심미적 감수성
영어	의사소통능력, 시민성(지역/글로벌), 기초학습능력

깊이 있는 교육을 위한
빅맵 프로젝트

깊이 있는
교육을 위한
빅맵 프로젝트

　실제 삶과 직업생활에 필요한 역량을 가르치는 선진국 자녀교육을 위해서는 빅맵Big map이 반드시 필요하다. 여기서 빅맵이란 자녀가 어렸을 때 자녀의 삶과 성공에 대한 큰 그림을 말한다. 표현은 멋진 듯하지만, 실천에 옮기기는 쉽지 않은 말이기도 하다.

　화가가 그림을 그리려고 할 때 가장 먼저 하는 것은 무엇을 그릴 것인지 정하는 것이다. 무엇을 그리려고 하는지가 정해져야 그림을 통해 대중에게 어떠한 메시지를 전달할 것인지, 어떠한 표현방법을 사용할 것인지, 어떠한 재료(캔버스, 나무, 천, 플라스틱, 종이 등)를 사용할 것인지 등에 대한 세부적인 계획이 세워질 수 있다. 또한 화가가 그림을 그리기 시작하면 짧으면 몇 주에서 길게는 몇 년에 걸쳐서 작품을 완성해 나가는데, 중간에 작품이 마음에 들지 않으면 다시 그리거나 변형하기도 한다. 그래서 애초에 의도했던 것과는 다른 그림으로 완성될 수도 있다.

자녀교육을 계획하고 실행하는 것도 화가의 창작활동과 유사하다. 자녀의 핵심역량을 파악하고, 자녀가 희망하는 꿈과 삶에 대해 공감하고, 자녀의 미래목표를 자녀와 함께 설정하고, 자녀가 목표를 달성할 수 있도록 구체적인 방법을 찾아 함께해주며 응원해주어야 한다. 처음 설정한 목표가 현실과 맞지 않는데도 처음 수립한 계획을 고집할 이유는 없다. 그렇다고 내 자녀를 훌륭하게 키워서 성공적인 삶을 살 수 있도록 하겠다는 목적 자체가 변하는 것은 아니다.

내 자녀만의 빅맵을 그려주기 위해서는 가장 먼저 내 자녀의 핵심역량이 무엇인지, 핵심역량 가운데 무엇을 잘 갖추고 있고 무엇이 부족한지를 알아야 한다. 또 자녀에게 꿈과 목표가 있어야 한다. 그런데 꿈과 목표는 자녀 스스로 자신에 대해 정확하게 알면 더욱 쉽게 구체적으로 설정할 수 있다. 그래서 유아기 자녀교육의 첫 단추는 자신감, 자아존중감, 자아정체성을 함양하는 것에서 시작된다.

자신감, 자아존중감, 자아정체성을 형성하지 않은 상태에서 자녀교육을 시작하면 자녀는 중간에 꿈과 희망 그리고 목표를 잃어버리기 쉽다. 반대로 자신감, 자아존중감, 자아정체성이 굳건한 자녀의 꿈과 목표는 쉽게 무너지지 않는다. 유아기부터 누리과정을 통해 핵심역량을 함양하기 시작한 자녀는 초등 저학년 시기까지 지속적으로 핵심역량을 강화하기 위한 교육을 받지만, 이 시기에 가장 중요하게 생각해야 할 교육목표는 인성이다. 초등 저학년 시기가 지나버리면 인성을 함양시키는 것이 쉽지 않다. 또한 영유아와 초등 저학년 시기는 핵심역량 함양을 위해 기초역량을 함양하는 시기라고 생각하면 된다. 그래서 무엇보다 인성의 가치덕목 7가지도 함께 함양해야 한다.

초등학교 시기는 핵심역량을 함양할 수 있는 최적의 시기이다. 아직 자녀가 초등학생이라면 6대 핵심역량 함양에 집중해야 하며, 현재 진행 중인 자녀교육이 있다면 모든 교육활동의 목표를 핵심역량으로 재수정해야 한다. 예를 들어 자녀를 미술학원에 보내고 있다면 자녀가 그림을 잘 그리기 위한 드로잉기법을 배우는 것보다는, 미술 감상수업을 통해 심미적 감성역량(문화적 소양과 감수성, 문화예술향유능력, 문화적 상상력, 정서적 안정감 등)을 함양하는 것이 중요하다.

초등학교 때까지 핵심역량을 골고루 함양하고 난 후 중학생이 되면 핵심역량을 기반으로 진로를 결정할 수 있다. 진로라는 것은 중간에 변화할 수도 있고 변화하는 것이 지극히 정상이기 때문에 진로변경에 대한 두려움을 가질 필요는 없다.

구체적인 진로를 기반으로 한 직업이나 직무가 결정되면 직업, 직무에 필요한 핵심역량인 직무능력을 고려해야 한다.

여기서 특성화고와 일반고 학생이 직무능력을 고려하는 방법이 달라진다. 특성화고 학생이 고등학교 졸업 후 취업을 준비하고 있다면 직무능력 함양이 중요하며, 일반고 학생이 고등학교 졸업 후 대학진학을 준비하고 있다면 대학생의 직무능력에 해당하는 학업역량(수시전형 평가항목)을 함양해야 할 것이다.

이때 명심해야 할 것이 핵심역량과 직무능력을 구분해야 한다는 것이다. 구체적인 직업, 직무가 결정되지 않았을 때는 공통적인 핵심역량(핵심역량 6개와 하위요소)을 함양하기 위해 자녀교육을 해야겠지만, 중고등학교 때 직업, 직무가 결정되면 해당 직업과 직무에 필요한 직무능력(또는 학업역량)을 함양하는 것이 중요하다.

중학교 자유학기제나 고등학교 고교학점제는 단순하게 진로를 결정하고, 선택한 교과에 대한 학점을 이수하는 기간이 아니다. 자녀들의 핵심역량을 기초로 구체적인 직업과 직무를 결정하고, 결정된 직업과 직무에 따른 핵심역량과 직무능력(또는 학업역량)을 함양하는 기간이 자유학기제이다. 또한 고교학점제는 자녀의 핵심역량을 기초로 구체적인 직업과 직무를 결정(진학 시는 학업역량, 취업 시는 직무능력)하고 직업과 직무에 따른 핵심역량(성취평가제를 통한 192학점 취득)과 직무능력을 함양하는 기간이다. 즉, 중고등 기간은 직무와 직업에 필요한 핵심역량과 직무능력을 병행하여 함양해야 하는 전환기인 것이다.

〈표 26〉을 보면 영유아 시기부터 대학·성인 시기까지 다양한 역량이 정의되어 있다. 여기서 각 연령별로 정의한 역량은 누리과정과 2022 개정 교육과정에서 발표한 자료를 기초로 작성한 것이다. 영유아 시기의 핵심역량과 하위요소에 대해서는 국가에서 공식적으로 발표된 것이 없어 누리과정으로 설명하였으며, 대학생과 성인은 국가직무능력표준NCS을 참고해야 한다.

〈표 26〉 빅맵 프로젝트(Big Map Project)

영·유아	초등	중·고등	대학·성인
인성을 중심으로 기초적인 역량함양	6대 핵심역량을 통합적으로 함양	진로에 따른 핵심역량을 함양	직업에 따른 직무능력 함양
누리과정에서 정의하는 실생활 경험을 통해 지식, 인성, 기능을 함양	자기관리역량 심미적 감성역량 공동체역량 창의적 사고역량 지식정보처리역량 협력적 소통역량의 하위요소 함양	자기관리역량 심미적 감성역량 공동체역량 창의적 사고역량 지식정보처리역량 협력적 소통역량의 하위요소 함양	직업, 직무 선택에 따라서 요구하는 대학생 공통 역량과 국가직무능력표준을 집중 함양
인성과 기초역량 함양시기	6대 핵심역량 함양시기	핵심역량기반 진로·진학시기	직무능력기반 직업활동시기
유아교사 관찰평가	수행평가 서·논술형 평가	성취평가제 서·논술형 평가	서·논술수능(예정) 역량기반지원서

〈표 26〉을 통해 독자들에게 전달하고 싶은 것은 영유아 시기부터 길러진 핵심역량은 성인까지 연계되어 있다는 것이다. 그러므로 영유아기부터 빅맵을 통해 큰 그림을 그리고 체계적으로 접근해야 한다. 예를 들어서 직업·직장생활을 하는 성인임에도 불구하고 자기주도학습능력이 형성되지 않은 사람이 있다. 원인은 유아기 자신감, 자기조절능력, 기초학습능력, 기본생활습관 등이 형성되지 않은 것이 근본적인 이유이다. 그런 이유로 프랑스 같은 경우 영유아 시기부터 학생 개인별 역량노트라는 것을 통해 학생 개인의 핵심역량을 체계적으로 관리하고 있으며, 국내에서도 학생 개인별 핵심역량 및 하위요소에 대해 체계적으로 함양하고 관리하려는 노력들이 점점 구체화되고 있다.

유아는 인성기반의
기초적인 역량교육

이제부터 체계적으로 빅맵 프로젝트에 대해 한 가지씩 접근해 보기로 하자. 유아기 때 자녀교육의 가장 기본이자 핵심은 인성교육이다. 인성교육을 올바르게 받지 못해 인성의 요소들이 정상적으로 형성되지 않으면 그 이후에 인성을 함양하는 것은 매우 어렵거나 힘들다는 사실을 직시해야 한다. 유아기 이후로도 인성에 대한 교육이 지속돼야겠지만, 유아기에 함양된 인성은 이후에 교육시켜야 할 모든 역량교육의 기반이 되며, 인성과 관련해서는 유아기만큼 중요한 시기는 없다는 사실을 꼭 명심해야 한다.

과거 산업사회 자녀교육에서는 유아기 때 인성교육을 올

바르게 받지 못했다고 해서 큰 문제가 되지는 않았다. 저자 같은 경우도 유아교육기관에서 인성교육을 받아본 적이 없다. 그 시절 인성교육은 오로지 학부모의 몫이었다. 어떤 학부모는 자녀의 인성교육의 중요성을 인식하고 노력을 기울였을 수도 있고, 또 다른 학부모는 인성은 타고난 것이거나 스스로 터득하는 것이라 생각하고 무관심했을 수도 있다. 어쨌든 대부분의 가정에서는 자녀가 인성을 함양하는 것보다 영어와 수학에서 좋은 점수를 받기 바랐고, 지능개발 같은 것에 집중했다.

그러나 이제 '무엇을 알고 있는가'로 자녀를 판단하던 산업사회는 저물었고, '무엇을 할 수 있는가'로 자녀를 판단하는 지능정보사회가 시작되었다. 그리고 지능정보사회에서의 핵심가치는 영어·수학 교과지식이 아니라 인성을 포함한 핵심역량이다. 자녀가 무엇인가를 해낼 수 있으려면 어떤 일이든 긍정적으로 받아들이고 적극적으로 문제를 해결하려는 태도와 가치관부터 필요하다. 즉, 자녀의 인성(태도, 가치관, 성격, 성향 등)이 자녀가 '무엇을 할 수 있는가'에 대한 핵심적인 요소인 것이다. 지식을 습득해 기능(능력)으로 발현하려면 인성과 지식이 결합되어야 한다. 그런데 인성이 형성되어 있지 않으면 아무리 많은 지식이 있어도 그 지식을 기능(능력)으로 발현하지 못하게 된다. 즉, 알고 있는 것은 많은데, 할 수 있는 것은 없는 '헛똑똑이'가 되는 것이다.

과거 교과지식을 중시하던 산업사회에서는 교과지식을 많이 쌓아놓으면 인성이 부족해도 크게 문제삼지 않았다. 교과지식에 대한 학습을 일정 수준 이상만 하면 그 외적인 것은 눈감아주고 인정하는 분위기가 사회 전반적으로 통용되었다. 그런데 그렇게 교과지식만 쌓아 학력, 학벌이 높은 과거형 인재들이 고위관직에 올라 저지르는 부정부패와 상식 이하의 언행들을 자주 접하게 되면서 대다수의 국민들은 우리나라 교육에 심각한 문제가 있음을 깨닫기 시작했다.

고위관직의 부정부패만 문제가 되는 것은 아니다. 사회 전반적으로도 인성이 부족한 사람들이 점점 늘고 있는 것이 현실이다. 최근 우리 사회는 과거와 달리 금연공간이 크게 늘어났다. 지하철입구나 버스정류장 주변은 물론이고 음식점이나 커피숍에서도 담배를 피우지 못하며, 흡연을 할 경우 벌금도 부과된다. 그런데 금연 표지판 앞에서도 담배를 버젓이 피우는 사람들이 존재한다. 왜 금연이라는 표지판이 엄연히 자기 앞에 있는데도 담배를 피우는 것일까? 그가 우리나라 사람이라면 분명 금연이라는 지식이나 정보를 이해하지 못한 것은 아니다. 그리고 흡연을 하다가 경찰에게 적발되면 범칙금이 부과된다는 사실도 알고 있을 것이다. 그럼에도 그런 행동을 하는 것은 인성이 흡연에 대한 본능을 이기지 못했기 때문이다. 금연구역이라는 지식과 정보는 잘 알고 있으면서도 인성이라는 태도요소가 올바르게 형성되지 못해 흡연 욕구에 굴복하고 마는 것이다. 그렇다면 이는 과연 그 사람 혼자 만의 잘못일까? 저자는 그 근본적인 이유가 어렸을 적에 제대로 된 인성교육을 받지 못했기 때문이라고 생각한다.

지능, 지식, 학력 등이 높으면 나머지는 그렇게 크게 문제 삼지 않았던 과거와 달리, 현재 신입생과 신입사원을 선발하는 학교와 기업에서는 이러한 과거형 인재들은 불합격시키고 있다. 얄팍한 교과지식이나 활용도가 떨어지는 수학점수가 높다고 우수한 학교에 입학하거나 유망한 기업에 입사하는 일은 앞으로 점점 불가능해질 것이다. 이미 우수대학들은 시험만 잘 보는 과거형 인재는 현시대가 필요로 하는 인재상과는 거리가 멀다고 판단해 선발조차 하지 않으려 한다. 실제로 이미 수능점수로만 대학을 갈 수 있는 비율은 30%밖에 되지 않으며, 그 비율도 지속적으로 줄어들고 있다. 교육부에서는 2022 개정 교육과정을 발표하면서 2028학년도 대입부터는 학생 개인 역량을 평가하기 위해 서·논술 수능과 절대평가의 도입의 필요성을 강조한 바 있다.

인성은 대부분 유아 시기부터 초등 저학년 시기 정도에 형성된다. 그렇다면 인성이란 무엇이며 어떻게 함양해야 할까? 인성은 태도, 가치관, 성격 등이라 표현하기도 하는데 구체적인 가치덕목으로는 정직, 책임, 존중, 배려, 공감, 소통, 협력 등이 있다. 그리고 이러한 인성은 예술적 감수성 계발을 통해 개발하는 것이 일반적인 방법이다.

어느 학부모설명회에서 저자는 초등학교 5학년 학생으로 부터 "인성을 어떻게 길러야 하나요?"라는 질문을 받은 적이 있었다. 저자는 그 학생에게 "인성은 학생을 둘러싼 주변 사람들, 예를 들어서 부모님, 친인척, 형제, 친구, 학교선생님 등과의 관계에서 형성되는 마음이니 주변 어른들 말을 항상 경청하고, 사려 깊게 행동해야 하며, 항상 다른 사람을 존중하고 배려하는 태도를 가져야 합니다."라고 대답해주었다. 인성 형성은 비록 유아기에서 초등 저학년 시기가 중요하지만, 그이후라도 부족한 것이 있다면 채워 나가려는 태도가 중요하며, 학부모 입장에서는 늦었다 생각하지 말고 꾸준한 관심을 보일 필요가 있다.

초등학생은
교과수업과
창체활동으로
역량함양

초등학교 6년 동안은 교과지식에 대한 학습과 다양한 체험학습 활동을 통해 핵심역량을 함양해야 하는 가장 중요한 시기이다. 영유아 시기가 인성과 기초역량함양에 집중하는 시기라면 초등학생 시기에는 영유아 시기에 함양된 인성과 기초역량을 기반으로 교과지식을 학습하고 다양한 체험학습 활동을 함으로써 6대 핵심역량과 하위요소를 함양하는 것이 중요하다. 초등학교 시기에 핵심역량과 하위요소가 함양되어야 그것을 기반으로 중학교 시기에 진로를 결정할 수 있다. 진로 결정은 반드시 학생 개인이 보유한 핵심역량을 기반으로 해야 한다. 학생 개인의 핵심역량을 정확하게 이해하지 못하고 진로를 결정하게 되면 과거 진로에 대한 고민 없이 진학을 하던 것과 같은 실수를 할 수도 있다.

그렇다면 초등학생 시기에 핵심역량 함양을 위해 가장 좋은 방법은 무엇일까? 각각의 핵심역량별 함양방법에 대해서는 앞에서 자세하게 알아보았으니 여기서는 가장 핵심적인 방법을 재확인하도록 한다. 저자가 생각하기에 핵심역량을 함양하는 가장 우수한 교수학습방법은 독서활동과 연계된 다양한 창의적 체험활동이다. 예를 들어 진로를 개발하기 위해서는 가장 먼저 관심이 높은 직업이나 직무와 관련된 도서를 읽게 하고 관련된 체험활동을 연계시키는 것이다.

반기문 전 UN사무총장과 관련된 도서를 읽은 자녀가 유엔에서 근무하면서 인류의 다양한 문제를 해결하는 것으로 목표를 수립했다고 가정하자. 그렇다면 인류의 다양한 문제들(예를 들면 환경파괴, 자원고갈, 끊임없는 국가간 분쟁, 난민문제 등)을 해결하기 위해 관련 지식과 정보를 탐색하고, 관련장소를 방문하며, 관련단체나 모임에 참석해 해결방안을 모색하는 등의 여러 활동을 할 수 있다. 자녀는 이런 구체적인 활동을 통해 공동체역량의 하위요소인 국제사회문화이해, 시민의식, 환경의식 등 핵심역량의 하위요소를 함양할 수 있다.

초등학생을 저학년(1~3학년)과 고학년(4~6학년) 시기로 구분해 자녀의 핵심역량을 함양하는 핵심적인 방법에 대하여 좀 더 구체적으로 알아보자. 초등 저학년 시기에는 독서와 예체능 활동에 집중하는 것이 좋으며, 이 시기에 성취해야 할 가장 기본적인 핵심역량은 자기관리역량이다. 이때 독서활동은 수많은 지식과 체험을 간접적으로 접하면서 다양한 핵심역량의 하위요소들을 함양하는 데 큰 도움이 된다.

예를 들어 학생이 혼자 정독을 하게 되면 자기주도학습능력과 문해력이 함양되며 동시에 올바른 독서습관을 형성하는 데도 도움이 된다. 혼자 읽기를 끝낸 학생은 다음 단계로 넘어가 친구들과 함께 읽어가는 활동을 통해 협력적 소통역량과 문제해결능력을 함양할 수 있다. 친구들과 서로 읽은 책의 내용에 대해 토론하고 발표하면서 자연스럽게 문제를 해결하는 방법과 의사소통 하는 방법에 익숙해지는 것이다.

친구들과 함께 읽은 이후에는 독서내용과 관련된 창의적인 활동을 통해 창의적 사고력, 심미적 감성역량을 함양할 수 있다. 마지막으로 본인의 생각을 다양한 방법으로 표현해보는 것이 좋은데 말하기, 글쓰기를 통한 표현으로 의사소통능력을 함양할 수 있다. 독서활동은 어떠한 목표를 가지고 어떻게 활동하느냐에 따라서 다양한 핵심역량을 함양할 수 있는 최적의 교육이다. 그래서 이 시기에 독서교육은 가장 중요한 교육이라 할 수 있다. 최근 공교육 학교를 중심으로 독서-토론-글쓰기를 통한 역량교육을 강조하는 교육과정이 바로 국제바칼로레아IB: International Baccalaureate교육이다.

예체능활동 또한 초등학교 저학년 시기에 매우 적합한 활동이다. 자녀가 피아노 체르니를 마쳤고, 그림 대회에 나가서 상을 받았으며, 태권도 수준이 검은띠라는 것이 중요한 것이 아니다. 예체능활동은 그 활동을 통해 인성과 핵심역량을 함양할 수 있기 때문에 중요하다. 피아노를 치면서 음율의 아름다움을 느끼고, 그림을 그리면서 본인만의 상상을 현실화시켜보고, 태권도 훈련을 통해 스스로를 통제하면서 여러 인성과 핵심역량이 함양된다.

　다양한 예체능활동을 통해 함양할 수 있는 역량들은 많지만 가장 중요하게 생각해야 하고, 의식적으로 함양해야 하는 것은 자기관리역량이다. 초등 저학년 때는 인성교육과 더불어 가장 기초가 되는 자기관리역량을 함양하는 것이 무엇보다도 중요하다. 특히 자기관리역량 중에서도 모든 역량학습의 기반이 되는 자신감, 자아존중감, 자아정체성을 함양하는 것이 중요하다. 이는 너무도 중요한 자녀교육의 목표이기에 이 책을 통해 반복적으로 강조한 바 있다.

　다음으로 초등 고학년 시기에는 독서와 더불어 교과학습에 집중하는 것이 중요하다. 저학년 시기와 달리 이때 성취해야 할 가장 가치가 높은 핵심역량은 창의적 사고역량이다. 2022 개정 교육과정에서는 교과학습을 통해 다양한 핵심역량을 함양할 수 있도록 하는데, 가장 가치가 높은 핵심역량으로는 창의적 사고역량을 꼽을 수 있다. 창의적 사고역량은 상상력, 비판적 사고력, 창의적 사고력, 문제해결능력, 고차적 사고력, 수학적 추론능력 등의 다양한 기능(능력)과 연계되는 데 가르치기 가장 어려운 핵심역량 중 하나라 할 수 있다.

교육부는 초중고 학생들이 교과학습과 창체활동을 통해 6대 핵심역량을 함양해야 한다고 발표했는데 각 핵심역량별 하위요소는 자세한 설명이 없지만 예시는 들고 있다. 〈표 27〉은 초등학교 시기에 함양되어야 하고 이후 역량교육의 바탕이 되는 자기관리역량을 함양하기 위한 하위요소를 성취평가제 성취기준에 따라 정리한 것이다. 결론적으로 핵심역량 및 하위요소는 초등학교 시기에 함양되어야 하며, 그렇게 함양된 핵심역량을 기반으로 중학교에 자유학기제 시기에 정확한 진로를 선택해야 한다고 할 수 있다.

〈표 27〉 자기관리역량의 하위요소

6대 핵심역량	핵심역량 정의	핵심역량 정의
자기 관리 역량	자아정체성과 자신감을 가지고 자신의 삶과 진로를 스스로 설계하며 이에 필요한 기초능력과 자질을 갖추어 자기주도적으로 살아갈 수 있는 역량	자신감
		자아존중감
		자아정체성
		기본생활습관
		합리적 경제생활
		여가선용
		건강관리
		자기조절(통제)능력
		기초학습능력
		자기주도학습능력
		진로개발능력

중학생은
심화 지식교육과
태도, 기능의 완성

중학생 시기에는 자유학기제의 본 취지를 정확하게 이해하는 것이 무엇보다 중요하다. 자유학기제는 초등학생 시기에 함양한 핵심역량을 기반으로 진로를 결정할 수 있도록 해주는 매우 중요한 제도이다. 유아~초등학생 시기에 빅맵 프로젝트를 시작한 학생이라면 중학교 시기에 진로를 결정하는 것에 큰 어려움이 없을 것이다. 그러나 전혀 준비가 안 된 자녀와 학부모들은 좀 당황하게 된다.

핵심역량교육에 따른 준비가 안 된 학부모들은 다음과 같이 불만을 토로할 것이다. "애들이 자라면서 수도 없이 변화하는데 어떻게 진로를 결정해야 하는 것이냐?" 준비가 안 된 학부모들은 다음과 사실을 유념할 필요가 있다. 중학교 시기에는 자유학기제보다 더욱 중요한 것이 있다. 바로 성취평가제를 정확하게 이해하고 대비하는 것이다. 성취평가제를 잘 대비한다는 것 자체가 핵심역량을 잘 함양하는 것이기도 하다. 2014년에 시작하여 중·고등학교 학생들에게 적용되고 있는 성취평가제는 학생들이 교과지식 학습을 통해 길러야 할 지식, 인성(태도 및 가치관), 기능(능력)을 절대평가하는 평가 방식인데, 보통은 교과점수로 평가하는 지필평가, 그리고 지식, 태도, 기능을 종합적으로 평가하는 수행평가로 구성된다. 2024년부터는 고등학교 평가에서 지식만 평가하는 선다형 지필평가는 단계적으로 축소하고, 대신에 지식, 태도, 기능을 종합적으로 평가하는 수행평가중 서·논술형 평가(서답, 서술, 논술)를 단계적으로 확대하여 향후에는 모든 평가를 서·논술형 평가로 전환할 계획을 추진 중이다.

이 성취평가제는 상대적 서열에 따라 누가 잘했는지를 평가하는 것이 아니다. 학생이 무엇을 어느 정도 성취하였는지를 평가하는 것으로, 교육과정에 근거하여 개발된 교과목별 성취기준에 도달한 정도로 학생의 학업성취수준을 평가하는 제도이다. 즉 학생이 '무엇을 알고, 무엇을 할 수 있는가'를 평가하는 것이지 집단 안에서 상대적 서열을 파악하는 것이 아니다. 이는 결국 자신의 원하는 분야에서 전문성을 키워 차별화된 인생을 살 수 있도록 하는 교육과정으로 교사와 학생 간에 긴밀한 연계가 무엇보다 필요한 제도라 할 수 있다.

대학과 기업은 이미 핵심역량 위주로 신입생과 신입사원을 선발하는 입시 및 취업제도를 시행하고 있다. 공교육 학교들은 2022 개정 교육과정을 기반으로 2024년부터 처음 역량기반 교육과정을 시작했다. 2024년 초1~2학년에 적용했고, 2025년 초3~4학년, 중1학년, 고1학년에 적용한다. 즉 이제 시작했으니 역량기반 교육과정이 공교육 학교에서 자리를 잡으려면 시간이 필요하다.

이런 까닭에 선진국 교육과정인 역량기반 교육과정에 대한 지식·정보가 많은 사회 상류층과 부유층은 역량기반 교육과정으로 학생들을 가르치는 선진국에 자녀를 유학 보내기도 하고, 국내 명문학교(국제중, 특목고, 국제학교 등)에 진학시켜 핵심역량 위주의 교육을 시키지만, 지식·정보 및 자산이 부족한 중산층 학부모들은 마땅한 대안을 찾기가 힘들다. 핵심역량 기반의 교육을 위해 자녀를 유학이나 명문학교에 보낼 수 없는 대부분의 학부모들이 기댈 수 있는 곳이 최근 몇 년 사이에 등장하기 시작한 선진국형 학교(혁신, 행복, 미래, 유네스코학교, IB학교 등)들인데 이마저도 드물어서 보낼 곳이 많지는 않다.

이런 이유로 학생들의 핵심역량을 함양하는 문제는 온전히 학부모의 능력 문제로 귀결된다. 대입에서 학생부종합전형과 학생부교과전형으로 학생들을 선발하는 수시모집에 대해 모든 학부모들이 찬성하는 것은 아니다. 오히려 과거와 같이 점수로만 학생들을 선발하라는 불만을 토로하는 학부모들도 많다. 그렇다고 학생들을 과거 산업사회처럼 교과지식 중심으로만 가르치고 선발하면 국가, 기업, 개인들은 국제사회에서 경쟁력을 잃을 것이 분명하다. 이런 상황에서 가장 현실적인 방안은 하루라도 빨리 선진국형 교육과정을 모든 공교육 학교(유아교육기관부터 대학까지)에 정확하게 적용하고 실천하는 것이다. 또 교사로서의 책임감이 높은 교사라면 새로운 교육과정에 하루빨리 적응해 국가, 사회, 기업이 요구하는 인재 기준에 맞추어 학생들을 가르쳐야 한다.

정부는 국가, 기업, 개인의 경쟁력 강화와 지능정보사회에 필요한 인재를 함양하기 위해 매우 어렵게 국가 교육과정을 혁신적으로 바꿨다. 그러나 70년간 유지되어온 지식기반 교육과정의 교육환경(학교, 교사, 출판사, 사교육 등)이 하루아침에 쉽게 변하기는 어렵기 때문에, 정부 또한 어느 정도의 과도기가 필요할 것이라 예측하면서 교육과정의 단계적 변화를 도모하고 있다. 그러나 정해진 시기에 자녀교육을 해야 하는 학부모 입장에서는 이미 공교육 학교 모두가 역량기반 교육과정으로 변화하고 있는 상황에서 자녀가 그 교육과정의 혜택을 누릴 수 있을 때까지 마냥 기다리기 힘든 것이 현실이다. 자녀들은 하루가 다르게 성장하고 배움에는 시기가 있기 때문이다.

유아기에 적절한 인성교육을 못 받았는데, 중학생 때 인성교육을 한다고 중학생 자녀의 인성이 함양될 가능성은 낮다. 이런 까닭에 현재와 같이 사회구조와 교육이 급격하게 변화되는 시기에는 무엇보다 학부모의 노력이 중요하다. 산업사회에서 만들어진 교육방식으로는 지능정보사회와 꿈의 사회 인재로 자녀를 성장시키기 힘들다는 사실을 명심하고, 중학생 시기에는 성취평가제나 자유학기제를 정확하게 이해하여 올바르게 가르칠 수 있는 교육기관이나 선생님을 선택하는 것이 중요하다. 고등학교의 모든 평가내용은 대학진학 여부를 결정한다. 그러므로 고등학교에서 본격적인 평가가 시작되기 전 모든 준비는 중학교 때까지가 마지막이다.

고등학생은
함양된 역량을
학교에서
발현하는 시기

몇 년 전부터 '대학 안 가고'라는 검색어가 학생들 사이에서 유행하고 있다. 실제로 검색창에 '대학 안 가고'를 입력하면 연관 검색어로 군대(부사관), 공무원, 자격증 그리고 성공이라는 키워드가 뜬다. 이는 고등학생들이 대학진학 못지않게 '성공'을 중요하게 생각하고 있다는 의미로 보인다. 그런데 학생들은 대학진학 여부와는 상관없이 삶에서 성공이 중요하다는 것은 알고 있지만, 성공을 위해선 핵심역량이 함양되어야 한다는 사실은 잘 모르는 듯하다. 성공에 대해 올바르게 인식하고 있다면 '대학 안 가고' 대신에 '핵심역량'이라는 단어가 검색되어야 할 것이다.

성공에 대한 기준은 사람마다 다르겠으나 일반적으로 생각하는 성공이란 '풍요롭고 자유로우며 행복해야 상태'를 의미한다. 그렇다면 자녀가 성공적인 삶을 살기 위해 고등학교 시기에는 무엇을 해야 할까? 고등학교 시기에는 무엇보다 자녀의 핵심역량에 따라 진학 여부를 결정하거나 취업을 선택하는 것이 중요하다. 중학교 시기에는 진로에 대한 방향을 결정하고 그 진로에 맞추어 관련 교과학습과 다양한 체험활동을 한다. 자기소개서에 작성할 내용들을 적어보기도 하고, 담임선생님의 추천서와 학교생활기록부의 교과별 세부능력 및 특기사항에 무엇이 기록될 것인지에 대해서 관심을 가지고 준비한다.

그러나 자녀가 고등학생이 되면 다시 한 번 진학 또는 취업문제에 대해 고민해봐야 한다. 진학을 할 것인가, 아니면 취업을 해야 할 것인가를 결정해야 하는 것이다. 이 문제는 자녀가 향후 어떠한 삶을 살고 싶은지에 따라 선택하는 것이 올바르다. 최근에는 '선취업 후진학'과 같은 입시제도가 있어서 당장 대학을 가지 않아도 추후에 대학을 진학할 수 있는 기회는 열렸다. 당장 진학을 하지 않아도 무엇을 할 것인가가 명확하다면 대학진학은 뒤에 생각해도 문제가 되지 않는다. 당장 무엇인가를 하겠다는 뚜렷한 목표의식도 없이 그냥 취업을 하거나, 자격증을 취득하는 것이 오히려 문제가 된다.

고등학교 시기의 자녀교육 방향을 설정하는 데 도움이 되는 진학과 취업에 대한 주요 정책이 있다. 진학과 취업을 선택하기 전 그 정책들을 미리 이해하면 결정을 하기가 훨씬 수월해질 것이다. 주요 정책들로는 선취업 후진학 제도, 공무원 시험제도, 계약학과 등이 있다.

① 선취업 후진학 제도: 선취업 후진학 제도는 2010학년도부터 특성화고등학교 등을 졸업하고 산업체 근무경력이 3년 이상인 직장인을 대상으로 4년제 대학(야간)에서 정규 학사과정 교육을 받을 수 있도록 하는 특별전형제도이다. 교육부는 2015년 12월 선취업 후진학 제도 활성화를 위해, 성인전담 평생교육단과대학 지원사업 기본계획을 발표하고 지원대학을 선정했다. 이를 통해 누구나 필요한 시기에 대학에 진학해 필요한 지식과 역량을 함양할 수 있도록 하고, 과도한 대학진학으로 인한 고학력인플레이션 문제를 해결하려 하고 있다. 과거 대학은 산업사회의 핵심인재를 대량생산하는 순기능을 가지고 있었으나, 대학이 지능정보사회로의 변화를 따라잡지 못하자 고학력인플레이션이 발생한 것이다.

대학에 가지 않아도 성공하는 사회가 만들어져야 대한민국이 지속적으로 성장할 수 있다는 연구자료가 있다. 최근 들어 대학졸업자들의 취업문제 및 경제활동 부족(캥거루족 문제)이 사회적으로 이슈화되는 상황에서 더욱 관심 가는 연구자료이다. 이 자료를 발표한 곳은 국내 최고기업 산하 연구소인 삼성경제연구소다. 삼성경제연구소에서는 2012년 〈대학에 가지 않아도 성공하는 세상〉이라는 연구자료를 발표했는데 요약하면 다음과 같다.

"대학교육의 국민경제 기여도가 감소하는 추세이며, 과잉 진학으로 인한 기회비용이 연간 최대 19조원에 달한다. 대졸 과잉학력자 42%가 대학진학 대신 취업해 생산활동을 할 경우 국내 GDP 성장률은 1.01%p 상승할 것으로 추정된다. 과잉학력의 악순환 차단을 위해 고졸자에게 적합한 일자리 개발, 능력중시 인사, 교육의 질, 학력중시 풍토 개선이 필요하다."

같은 시기에 국가차원에서도 고학력인플레이션이 거론 되기 시작했고 이 문제를 해결하기 위해 고졸채용에 대한 사회인식 변화와 선취업 후진학, 기업대학 등의 정책들이 발표 및 적용되기 시작했다.

삼성경제연구소는 '대학에 가지 않아도 성공하는 세상'을 위한 4대 과제를 제안했는데, 학력보다는 능력중심, 직무에 필요한 교육, 능력위주 인사, 사회인식 변화 등이 그것이다. 그렇다면 2012년 삼성경제연구소의 발표 이후 어떠한 변화들이 진행되고 있는지 살펴보자.

첫 번째로 학력보다는 능력중심사회를 위해 정부와 기업은 다양한 정책들을 내놓고 있다. 직무능력(국가직무능력표준NCS)

중심 채용제도를 정립하고 공공기관 및 대기업에서 학력, 스펙 대신 직무능력을 중심으로 신입사원을 선발하고 있다.

두 번째 변화로 능력중심의 사회인식 변화를 위해 관련된 다양한 정책들을 몇 년째 지속적으로 발표하면서 사회인식 또한 서서히 변화되고 있다. 고졸채용을 확대해 고등학교 졸업자가 공무원이 될 수 있는 기회를 열어주었다. 또한 선취업 후진학이 가능하도록 관련된 제도를 개선했고, 기업대학 활성화를 통해 기업에서 활용도가 높은 지식과 태도 및 기능을 가르쳐 곧장 현업에 투입할 수 있도록 했다. 이를 통해 지속적으로 대학 진학률을 감소시켰다.

세 번째 변화는 능력 위주로 채용한 인재에 대해 능력위주의 인사정책이 펼쳐지고 있다는 것이다. 능력 위주의 인사정책 사례로는 금융감독원인데, 2014년 이루어진 진웅섭 금감원장의 발탁은 놀랍다고 할 수 있다. 진 원장은 고등학교를 검정고시로 마쳤으며, 대학도 SKY대학이 아닌 건국대학교를 나왔다. 그 결과 진 원장이 새롭게 구축한 조직에서는 원장, 부원장을 포함한 임원진에 탈SKY 대학출신이 매우 많으며, 이는 능력중심의 인사가 반영된 결과로 해석할 수 있다.

삼성 또한 2015년 하반기 신입사원 선발부터 20년 만에 신입사원을 역량으로 선발하는 제도를 도입했다. 2016년 상반기에는 기존 인사제도를 변경해 모든 직원들이 역량에 따라서 평가받고 급여를 받을 수 있도록 했으며, 사원부터 부장까지 기존 직급체제를 버리고 모든 직원에게 '님'이라는 호칭을 사용하도록 했다.

네 번째 변화는 직무교육의 변화이다. 성인의 직무교육에서 핵심역량의 개념이 도입된 시기는 2000년 초반이지만, 학생들에게 핵심역량 교육의 필요성이 대두된 시기는 2009년 정도다. 2008년 입학사정관제를 시작으로 수학교육 선진화 방안, STEAM교육, 혁신학교를 거쳐서 국가직무능력표준NCS, 영어절대평가까지 시행된 모든 정책들이 핵심역량 기반교육을 실현하기 위한 정책들이다. 최근 대학들도 학생들의 핵심역량 강화를 위한 교육과정을 운영하기 시작해 유치원부터 대학까지 핵심역량을 기반으로 하는 교육과정이 활발하게 운영되고 있다. 학력, 학벌, 스펙 대신에 개인의 직무능력 위주의 사회와 기업환경이 자리를 잡으면 대학에 가지 않고도 성공하는 자녀들이 많이 나타날 것이다. 대학등록금이 무료임에도 불구하고 대학 진학률이 40%밖에 안 되는 독일의 사례를 보면 독일처럼 대학에 가지 않아도 성공할 수 있는 세상이 곧 도래할지 모른다.

② 공무원 시험제도: 2013년부터 수학능력시험 과목과 9급 공무원시험 과목이 동일해지면서 고등학생 지원자 수가 증가하기 시작했다. 대학졸업자의 현실을 보면 상위 5개 대학을 제외하고는 졸업자의 취업률이 50% 이하이며, 어렵게

취업을 해도 3명중 1명은 계약직이고, 40대가 되면 명예퇴직에 내몰리게 된다. 기업에서 명예퇴직을 하면 결국은 창업을 해야 하지만 창업성공률조차 높지 않기 때문에 대학을 가지 않고 공무원을 선택하는 학생들이 늘어났다.

비슷한 이유로 대학에 가지 않고 직업군인을 선택하는 학생들도 늘어났다. 부사관(군대)를 선택하는 학생들이 늘어나는 이유도 부사관 또한 공무원과 비슷한 대우를 받을 수 있기 때문이다. 2016년 시행된 국가 9급 공무원시험에는 모집인원 4,120명에 응시자 163,791명으로 평균 경쟁률이 39.8대 1에 달했다(2020년 37.2대 1, 2024년 21.8대 1). 이 중에서 고등학교 재학생이나 재수생 등 학생 지원자 수가 3,156명으로 전체 지원자 수의 약 1.4%에 달했고, 이 비율은 점차 증가하는 추세이다. 경기 침체로 인해 안정적인 직장에서 근무하기를 선호하는 분위기가 최근 공무원 시험 경쟁률을 다시 높이고 있다. 9급 공무원 시험내용도 변화되어 단순 교과지식에 대한 암기보다는 사고력, 추론능력 등 종합적인 직무능력을 평가하는 문제가 출제되고 있다.

③ 계약학과: 국가·지방자치단체 또는 산업체 등과 계약을 통해 정원 외로 개설 및 운영할 수 있는 학과를 말한다. 고용보장형 계약학과에 학부모들이 관심이 많다. 대표적인 학과로는 고려대 사이버 국방학과와 성균관대 반도체시스템

공학과가 있다. 고려대 사이버국방학과는 졸업 후에 장교로 7년 동안 사이버사령부에서 복무하고 전역 후에는 정보보안 전문가로 국방부나 국정원 등의 정부기관, 보안업체, 관련기업에서 근무할 수 있다. 또한 성균관대 반도체시스템공학과는 삼성전자와 산학협력 교육과정으로 개설한 학과인데 졸업생은 삼성전자, 삼성디스플레이 등의 취업으로 연결된다.

위와 같은 몇 가지 제도들을 이해하고 나면 자녀를 대학에 진학시킬 것인지, 아니면 적합한 곳에 취업을 시킬 것인지를 선택하는 데 도움이 될 것이다. 저자 주변에도 교육 관련 개인사업을 하시는 분들이 있다. 그렇다 보니 자연스럽게 자녀들의 교육 및 취업 문제에 대하여 자주 이야기를 나누곤 한다. 과거에는 학부모의 교육 관련 개인사업과 상관없이 자녀가 대학을 나와서 좋은 기업에 취업하기를 희망하는 분들이 많았다. 그러나 최근 몇 년 사이 자녀가 학교졸업 후 직장생활을 하는 것보다는 자신의 교육관련 개인사업을 물려받기를 희망하는 사람들이 부쩍 늘었다. 학교를 졸업하고 직장생활을 하는 것 자체가 안정적이지도 않고, 자녀들이 기업에 적응하는 데 어려움을 겪는 모습들을 보면서 그런 희망이 늘어난 것이다. 이러한 사례가 말해주는 것은 이제 대학진학이 필수가 아니라 선택일 뿐이라는 점이다. 과거처럼 자녀를 무조건 대학에 진학시켜야 한다는 생각에서 벗어나 좀 더 넓은 관점에서 자녀의 미래를 바라봐야 한다.

대학에 진학하든 취업을 하든 고등학교를 졸업해야 가능하다. 2025년부터 도입되는 고교학점제는 학생 개인의 역량에 따라서 진로를 결정하고, 진로에 따라서 이수할 교과목을 이수해야 고등학교를 졸업할 수 있는 제도이다. 고등학교 3년 동안 총 192학점을 이수해야 학교졸업이 가능하다. 주목할 것은 고교학점제에서 적용되는 고등학교 평가는 성취평가제이며, 성취평가제는 학생의 성취해야 할 지식, 인성(태도 및 가치관), 기능(능력)을 평가하는 시험이다. 이런 이유로 2024년부터 선다형 지필시험은 축소되고 서·논술형 평가가 강화되고 있다. 결과적으로 고등학교 3년 동안은 고등학생이 함양한 역량을 학교에서 발현하고 평가받아 취업과 진학을 준비하는 시기이다.

대학생은
직업에 필요한
직무능력 함양

　저자에게도 심심치 않게 대학생을 대상으로 교육 분야 창업에 대한 특강 의뢰가 들어오곤 한다. 몇 년 전 처음 지방국립대학에서 창업특강이 의뢰가 왔을 때는 좀 당황스러웠다. 국립대학에서 학생들을 취업시킬 생각을 하지 않고 창업교육을 한다니 처음엔 이해하기 힘들었지만, 다른 한편 지방대학 졸업자들의 취업률을 생각해보면 이해가 갔다.

　실제 여러 대학에서 다양한 창업프로그램과 지원정책 등을 운영하고 있다. 기업도 대학생들의 창업지원에 적극적이다. SK그룹은 SK창조경제혁신센터 서울캠퍼스를 개원하면서 스타트업 기업가, 벤처 사업가, 창업동아리 대학생들이 창업을 할 수 있도록 관련한 자금, 기술 그리고 전문가를 지원한다. 실제로 SK서울캠퍼스에는 SK청년비상캠프를 통해 선정된 10개의 대학 팀을 입주시켜 스타트업들의 노하우를 교육하고, 전문서비스, 창업지원금, SK Biz 연계지원, 사내 외 전문가 멘토링 교육 등을 제공하고 있다.

또한 정부는 2017년 정부예산에 만 39세 이하 청년들의 창업을 지원하기 위하여 창업성공패키지 프로그램을 만들어 제공하기로 했다. 연 500개 정도의 창업 팀을 발굴하고 1억 원씩 예산을 지원하겠다는 것이 핵심이다. 여기서 발굴된 우수한 창업 팀에게는 이후에도 마케팅이나 연구개발비 등을 지원해 가능성이 높은 스타트업 기업들을 발굴하겠다는 것이 목표이다.

다양한 창업프로그램과 예산이 지원되는 것은 분명히 긍정적이다. 그러나 창업성공률이 낮다는 것을 감안하면 쉽지 않은 선택임에 분명하다. 그렇다고 모든 대학생들에게 취업만이 살 길이라는 식으로 기성세대가 방향을 제시하는 것도 문제다. 정말 우수한 인재이고 확실한 사업아이템이 있다면 국가와 대기업의 지원을 받아서라도 우수한 기업으로 발굴하면 된다.

사실 대학생들에겐 학교를 졸업하고 취업을 선택하는 것이 쉬운 선택이다. 취업률이 높지 않은 것도 사실이지만 창업성공률은 더욱 낮기 때문이다. 그러나 창업에 도전하게 되면 얻게 되는 것도 많다. 사업을 함으로써 다양한 노하우, 인맥, 기술 등 돈으로는 살 수 없는 것들을 얻게 된다. 역경을 견뎌 낼 수 있는 역량과 지혜도 얻게 된다. 그래서 젊은 시기에 창업에 도전하는 것도 그리 위험한 일만은 아니다. 학부모 입장에서는 대학졸업을 앞둔 자녀에게 큰돈이 들어가지 않는다면 창업을 권해보는 것도 나쁘지 않다.

대학생 시절 자녀가 관심을 가졌던 분야의 창업을 응원해 주면 더욱 좋을 것이다. 과거와 같이 대학생 시절 공부만 해서 학점과 영어점수를 높게 받는 것은 더 이상 가치가 없다. 공공기관과 대기업에서는 이력서 대신에 역량기반지원서를 받고 있기 때문에 학점과 영어점수 같은 스펙 등은 더 이상 중요하게 여기지 않는다. 오히려 대학생 때 창업을 통해 관련한 직업. 직무에 필요한 직무능력(창업 도전 시 길러지는 노하우, 인맥, 기술 등)이 쌓이면 공공기관이나 대기업 취업 시 더욱 유리할 수 있다.

최근 몇 년 사이 국가의 교육관련 예산 중 많은 부분이 대학 경쟁력 강화에 투자되고 있다. 학부 선진화 대학, 라이즈 RISE(지역혁신중심 대학지원체계) 등 명칭은 다양하지만 대학들이 대학의 교육과정 자체를 역량기반 교육과정으로 재구성하고 있는 것이다. 대학의 인재상에 핵심역량의 하위요소들을 명확하게 명시하고 그러한 핵심역량을 길러내기 위한 교수방법과 교수진에 대한 대대적인 재교육도 진행되고 있다.

교육부가 추진하고 있는 대학 관련 정책들 몇 가지만 살펴보아도 대학교육의 방향을 이해하는 데 도움이 된다. 지방대학 특성화 사업, 대학 구조개혁 평가, 산학협력 선도대학LINC 육성사업, 국가직무능력표준NCS, 특성화 전문대학 육성사업, 평생학습 중심대학, 라이즈RISE 등 다양한 분야에 막대한 예산이 투입되고 있다. 이 모든 대학관련 정책들의 핵심은 핵심역량 중심사회를 구축하려 한다는 것이다. 학력, 학벌, 스펙 같은 것이 통용되던 과거에서 벗어나, 유명 대학 졸업 여부와는 상관없이 핵심역량을 갖추면 누구나 성공적인 직업생활을 할 수 있도록 하는 것이 1차 목표인 것이다.

결론적으로 말하면 대학생 시기에는 자녀의 핵심역량을 기반으로 선택된 직업, 직무에 따라서 취업이나 창업을 하라는 것이며, 대학생 시기에도 핵심역량과 더불어 직무능력을 향상시키는 것이 중요하다는 것이다. 영유아 시기부터 6대 핵심역량의 하위요소들을 체계적으로 향상시켜왔다면 대학교육 이후 사회에 진출할 때에도 큰 어려움을 겪지 않고 미래를 준비할 수 있을 것이다.

빅맵을 활용한 자녀의 역량 관리방법

〈표 28〉은 자녀의 체계적인 빅맵 프로젝트를 위해 유아기(5~7세)부터 대학생(1~4학년)까지 핵심역량과 인성의 하위요소들을 골고루 향상시키는 데 도움이 되는 관리표이다. 주요 선진국들은 유아기 때부터 비슷한 관리방식을 통해 핵심역량 하위요소들을 공교육 교사들이 평가 및 관리하고 있다. 동일한 평가기준은 아니지만 현재 학교 교사들도 초중고 학생부생활기록부에 학생 개인별 '교과별 세부능력 및 특기사항'과 '행동특성 및 종합의견' 부분에 핵심역량과 인성의 하위요소를 기준으로 평가하여 기록하고 있다.

〈표 28〉은 학부모가 자녀의 핵심역량을 체계적으로 관리

하기 위한 표로 이해하고 부담 없이 사용하면 된다. 부담 없이 사용하라고 제안하는 이유는 국내에서는 아직 이러한 핵심역량 및 인성요소들을 점수화(척도화)하여 관리하지 않기 때문이다. 즉, 공식적으로 기록되는 결과가 아니므로 학부모가 자녀의 핵심역량과 인성을 평가하면서 그 중요성을 인식하는 것만으로도 좋다. 자녀의 핵심역량 및 인성에 대해서는 유아기부터 관리를 시작하도록 권장하지만, 늦으면 예비초등학생부터 관리를 시작해도 좋다. 교육부는 0~5세 영유아교육과정을 발표할 예정인데 교육과정에 유아가 함양해야 할 미래역량이 교육목표로 도입될 예정이다.

〈표 28〉에서는 자세하게 제시하지 않았지만, 1년에 최소 1회에서 많게는 4회(3개월에 1회)에 걸쳐 자녀의 핵심 및 인성의 하위요소에 대해 학부모의 관찰평가를 권장한다. 학교 교사도 학생 개인의 역량을 평가하는 방법으로 관찰평가 방법을 사용하는데, 핵심역량 및 인성요소를 정확하게 이해하고 평가한다는 점만 고려하면 좋겠다.

〈자녀의 핵심역량 관리표〉를 좀 더 자세하게 설명하면 이렇다. 예를 들어 자기관리역량의 하위요소인 진로개발능력을 관리하고 싶다면 유아기 7세부터 시작해 진로가 최종적으로 결정되는 고등학생 때까지 관리하면 된다. 7세에 연 1회 정도 학부모 관찰평가를 통해 기록하면 된다. 학부모가 주기적으로 관찰해 노력요함(1점), 보통(2점), 잘함(3점), 매우잘함(4점)

으로 기록해놓는 것이다.

핵심역량 관리표는 어디에 제출하거나 누구를 보여주기 위한 것이 아니라 자녀의 핵심역량 및 인성을 골고루 향상시키기 위해 학부모가 직접 관리하는 표인 만큼 부담 없이 작성하면 된다. 실제로 자녀 핵심역량 관리표를 작성하기 시작하면 꽤 활용도가 높다.

〈표 28〉을 사용하기 전에 유의해야 할 것은 핵심역량 및 인성의 하위요소들에 대해 평가를 시작하는 시기의 문제다. 인성의 7가지 항목들은 일반적으로 유아기부터 적용하면 된다. 그러나 핵심역량 하위요소들은 언제부터 적용해 관찰하기 시작할 것인지는 학부모가 가지고 있는 자녀교육의 목표 및 철학에 맡길 수밖에 없다. 2025년 기준으로 초중고 학생들은 2022 개정 교육과정을 적용받기 시작하면서 매우 구체적으로 역량평가가 고도화될 것이므로 반드시 적용해야 할 것이며, 영유아는 유아 미래역량을 교육목표로 설정한 국가 교육과정이 도입되는 시기가 적합할 것이다.

〈표 28〉 자녀의 핵심역량 관리표

6대 핵심역량	핵심역량 하위요소	유아 1~4점	초등학생 1~4점	중학생 1~4점	고등학생 1~4점	대학생 1~4점
자기관리 역량	자신감					
	자아존중감					
	자아정체성					
	기본생활습관					
	합리적 경제생활					
	여가선용					
	건강관리					
	자기조절(통제)능력					
	기초학습능력					
	자기주도학습능력					
	진로개발능력					
지식정보 처리역량	논리적, 비판적 사고력					
	정보수집 및 분석능력					
	정보활용 및 윤리					
	매체활용능력					
	문제해결능력					
창의적 사고역량	창의적 사고기능 (유창성, 융통성, 독창성, 정교성, 유추성)					
	창의적 사고성향 (민감성, 개방성, 독립성, 과제집착력, 자발성)					
	융합활용연계능력					
	융합적 사고능력					
심미적 감성역량	문화적 소양과 감수성					
	문화예술향유능력					
	다원적 가치존중					
	문화적 상상력					
	타인공감능력					
	정서적 안정감					
	행복한 삶의 추구와 향유					

6대 핵심역량	핵심역량 하위요소	유아 1~4점	초등학생 1~4점	중학생 1~4점	고등학생 1~4점	대학생 1~4점
협력적 소통역량	말하기					
	듣기(경청)					
	쓰기					
	읽기					
	문해력					
	타인이해 및 존중능력					
	갈등조정능력					
공동체 역량	시민의식					
	준법정신					
	환경의식					
	주인의식					
	봉사의식					
	책임의식					
	규범 및 질서의식					
	갈등관리능력					
	리더십					
	대인관계능력					
	국제사회문화이해					
	협동(협업)능력					
인성	정직					
	책임					
	존중					
	배려					
	공감					
	소통					
	협동					

선진국 자녀에게
성공하는 삶을
가르치자

경제력 14위(GDP, 2024년), 국방력 5위(2024년)로 서른두 번째 선진국이 된 우리나라를 생각하면 자랑스럽고 감격스럽다. 그러나 자살률 1위, 인구감소 1위, 가짜 인재와 캥거루족 문제 등을 생각하면 교육관계자의 일원으로서 매우 부끄럽고 참담하다. 어떤 국가든 교육이 사회·기술변화를 따라가지 못하면 사회구성원들이 사회적 고통을 받는다. 현재 우리나라 구성원들이 받는 대표적인 고통은 높은 자살률, 낮은 출산율, 가짜 인재와 캥거루족 문제 등으로 매우 심각한 수준이다.

우리나라는 선진국이 된 지 약 4년 정도 되는 신생 선진국이다. 오랫동안 선진국이었던 국가들과 비교하면 어설프고 문제투성인 것이 한두 가지가 아니다. 정치, 경제, 사회, 문화는 물론이며 교육도 변화 및 혁신해야 할 것이 많다. 우리나라가 선진국이 된 지 얼마 안 되는 신생 선진국이지만 변화, 혁신만큼은 빛의 속도로 빠르다.

강연 후 악수를 청하는 학부모와 대화를 나눈 적이 있다. 학부모는 유학파 출신이라 선진국의 역량기반교육을 받고 성장해 현재 국내 외국계 기업의 임원이다. 국내 역량기반 교육과정(2022 개정 교육과정)의 변화에 대한 강연을 듣고 질문했는데 질문내용은 다음과 같다.

유학파 학부모는 선진국에서 양질의 교육을 받고 성장해 한국의 외국계 기업에서 임원으로서 성공적인 삶을 살고 있지만, 자녀의 교육방향에 대한 고민을 토로했다. 자녀도 학부모와 같이 선진화된 교육을 시키기 위해 유학을 준비하고는 있지만, 유학파 학부모의 고민은 유학 후 한국에서 직업이나 직장을 얻기 위해서는 어려움이 발생한다고 한다. 그런 이유로 유학을 준비하면서도 자녀가 유학 이후 한국에서의 삶과 직업생활의 어려움까지 고민하고 있는데, 우리나라의 교육과정이 선진국 교육과정으로 변화하고 있다고 하니 자녀를 유학 보내야 하는지에 대한 깊은 고민에 빠지게 되었다고 한다.

유학파 학부모는 본인이 경험한 선진국의 교육과정을 자녀에게 가르쳐서 자녀가 성공하는 삶을 살아갈 수 있도록 지원하고 싶을 것이다. 자녀가 학부모보다는 더욱 우수한 교육을 받고 학교 졸업 후 성공하는 삶을 살아갈 수 있기를 바란다. 개발도상국 산업사회의 지식기반 교육과정에서 교육을 받은 학부모들은 자녀가 교과지식을 정확하게 이해하고 습득하여 우수한 대학에 진학하기를 희망했고, 우수한 대학에 진학하면 우수한 직업이나 직장을 얻을 수 있는 기회가 많았다.

그러나 이미 선진국으로 성장한 우리나라의 기업과 사회환경은 자녀들에게 선진국 인재가 갖추어야 할 역량Competence을 요구하고 있다. 우리나라는 2021년 선진국이 되고 2022년 선진국 교육과정인 2022 개정 교육과정을 발표했으며, 2024년 선진국 교육과정인 2022 개정 교육과정을 시작했다. 선진국 교육과정이 시작된 지 1년 정도인 현재 상황으로 인해 대한민국 교육은 개발도상국 산업사회 교육과정과 선진국 지능정보사회 교육과정이 혼재되어 있다.

선진국 지능정보사회 교육과정인 2022 개정 교육과정은 교육부, 시도교육청 그리고 학교, 유치원을 중심으로 매년 변화하고 있다. 그러나 학교의 보충적인 역할을 하는 사교육이 변화하는 데에는 상당한 시간이 소요될 것 같다. 현재와 같은 과도기에서 현명한 학부모가 선택할 수 있는 것은 학교, 유치원을 중심으로 자녀교육 방향을 설정해야 한다는 것이다.

교육부는 2025년 초3~4학년, 중1학년, 고1학년 학생들에게 선진국 교육과정인 2022 개정 교육과정을 적용한다. 2022 개정 교육과정에서는 역량기반교육을 위해 AI디지털교과서, AI튜터를 도입하며, 평가체제를 서·논술형 평가로 전환하며, 학생들에게 역량을 가르치기 위해 학교 교사의 직무능력 교육과 평가를 대폭적으로 강화한다. 교육부는 2025년 교사의 직무능력 지표 및 평가를 개발 완료해 2026년부터 적용할 예정이다. 산업사회에서는 기성세대가 교과지식에 대한 이해와 암기로 학생들을 가르칠 수 있었지만, 지능정보사회 교육과정에서는 교사가 역량까지 갖추어야 학생들에게 역량을 가르칠 수 있기 때문에 학교, 유치원 교사의 직무능력 교육과 평가는 지속적으로 강화될 것이다.

선진국에서 태어나고 성장하는 자녀들에게 개발도상국 학부모가 선택할 수 있는 교육방향은 학부모들이 배우고 경험했던 산업사회 개발도상국의 지식기반 교육과정에서 벗어나, 지능정보사회 선진국의 역량기반 교육과정에서 교육목표로 설정한 역량을 가르치는 것이다.

마치며

    저자는 후진국 학부모 밑에서 태어났지만, 후진국 학부모
들의 노력과 헌신으로 우리나라는 개발도상국이 되었다. 또
한 개발도상국에서 태어나 세상을 살아가는 데 필요한 것은
배우지 못하고, 학창시절 동안 실제 삶과 직업생활에서 대부
분 필요하지 않은 교과지식만 배우고 성장했지만, 후진국 학
부모와 같이 노력과 끈기로 우리나라를 선진국으로 만드는
데 일조했다.

    그러나 다음세대를 살아갈 아들과 딸에게는 결코 개발도
상국의 기성세대 교육을 전달해서는 안 된다고 생각한다. 다
음세대들은 선진국 교육을 반드시 받고 성장해야 하며, 다음

세대의 자녀들에게도 주요 선진국들이 가르치는 교육을 반드시 가르쳐야 할 것이다.

주요 선진국 학부모들이 자녀들에게 가르치는 교육은 역량Competence이라는 매우 낯선 교육목표인데 역량의 구성요소가 지식, 태도, 기능으로 구성되어 있다. 태도를 가장 먼저 가르쳐서 지식에 대한 수용을 높이고 지식을 학습하는 과정에서 길러지는 다양한 기능(능력)까지 반드시 가르쳐야 한다.

그래야만 이미 선진국이 된 우리나라에서 다음세대들이 역량을 발휘함으로써 인류, 국가, 사회, 기업 그리고 다음세대의 삶이 지속적으로 성공할 수 있다. 또한 역량이 함양되어야 행복한 삶을 영위할 수 있는 가능성이 높아진다.

학교 교육과정을 통하여 반드시 배워야 하는 역량은 6가지로 국가가 설정해놓았는데 자기를 관리하고 주도적으로 살아가는데 필요한 자기관리역량, 지식과 정보를 활용하여 실제 삶과 직업생활에서 발생할 수 있는 다양한 문제를 해결하는 데 필요한 지식정보처리역량, 다른 사람들과 원활하게 협력 소통하면서 살아갈 수 있는 협력적 소통역량, 고정관념에서 벗어나 창의적으로 생각하고 행동할 수 있는 창의적 사고역량, 단 한 번뿐인 인생을 더욱 가치 있고 행복하게 살아가는 데 필요한 심미적 감성역량, 인류 및 우리나라 구성원으로써 함께 의존하면서 살아가는 데 필요한 공동체역량이다.

70년 동안 우리나라의 모든 기성세대들은 어려운 시대

에 태어났고 많은 것을 배우지는 못했지만 우리나라를 서른 두 번째 선진국으로 성장시켰다. 선진국이 된 우리나라를 더욱 발전시키고 인류와 민족을 위하여 공헌하는 것은 이제 다음세대들의 몫이다. 기성세대는 배우지 못했지만 기성세대가 다음세대에게 반드시 전달하고 싶은 것은 역량이라는 새로운 교육목표이니 학창시절 동안 반드시 함양하여 학교 졸업 후 행복하고 성공적인 삶을 살아가는 데 밑바탕으로 활용하기 바란다.

세상을 살아가는 힘

초판 1쇄 발행 2025년 4월 25일
지은이 김정권
펴낸이 서재필

펴낸곳 마인드빌딩
출판신고 2018년 1월 11일 제395-2018-000009호
이메일 mindbuilders@naver.com

ISBN 979-11-92886-85-5 (03370)

마인드빌딩에서는 여러분의 투고 원고를 기다리고 있습니다.
출판하고 싶은 원고가 있는 분은 mindbuilders@naver.com으로
기획 의도와 간단한 개요를 연락처와 함께 보내주시기 바랍니다.